PASSIONS

★

Du même auteur

Lieutenant en Algérie, Julliard, 1957.
Le Défi américain, Denoël, 1967.
Le Pouvoir régional, Grasset, 1972.
Le Défi mondial, Fayard, 1980.
Knowledge Revolution, CMU Press, 1986.
Le Choix des Juifs, Grasset, 1988.

Jean-Jacques Servan-Schreiber

PASSIONS

★

FIXOT

Crédits photographiques

Pages 1, 2, 3, 4, 5, 6, 7, 8, 11, 12, 13, 14, 16 : D.R.
Page 9 : haut, Agence intercontinentale; bas : D.R.
Page 10 : haut, Keystone; bas : D.R.
Page 15 : Sygma.

Pour David, Emile,
Franklin, Edouard et
tous leurs compagnons vers
l'ère de l'intelligence.
Avec passion.

1

Hitler au fond des yeux

J'avance sur le plus grand pont de Munich, capitale de l'Allemagne du Sud, la Bavière. J'ai treize ans. Le temps est superbe, le flot des passants se presse de chaque côté du pont – c'est l'heure du déjeuner. Seul au milieu de cette foule, je me sens bien. Tout m'intéresse.

Ce premier voyage dans ce pays, si proche et devenu mystérieux, est un cadeau de mon père pour une bonne année d'études au lycée Janson : il m'a invité à l'accompagner dans son reportage. Nous sommes aux premiers jours sombres de l'année 1938, qui sera celle du premier grand triomphe de Hitler : la capitulation de l'Angleterre et de la France par le pacte de Munich.

Coup de sifflet strident ! Des policiers à croix gammée surgissent de partout pour s'aligner devant la foule : tout le monde s'arrête. Là-bas, à l'extrémité du pont, s'avance lentement une longue Mercedes découverte. Les regards convergent vers elle, et les corps se figent. Déjà la foule, d'un geste immédiat, mécanique, a levé le bras droit dans sa direction et ne le baissera plus, le temps de la lente traversée de la Mercedes gris acier : *celle d'Adolf Hitler.*

Je reste sur place, les bras ballants. Le Führer, debout dans son coupé, est arrivé à ma hauteur. Un hurlement : la voix de Hitler.

Il ordonne à son chauffeur de stopper. La voiture freine brutalement. Hitler me fixe. Les yeux de Hitler à deux mètres... Je les vois encore! Ils expriment l'essentiel de ce personnage déjà fabuleux. D'un bleu clair, striés de noir et de jaune, ils paraissent sans regard.

Il a vu que je n'ai pas levé le bras! En fait, je n'y ai pas songé. Je ne l'aurais pas fait, je veux le croire, si j'y avais pensé, mais je n'y ai tout simplement pas pensé...

Hitler rugit trois ou quatre phrases dont je n'ai aucun mal à comprendre le sens! Je suis hypnotisé par le son de cette voix, que je perçois en direct et non plus à la radio. Je ne songe toujours pas à lever le bras, le corps glacé, les yeux rivés aux yeux fascinants de Hitler.

Nouveau hurlement à l'adresse du chauffeur : la voiture redémarre. Alors, le grondement de la foule à mon égard tourne à l'orage... Heureusement, deux policiers allemands viennent me prendre par le bras et m'entraînent hors de la tempête pour me raccompagner à l'hôtel où je retrouve mon père.

Dans la grande salle à manger, une table est séparée des autres, décorée d'un bouquet de fleurs rouges et blanches. C'est la table réservée en permanence, m'apprend-on, au chancelier du Reich, comme dans tous les autres restaurants, aussi longtemps qu'il est dans la ville. Il en est ainsi dans chaque ville d'Allemagne où il séjourne.

Cela fait cinq ans à peine que Hitler est au pouvoir. Nous sommes en 1938, et le pays tout entier est transformé, discipliné, unifié, galvanisé, remis au travail – métamorphosé.

Après vingt ans de chômage, de misère et de désordre, l'Allemagne ne s'est pas seulement découvert un sauveur, elle s'est donné un dieu.

A table, j'ai cent questions à poser à mon père. Il fait un effort pour me parler, et j'y suis sensible, car il est sombre, absent. Au cours de ses visites, il a mesuré, me dit-il, combien l'encadrement et la terreur des nazis avaient verrouillé les esprits et répandu les semences d'événements monstrueux. Il n'a pas de réponse à offrir pour le moment. Il cherche d'abord à comprendre. Il est plongé aussi dans son propre passé; celui de son père, à Berlin.

Mon père, né Français à Paris, est le fils d'un haut fonctionnaire prussien, qui a choisi de s'exiler en

France à la veille de la guerre franco-allemande de 1870, voulue par le chancelier Bismarck.

Mon grand-père était le secrétaire particulier de Bismarck. Quand il apprit de la bouche du chancelier lui-même qu'une guerre se préparait contre la France, il lui exprima solennellement son profond désaccord sur ce qu'il voyait comme « un enchaînement qui entraînera l'Allemagne, la France et l'Europe dans une longue guerre civile suicidaire ».

N'ayant pu infléchir les décisions mûries et arrêtées par le chancelier, mon grand-père décida de quitter son pays et choisit la France.

Ses trois fils naquirent à Paris ; le plus jeune était mon père, Émile. Ils firent naturellement leurs études en français tout en apprenant l'allemand à la table familiale.

Mon père, après ses études et quelques voyages, fonde, avec son frère aîné Robert, un petit quotidien économique, *Les Échos*, vendu par abonnement. Destiné aux responsables du commerce et de l'industrie, le journal rencontre un public.

Le talent d'écrivain de mon père, qui se révèle dans ses éditoriaux, lui ouvre les portes du grand hebdomadaire de l'époque, *L'Illustration*. Une fois par an, en tant qu'envoyé spécial de *L'Illustration*, il parcourt les pays du monde, toujours en compagnie de ma mère.

Journaliste discret et influent, il approche personnellement les dirigeants mondiaux. Son métier lui

permet aussi de connaître le personnel politique de la
IIIe République. A la table familiale, les conversations, auxquelles je suis autorisé à assister dès l'âge
de dix ans, font mon éducation. Au point que mes
camarades de classe du lycée Janson me demandent
souvent de leur parler de « ce qui se passe en Allemagne et en Europe »...

Écoutant mon père, je saisis déjà que le régime
hitlérien à notre porte se prépare méthodiquement à
la conquête de l'Europe. Pas encore par la guerre,
mais par l'intimidation, la menace ; je comprends
aussi que ses succès répétés, souvent stupéfiants, sont
dus à la faiblesse des démocraties, qui n'offrent pas
de résistance, n'en conçoivent pas, s'abandonnent.

Hitler, comme nous le disons dans notre argot
d'enfants, « entre dans du beurre ». Il le sait. D'où
son audace, toujours plus grande et savamment calculée, qui redonne au grand peuple allemand son
goût ancestral de la conquête, dans la conviction
d'être supérieur, *über alles*.

Mon père m'explique l'essence du nazisme. Ni
une doctrine, ni un ordre social, ni une conviction
partagée, ni une foi, c'est un peuple en extase ! Ce
peuple de haute civilisation – de Luther à Kant, de
Leibniz à Wagner, de Beethoven et Goethe à
Schopenhauer, la plus féconde et la plus diverse de
l'Europe moderne – est retourné, de sa propre

15

volonté, saisi par cette sorte de jouissance qui brouille la raison, au règne animal. Régression vers laquelle il est guidé, galvanisé, par un animal sur-doué. Mon voyage en Allemagne contribue beaucoup à m'éclairer sur cette jungle où se déroule une nou-velle phase de l'aventure humaine.

En écoutant la voix rauque, pénétrante, halluci-nante d'Adolf Hitler, dont on a gardé d'innombrables enregistrements, on comprend comment il prenait physiquement possession des êtres. Les yeux de Hitler, c'est encore autre chose. Il faut les avoir vus – et avoir éprouvé pour mon propre compte ce magné-tisme me permet de découvrir, très jeune, le monde de l'irrationnel. Cadeau de la vie qui va contribuer à forger mon caractère. A partir de cette phobie de l'irrationnel, je vais mettre ma foi dans la raison, pui-sant ainsi dans l'une des hautes traditions françaises – si différentes, précisément, à ma génération, de celles de la civilisation germanique.

Quelques jours plus tard, de retour à Paris, un homme d'intelligence et de caractère va m'aider à mieux y réfléchir : mon parrain Raoul Dautry. Bril-lant ingénieur et meneur d'hommes, ce haut fonction-naire est le créateur du réseau français des chemins de fer, avant d'être nommé in extremis ministre chargé des Armements. Il est mon guide ; il a décidé, avec ma mère, que je devais, comme lui, faire Poly-technique...

16

Après avoir écouté le récit de ma brève rencontre avec Hitler à Munich, Raoul Dautry nous raconte, avec une franchise émouvante, ce qui lui est arrivé le jour récent où le Führer l'a invité à l'inauguration du nouveau train allemand à grande vitesse.

C'était l'année dernière. Une haute plate-forme, assez étroite, avait été élevée à trente mètres de hauteur, pour que le Führer et ses invités officiels aient une vue globale de l'impressionnante organisation.

— J'étais, pour la première fois, à côté de lui. J'ai alors réalisé que l'absence de tout garde-fou réel autour de notre petite plate-forme m'offrait l'occasion de pousser Hitler dans le vide, vers la mort assurée.

« J'ai longuement hésité. Je me suis mis en paix avec ma peur viscérale, profonde, de ce qui m'arriverait évidemment après. Je ne crains pas la mort ; et quelle plus belle mort que celle dont je payerais le fait d'avoir débarrassé l'univers d'un homme dont je prévoyais, à coup sûr, les atrocités pour le monde en général, et pour la France en particulier ?

« Je fais un pas vers Hitler. Si je le pousse d'un simple geste, rien ne pourra le retenir. Il est de dos, devant moi, face au vide.

« Il se retourne brusquement et me regarde. Ce regard, inattendu, si étrange, me paralyse. Je sens que je ne peux plus bouger. Mon corps est comme déconnecté de mon esprit. Sans qu'un mot soit prononcé, le regard de Hitler m'a vidé de ma volonté.

« A te dire vrai, Jean-Jacques, je ne m'en suis pas

17

remis. J'y repense souvent, j'essaie de comprendre ce qui s'est passé, je n'y parviens pas. Les yeux de Hitler, comme me jetant un sort, m'ont paralysé et l'ont sauvé...

Dautry me questionne amicalement :

— Et toi, quand Hitler t'a fixé d'un regard encore plus menaçant puisqu'il était furieux, comment expliques-tu que tu n'aies pas automatiquement levé le bras ?

— La peur...

— Mais le vrai danger n'était-il pas de ne pas faire comme tout le monde, de continuer à le mettre en rage en refusant de le saluer ?

— La peur ne réfléchit pas.

Hitler a comme un pouvoir diabolique de désarmer la volonté par son seul regard.

Autour de mon père et dans notre maison gravitent quelques personnages de grande qualité, peu nombreux, qui chercheront à s'opposer, de toutes leurs forces et par tous les moyens, à la funeste mainmise du nazisme sur les esprits de notre classe dirigeante. Mon parrain, bien sûr, mais aussi Louis Armand, comme lui ingénieur des chemins de fer et qui deviendra plus tard créateur clandestin du réseau Résistance Fer. Esprit encyclopédique, solide Savoyard, grand visionnaire.

Au Parlement, deux leaders se détachent : Georges

Mandel, Paul Reynaud. Et, dans la presse, Henri de Kerillis.

Henri de Kerillis, devant l'agenouillement de la presse parisienne face à la montée du nazisme et à l'influence croissante de ses agents en France, décide, en 1937, de créer un quotidien, *L'Époque.*

C'est le premier journal que je lirai, chaque jour, en allant au lycée. Cela me permet (je le dirai plus tard à Kerillis) de comprendre et d'*anticiper* les événements fulgurants qui déferlent. Grand talent, noblesse d'un journal indépendant – je n'oublierai pas la leçon. En attendant, j'apprends par mon quotidien à observer le monde qui nous entoure, et les hommes qui font et feront son histoire.

La lecture, mon expérience personnelle, les conversations dans ma famille, tout concourt à former très tôt chez moi la conscience de ce que représente Hitler. Je sais qu'il a eu le tempérament de porter le peuple allemand, tiré du fond de la misère matérielle et morale due aux excès absurdes du traité de Versailles, au sommet de la volonté d'excellence, par la solidarité et la fierté. Je ne peux évidemment pas deviner que cette force est celle du génie du mal et qu'elle aboutira à l'ignominie de l'Holocauste. Quand je le saurai, quand tous le sauront, il sera trop tard.

Hitler n'est en aucune manière un phénomène isolé. Le peuple allemand, s'il devait se montrer plus barbare que les autres dans sa folie raciste, était dans les mêmes dispositions que tous les autres, encastré dans une Europe que la profonde crise économique des années 30 avait prostrée. Et c'est bien sur toute l'Europe que se répand l'esprit nazi.

Je vois que tous les regards se portent vers le seul pays qui puisse, s'il en forge la volonté, interrompre le cycle infernal de la montée du nazisme : le mien, la France.

La France de la Grande Guerre, la France des libertés, la France, solide et unique barrage devant les excès de l'Allemagne. Adolf Hitler en est obsédé depuis sa profonde humiliation de la défaite de 1918. Il écrit : « L'ennemi mortel, l'ennemi impitoyable du peuple allemand, est et restera la France... Ce peuple qui se croise de plus en plus avec les nègres et met en danger la race blanche de l'Europe. »

Se prépare-t-elle, cette France ? Va-t-elle réagir avec la passion qui s'impose ?

Ces questions vitales, qui m'assaillent enfant, vont tout dominer.

2

« Elle était la France! »

Paris vit le début de l'année 1940 dans un climat d'irréalité. La société parisienne connaît l'existence de la guerre entre la France et l'Allemagne. Mais c'est comme un rêve. Rien de concret, rien de présent, rien qui touche à la vie de chacun. On l'appelle d'ailleurs la « drôle de guerre » et l'on préfère, jour après jour, oublier que le conflit existe.

Aux côtés de ce beau monde, qui vit dans une euphorie où toute réalité est gommée, il existe une toute petite élite éclairée : quelques hommes et quelques femmes qui pressentent l'imminence du drame. Ils se retrouvent entre eux, presque clandestinement, pour tenter par tous les moyens de déchirer le voile.

C'est parmi eux que j'ai la chance de vivre. C'est ce qui me forme. C'est ce qui me sauve.

Mai 40.
Depuis le 10, la bataille de France est déclenchée.

L'assaut des divisions blindées hitlériennes fait rage face à la faiblesse inouïe – l'effondrement – du commandement français, militaire et politique.

Un soir, à la table de mon père, l'ambassadeur des États-Unis, William Bullit, nous fait le récit hallucinant de ce qui s'est passé la veille.

En pleine nuit, Bullit a reçu un appel du président Roosevelt, lui confiant un message « secret et personnel » à transmettre d'urgence et de vive voix au président du Conseil, Paul Reynaud.

Ce message est la réponse tant attendue de Roosevelt à l'appel solennel et public que Paul Reynaud a lancé à la radio, trois jours auparavant, réclamant l'envoi immédiat d'avions de chasse modernes pour tenter de résister au pilonnage des escadrilles de la Luftwaffe qui sont passées partout à l'attaque. En même temps, les divisions blindées de Guderian, délaissant la ligne Maginot, dévalent par la funeste trouée des Ardennes, puis par la Belgique, qui capitule.

Roosevelt donne enfin sa réponse, assortie d'une instruction formelle : « Ce message doit être délivré directement au président français, sans témoin, et sans trace... » Toute fuite serait désastreuse devant l'opinion américaine. La difficile campagne présidentielle – la troisième pour Roosevelt – va commencer. L'élection a lieu en novembre. Or les Américains, dans leur ensemble, sont farouchement résolus à n'intervenir en rien dans les «guerres politiques» des pays d'Europe. Roosevelt, s'il veut être réélu et se trouver en mesure, plus tard, d'intervenir, doit absolument, pendant la campagne, demeurer neutre.

Au domicile officiel de Paul Reynaud, la Présidence, l'officier de garde répond que le président a demandé à ne pas être dérangé, sauf extrême urgence. William Bullit répond, sans hésiter : «Extrême urgence.»

Directement introduit dans la chambre à coucher de Paul Reynaud, l'ambassadeur Bullit se fige, saisi : couchée à côté du président, en chemise de nuit et large décolleté, sa compagne célèbre, la comtesse Hélène de Portes.

Hélène, fille d'une modeste famille de la bourgeoisie provinciale, a un physique et un caractère hors du commun. C'est un fauve. Intelligente, avide et intrigante, elle a épousé le vieux comte de Portes pour son nom et n'a vécu avec lui que très peu de temps. En quelques années elle a conquis sa place au premier rang de la société parisienne, et séduit celui sur lequel elle a jeté son dévolu : Paul Reynaud.

Bullit se reprend et déclare, avec autant de solennité calme que possible :

— Monsieur le président, selon les instructions que j'ai reçues, je dois vous transmettre *en tête-à-tête* un message confidentiel de Washington. Pouvons-nous passer dans une autre pièce ?

– C'est inutile, dit Reynaud, vous pouvez parler devant madame comme devant moi-même. *J'en réponds!*

L'ambassadeur n'a pas le choix. Il confie donc au président du Conseil que Roosevelt, à condition que le secret soit gardé du côté français, donne son accord pour la livraison, dans les dix jours, d'appareils de chasse modernes... C'est la nouvelle qu'attendait ardemment Reynaud.

Il n'a pas le temps de répondre. Hélène de Portes a brutalement saisi son bras.

– Ah non, pas ces salauds-là!

Paul Reynaud, pour couper court, prie l'ambassadeur de venir le retrouver, le lendemain à neuf heures, à son bureau.

Le représentant des États-Unis n'attend pas le rendez-vous : il retourne aussitôt à son ambassade pour câbler à la Maison-Blanche ce qu'il vient de découvrir. Il sait depuis plusieurs mois que la comtesse de Portes est utilisée par les services nazis à Paris. Elle ne dissimule d'ailleurs même plus ses convictions, qu'elle confronte régulièrement avec celles de son « grand ami », le maréchal Pétain.

Pétain a quitté son ambassade en Espagne à la demande de Paul Reynaud, et il est entré au gouvernement aux côtés du président du Conseil.

Paul Reynaud est extrêmement fatigué, mais il tient. Il reste lucide et se soumet à un entraînement physique régulier.

Le jour, il y a la relation étroite qu'il entretient avec l'homme qu'il a repéré depuis six ans comme le meilleur visionnaire du conflit mondial, du duel avec Hitler : le colonel Charles de Gaulle, qu'il a fait nommer général de brigade et qu'il prend dans son gouvernement comme secrétaire d'État à la Guerre.

Et, la nuit, c'est Hélène... Certes, Reynaud connaît les penchants politiques de sa dame de cœur, mais combien pèse le danger qu'ils représentent, au regard de la puissante emprise d'Hélène qui est son réconfort ?

Il ne peut s'en passer... Plus Hélène est autoritaire, exigeante, voire, s'il le faut, cruelle, plus Paul Reynaud oublie, dans le vertige des sens, les tracas du monde. C'est sa drogue. Il y puise une vigueur physique renouvelée, une nouvelle jeunesse. Hélène est bien la maîtresse de la France.

A la maison, grâce au dîner avec William Bullit, nous le savons aussi. Découvrir, jeune lycéen, que le sort de mon pays en guerre dépend de la soumission d'un homme à la jouissance physique me déconcerte.

En ce début de juin 40, la bataille de France n'est pas encore considérée comme perdue. Winston Churchill en témoigne par l'énergie inouïe qu'il déploie pour tenter de secourir son ami Reynaud. Trois fois, déjà, Churchill est venu à Paris par avion – dans un ciel dominé par la Luftwaffe.

Le fait que mon père soit, avec Kerillis, l'un des deux directeurs de journaux parisiens anti-nazis explique que l'ambassadeur américain n'a pas hésité à lui confier l'épisode Hélène de Portes. J'apprends que ce soir deux ministres du gouvernement, Georges Mandel et mon parrain Raoul Dautry, ont demandé à se rencontrer discrètement chez nous, en privé, à dîner.

Je suis autorisé à assister, silencieux bien entendu, à cet épisode dont l'importance se révélera capitale.

Pendant le repas, hormis l'évocation du déclin de la France, rien ne se dit d'essentiel. Puis mon père conduit ses deux invités dans un petit salon où ils vont rester seuls, en tête-à-tête, pendant deux heures. En partant, Dautry confie à mon père :

– Venez me voir demain après-midi. Nous aurons à parler....

Mon père, le lendemain, nous raconte la nature de l'échange entre les deux ministres les plus anti-nazis du pauvre gouvernement Reynaud.

D'entrée de jeu, Dautry confie à Mandel :

– J'ai demandé à vous voir en dehors des palais et

des couloirs pour une raison majeure. Je vous supplie de la prendre en considération. Les deux hommes qui se disputent le gouvernement de la France, hommes de valeur l'un et l'autre – Édouard Daladier et Paul Reynaud – , n'ont ni l'un ni l'autre les qualités exigées par les circonstances dans les semaines ou les jours qui viennent.

« Leur force de caractère se dissout dans le milieu parisien qui sombre maintenant dans le défaitisme.

« Nous devons sans délai écarter le gouvernement Reynaud, et empêcher que lui succède un autre gouvernement Daladier.

« Il faut donc qu'un homme d'autorité, de convictions, intransigeant, accepte la tâche d'assumer la direction des affaires... Je n'en vois qu'un : c'est vous!

« Si vous acceptez, je me charge de préparer très rapidement ce changement avec les quelques caractères qu'on trouve encore dans le Parlement et dans les ministères, et qui tous sont au courant de l'état moral de Paul Reynaud.

Georges Mandel, l'ancien et célèbre directeur de cabinet de Georges Clemenceau pendant la Grande Guerre, ministre d'une compétence unanimement reconnue, anti-nazi sans concession et grand patriote, a malheureusement une faiblesse, qui le mine. Il l'a avoué et même écrit : son corps le gêne! C'est un drame.

Il souffre de son physique : plus petit que grand, plus gras que maigre, voûté par-derrière, ventru par-devant, le teint glauque, son visage adipeux offre des traits trop accusés. Envers ce corps qu'il hait il n'a aucune complaisance, dur à la douleur autant qu'à la fatigue, il s'habille comme on se mortifie, porte comme des cilices des cols hauts et droits sur lesquels viennent se meurtrir les chairs malheureuses de son menton et de ses joues! Tel est le grand Georges Mandel, décrit par son ami Emmanuel Berl...

— Ce n'est pas possible, répond Mandel après un silence. *Je suis juif.* La France ne sera pas mobilisée contre les légions hitlériennes par un juif. C'est impossible.

« Si un ministre, dans ce gouvernement, est au-dessus de la mêlée par sa compétence, son absence de parti, c'est le technicien que vous êtes, Dautry. Vous président du Conseil, ce serait l'union nationale. Je ferai votre campagne. Je sais qui toucher. Vous n'avez qu'à vous décider.

— Impossible! répond Dautry. Je n'ai rien d'un politique. Je ferais erreur sur erreur dans ce Parlement où il faut guetter chaque jour les chausse-trapes — or je ne les vois même pas! Je ne pourrais qu'être impuissant ou ridicule. Je suis sensible à votre immense confiance, mais ma réponse est hélas! sans équivoque : *je ne peux pas.*

Mandel conclut, et il n'y a rien à ajouter :

– Nous aurons donc Reynaud et la bande qui l'entoure – dont Hélène de Portes, qui le tient – jusqu'à la défaite. Pétain lui succédera. Hitler sera à Paris cet été.

Le lendemain, au Parlement, un grand discours du président du Conseil est annoncé. J'ai la chance de pouvoir obtenir une place à la Chambre des députés, et je vais l'écouter.

L'enceinte de la Chambre, le fameux hémicycle tendu de velours rouge, est comble. La tribune du public surplombe les sièges des députés. Elle fait face à la tribune du président de la Chambre – le vieil Édouard Herriot – et au banc des ministres du gouvernement. C'est de là que Paul Reynaud s'est levé, a monté les marches bordées de dorures qui conduisent à la tribune. Il se tient très droit sur ses chaussures à hauts talons – pour compenser sa petite taille et faire sentir qu'il mesure bien son rôle en cet instant historique. Il parle en détachant chaque phrase.

Paul Reynaud, après des considérations générales, en arrive à l'essentiel, qu'il est heureux d'annoncer.

– Il y a deux jours, j'ai été rejoint par le maréchal Pétain et le général Weygand. Dans le malheur de la patrie, nous avons la fierté de penser que deux de ses enfants qui auraient eu le droit de se reposer sur leur gloire sont venus se mettre au service du pays : Pétain et Weygand! Pétain, le vainqueur de Verdun, le grand chef qui a su aussi être humain, celui qui sait comment une victoire française peut sortir d'un gouffre.

De nombreux cris éclatent :

— Enfin! Enfin!

De l'extrême gauche à l'extrême droite, un déferlement d'applaudissements l'interrompt. Paul Reynaud conclut :

— La France ne peut pas mourir. Pour moi, si l'on venait me dire un jour que seul un miracle peut sauver la France, je dirais : « Je crois au miracle parce que je crois en la France! »

Deux jours plus tard, l'exode général commence et le gouvernement est contraint de quitter Paris pour échouer à Bordeaux. Hélène de Portes accompagne le chef du gouvernement.

Mes parents ont, eux aussi, pris la décision de s'éloigner de Paris. D'une heure à l'autre, les avant-gardes des blindés nazis vont prendre la ville, qui sera déclarée ville ouverte, renonçant à se défendre pour ne pas risquer d'être détruite.

Je ne peux m'empêcher de songer à l'histoire admirable du grand Gallieni. Commandant la place de Paris, il a, par sa seule et farouche volonté, sauvé la capitale en août 1914 contre le déferlement de la cavalerie et des canons du général allemand von Kluck... Redoutant un duel immédiat avec le Paris-hérisson qu'avait constitué le farouche Gallieni, le général allemand préféra contourner la capitale pour aller attaquer, sur le front de Lorraine, l'arrière du gros des troupes françaises.

Alors Gallieni décida de le prendre lui-même à revers et engagea la première manche de ce qui allait aboutir plus tard au « miracle » de la Marne. Il n'y eut pas de miracle. Il y eut l'intelligence claire et la fermeté d'un héros – Gallieni – qui eut l'audace d'agir sans attendre, devant l'urgence extrême et l'enjeu vital, l'autorisation de son supérieur, le maréchal Joffre. Il se savait, de plus, atteint d'un cancer et n'ignorait pas qu'il allait mourir dans l'année qui suivrait... L'une des grandes figures de notre histoire.

Cette fois il n'y a ni miracle ni Gallieni, seulement l'écrasante machine de guerre nazie, brillamment motorisée, composée des fameuses *Panzerdivisionen*, avec, en face, personne.

Mes parents se sont séparés provisoirement dans la débâcle. Ma mère emmène avec elle mes trois sœurs et mon jeune frère vers notre vieux chalet de montagne en Savoie. Mon père continue de faire son métier de journaliste. Il suit le gouvernement tout au long de la route de ce long exode qui ira jusqu'à Bordeaux. Et il a la généreuse intelligence de me prendre avec lui, pressentant qu'aucun apprentissage, jamais, ne me sera plus précieux que de vivre ce drame formidable, terrifiant, à ses côtés. Ainsi, je vois tout. Je n'en oublierai rien.

Le 13 juin au matin, au château de Chissey, où le gouvernement a fait halte avant l'arrivée à Bordeaux, la comtesse de Portes prend à partie celui qu'elle déteste le plus, Georges Mandel :

— On en a assez de votre politique et de tous vos politiciens. C'est l'armistice qu'il nous faut. L'armistice à tout prix !

Désignant de Gaulle, qui passe près d'eux, elle ajoute :

— Encore un, celui-là, qui veut jouer au politicien. Qu'il aille donc à la tête de ses chars et fasse ses preuves sur le champ de bataille !

Dans l'après-midi, à la préfecture, nous la voyons chercher à pénétrer dans le salon où Churchill, en secret, confère avec Paul Reynaud.

Ne pouvant entrer, elle dit à Baudoin, secrétaire général du gouvernement :

— Dites à Paul qu'il faut céder rapidement, qu'il faut en finir !

Et en fin de journée, devant plusieurs témoins, dont nous sommes, elle appelle, sans gêne, le président du Conseil au téléphone et lui dit à haute voix :

— Alors, Paul, cet armistice ?

Le gouvernement Reynaud ne tient plus qu'à un fil. Ses membres se suspectent les uns les autres. C'est l'agonie.

A Bordeaux, le 16 juin, Paul Reynaud, à bout de nerfs, lâche la présidence du Conseil et demande lui-même que le maréchal Pétain lui succède.

Dans les jours qui suivent, il prend la route avec Hélène. Il cherche à quitter la France par la frontière espagnole. Elle conduit, car il est trop fatigué. Encore une étape avant les Pyrénées... elle lui demande de reprendre le volant. Dix minutes plus tard, Paul Reynaud perd le contrôle de la voiture, qui, sortant de la route, va brutalement heurter un arbre. Une lourde valise dans laquelle avaient été à la hâte engouffrés des lingots d'or vient heurter la nuque d'Hélène de Portes. Elle est tuée sur le coup.

Paul Reynaud a quelques blessures légères. Quand il reprend conscience, à l'hôpital, et qu'on lui apprend la mort d'Hélène de Portes, il a cette simple phrase : « Elle était la France. » Terrible.

Churchill désormais est seul. Seul à Londres, seul en Europe, seul dans le monde.

Mussolini nous a déclaré la guerre pour se joindre à Hitler – c'est le pacte d'Acier. A Tokyo, le Premier ministre, le général Hideki Tojo, prépare lui aussi l'entrée en guerre du Japon... Il vise l'Amérique. Mais l'instinct politique d'Adolf Hitler le conduit à dicter la plus grande patience au gouvernement japonais. Le moment d'attaquer les États-Unis n'est pas encore venu. Il faut que le Führer règle d'abord son compte à l'Angleterre de ce Churchill qu'il injurie maintenant dans chacun de ses discours.

Il faut aussi mettre en œuvre la stratégie militaire

qui doit détruire l'Empire stalinien. Il connaît l'extrême fragilité du système communiste depuis qu'il est parvenu, grâce à ses agents à Moscou, à convaincre Staline, sur des informations fabriquées par les services nazis, de faire fusiller ses dix principaux généraux comme comploteurs. L'Armée Rouge est décapitée.

Plusieurs rapports remis au Führer indiquent que la population soviétique, dans son ensemble très hostile au régime de Staline, pourrait accueillir Hitler en libérateur.

Mais d'abord en finir avec l'Angleterre.

De Bordeaux, mon père accomplit chaque jour son métier en publiant une édition réduite de son quotidien — pour quelques jours encore.

Le désordre général de la capitale provisoire me permet d'être partout et de tout entendre, profitant souvent de la gentillesse de Dautry, qui m'entretient chaque fois qu'il a un court moment de libre.

Sentant la fin approcher, mon père me dit :

— Écoute-moi, Jean-Jacques, tu as tout vu, et je sais que tu y réfléchiras longtemps. Cette affreuse expérience te sera extrêmement précieuse pour l'avenir. Mais il faut que tu passes maintenant ton bachot. A l'académie de Bordeaux tout est bloqué, je me suis renseigné ce matin. Je t'envoie à Toulouse, où ta mère t'attend, de retour de Savoie. Une session exceptionnelle pour l'écrit et l'oral s'ouvre pendant le mois de juillet. Je compte sur toi pour réussir ton examen. Je te reverrai plus tard.

Je l'embrasse. Je lui suis reconnaissant de tout ce qu'il m'a permis d'apprendre.

C'est par une chaleur écrasante, halluciné par les événements que je viens de vivre, que je m'inscris pour le bac à Toulouse. La ville est bondée, j'habite dans une petite chambre que je partage avec ma mère, venue me rejoindre pour veiller sur ma santé. Il me reste huit jours ; c'est en écoutant le moins possible les bruits du monde extérieur que je me remets au travail et passe l'examen.

En deux mois – mai et juin 1940 – , l'histoire a révolutionné notre univers. Mais je ne suis pas en mesure de déchiffrer le sens de ce que je viens de vivre.

Une phrase tourne et retourne dans mon esprit, que je cherche à comprendre... Paul Reynaud n'était pas un homme négligeable ni sans courage. Il a choisi de Gaulle. Il a aussi choisi Hélène de Portes. Et, vingt ans plus tard, réélu député, resté proche de de Gaulle revenu au pouvoir, cette femme, il ne l'aura toujours pas désavouée. Qu'entendait-il par : « Elle était la France » ?

A l'époque, je n'ai encore que des vues partielles sur la vie politique française, et je ne veux pas m'y

arrêter. Toutefois, j'ai un sentiment fort : cette poli-
tique-là est le vice. Elle enfante la décadence.

Est-ce d'en avoir été, si jeune, le témoin ? Je me
sens directement interpellé par une telle déchéance.
Et encore bien faible. Mais ce qui compte pour moi,
désormais, c'est *ma passion pour une autre France,
clairvoyante, prévoyante.*

3

Double initiation

Après la tornade et la débâcle, la France s'endort dans la torpeur.

La guerre, l'écrasement du pays n'ont duré que six semaines. La République s'est dissoute. On dirait maintenant qu'elle n'a jamais existé. Sorti exsangue de la terrible saignée de 14-18, notre pays a été abandonné par son unique sauveur, l'indomptable Clemenceau, en 1919, quand il a refusé d'être candidat à la présidence – puisque on ne la lui *offrait* pas. Très grand homme, terrible orgueil! Quelle perte pour la France à faire renaître...

De la Grande Guerre, il ne reste aucun grand caractère, ni civil ni militaire. Seulement un très beau mannequin auréolé de la vieille gloire de Verdun : le maréchal Pétain.

Après la défaite de 1940, en dépit du prestige réel du maréchal (je ne me souvenais pas qu'il avait déjà 84 ans), un sentiment d'abandon général étreint les Français : tout est terminé. Il n'y a rien d'autre à attendre. Chacun n'a plus qu'à s'occuper de vivre au jour le jour.

On se replie alors sur la vie quotidienne. Pour certains, dont je suis, un dernier fil nous relie à l'espoir. C'est à travers les émissions brouillées et difficiles à capter de la B.B.C. – la radio anglaise – qu'arrivent les échos de la bataille de Londres. Mais c'est comme s'ils venaient d'une autre planète ! La puissante aviation hitlérienne, la Luftwaffe, a écrasé l'Europe en quatre semaines, dans le hurlement des sirènes de ses bombardiers en piqué.

C'est fait, la Luftwaffe peut maintenant concentrer tous ses feux sur l'Angleterre. Nuit après nuit, elle veut réduire en cendres les quartiers de Londres...

Londres et Churchill – en inspection dans la rue tous les soirs – tiendront.

Bientôt, en septembre 1940, j'entre au lycée Champollion à Grenoble, où je suis admis en classe de maths sup pour les années de préparation au concours d'entrée à Polytechnique.

Il me reste trois semaines de vacances, si j'ose dire, pour reprendre des forces. Du chalet de mes parents, en Savoie, je pars tous les jours faire des escalades en montagne. Je rentre en fin de journée pour écouter la B.B.C. Je vis au rythme des dernières nouvelles de la fabuleuse bataille aérienne dans laquelle Hitler et Churchill vont engager tous leurs avions et, peu à peu, tous leurs pilotes jusqu'aux plus jeunes. Je sais, j'entends que c'est le duel décisif. Mais je vis, en fait, avec un sentiment d'irréalité. En cette fin d'été, mon existence est réglée : le jour, je me confronte à l'horizon dur et pacifique des Alpes ; la nuit, je la passe dans le fracas lointain de la bataille de Londres.

Je ne lis même pas les journaux, qui d'ailleurs ne donnent rien d'autre que les mots d'ordre officiels.

Une décision intérieure de mise en ordre de ma vie se formule d'elle-même : je recommencerai à m'intéresser aux événements du monde quand je serai armé pour y participer, après le concours de l'X. En attendant, seul doit compter d'être à la tête de ma classe. Il n'y a, pour moi, ni passé – j'ai décidé de tout oublier – ni avenir. Une fois installé à Grenoble, ma vie doit être sans pensée : travailler et dormir.

Pour la première fois je suis seul, moi qui ai toujours vécu à Paris, chez mes parents. J'ai cessé d'être un enfant.

J'habite une petite chambre dans la maison des étudiants qu'a fait construire la ville de Grenoble, non loin du lycée Champollion. Ma mère m'envoie, de temps à autre, des provisions du village des Alpes où elle s'est réfugiée avec mon père et mes quatre frères et sœurs. Je ne pense pas toujours à les manger, car je n'ai qu'une idée en tête, qui exclut toutes les autres : travailler aussi fort, aussi vite que possible, d'abord passer le concours de l'X avant de rejoindre l'Angleterre.

Je suis, bien sûr, un privilégié. Depuis l'âge de dix ans, j'ai reçu de mes parents, de leurs amis, de leurs conversations, de mes voyages, plus que la ration d'un enfant de mon âge et de mon milieu. J'ai pu prendre conscience des affaires publiques, sentir les racines du drame français. Alors, comment puis-je, *moi aussi*, malgré cette éducation politique exceptionnelle, n'être qu'un mouton parmi les moutons, comme mes camarades ?

Si je ressens aussi clairement qu'il faut reprendre la lutte, que rien n'est joué, que la guerre peut durer et qu'elle appelle chacun d'entre nous, alors comment puis-je être en train de m'entêter à « faire Polytechnique » au lieu de partir tout de suite au combat ?

Suis-je, moi aussi, le produit de l'éducation bourgeoise de cette France qui, finalement, se reconnaît si amoureusement dans Pétain ?

A seize ans, au cœur de l'incendie qui ravage le continent et en plein triomphe des barbares, est-il possible de n'avoir comme ambition de vie que l'obtention d'un diplôme en vue de réussir une carrière ? Si c'est vrai, qui suis-je ? Comme les autres, un conformiste, un ambitieux, un égoïste ?

En vérité, me refusant, bien sûr, à penser que le sort du monde puisse dépendre de moi, je ne suis pas prêt à sacrifier mon « début de carrière », comme on dit, à un devoir patriotique ou à un impératif moral que les bombardements ont détruit avec le reste. Oui, je suis bien « français » !

Avec le recul, je ne suis pas fier de ce jeune « bon élève » que j'étais en 1941. Je ne le renie pas. En enfant sage, j'obéissais à ma première éducation. Mais je veillerai à me montrer plus vigilant.

Je me souviens de mes camarades de taupe, comme on appelle la classe préparatoire à Polytechnique. J'entretenais avec eux les meilleurs rapports, mais je n'ai pas souvenir d'avoir entendu ces garçons, pour la plupart sympathiques et doués, fleuron de la bourgeoisie française, prononcer une phrase sur la politique – c'est-à-dire sur la guerre.

C'est avec un sentiment de fraternité très sincère que je parle d'eux, sans chercher à les juger. Comment pourrais-je émettre un jugement, étant exactement comme eux ? On dira plus tard : des collaborateurs. Alors, étais-je, moi aussi, un collaborateur ?

J'avais pourtant quelques idées sur ce que j'espérais faire, un jour, dans cette guerre qui n'était encore que celle de l'Angleterre et, une fois la guerre terminée, dans le monde neuf et bouleversé qui en surgirait. Mais je n'en parlais jamais. Eux non plus. La

41

vérité est que ni Hitler ni Pétain n'avaient besoin de nous « tenir », nous nous étions nous-mêmes constitués prisonniers – de l'intérieur.

Est-ce croyable? Peut-être pas, mais c'est ainsi.

Et si, dans notre génération, celle qui avait alors de quinze à dix-huit ans et qui terminait ses études, il y eut ensuite quelques héros, à l'époque inconnus, on ne devait les découvrir que plus tard. Pour le moment, nous formions une masse silencieuse, fondue dans le travail, les études, la préparation des examens et des concours.

N'y a-t-il rien d'autre à faire? Cette question me vise *moi*, personnellement. Je le sais, j'y pense.

J'aurais aimé, oui, être soldat de Churchill. Je n'étais que soldat de Reynaud ou d'Herriot, maintenant de Pétain et de Laval. Je n'apercevais aucun chemin vers l'espérance. Ma raison de vivre était ailleurs : dans le travail et la compétition.

Et puis, il y a le vrai secret : ma mère.

Née avec le siècle d'une famille de Franche-Comté où son père est un grand chirurgien, ma mère voit la coquille de sa vie d'enfant se briser à l'âge de douze ans, par le divorce de ses parents.

Elle doit abandonner ses études, où elle réussissait brillamment, pour travailler et gagner sa vie comme jeune assistante-infirmière dans une œuvre qui recueille les nouveau-nés... A vingt-deux ans, brune, fière, d'une beauté saisissante, elle est remarquée par mon père, qui avait un grand sens des êtres – et pas seulement de leur apparence! – , et qui la demande en mariage. Ils sauront s'aimer et se comprendre jusqu'au bout, bien qu'ils fussent d'origines et de tempéraments très différents.

Ma mère, c'était l'absolu, le devoir avant tout et en tout – sans mesure : *avec passion*. Mon père, peut-être en raison de son origine allemande, avait un sens exceptionnel de la prévoyance, du calcul, de l'organisation.

Une scène, où chacun de mes parents s'est révélé dans son être, m'a fortement marqué : celle d'un déjeuner familial où je suis seul avec eux. J'ai douze ans. Mon père a acquis la conviction absolue, depuis sa dernière enquête en Allemagne, que la guerre est inévitable, et qu'elle sera perdue. Sa vision des événements est juste, comme toujours. Après nous avoir exposé son analyse de la situation, il engage ma mère à en tirer les conclusions. Avant tout pour moi, leur fils aîné.

– Jean-Jacques, dit-il, ne doit pas rester ici, il faut choisir un autre pays, sans doute un autre continent, où il pourra continuer ses études et assurer son avenir. J'ai pensé à l'Australie ou au Canada.

Avant qu'il puisse continuer, ma mère, d'une traite, se lève de table et explose :

43

– Écoute-moi, Émile! Jean-Jacques est et restera français. Je refuse même d'en discuter. Il doit être et il doit rester au service de la France, qui aura besoin de lui. Je le sens et je le sais. Si tu penses à autre chose, alors il faudra que nous divorcions. Car Jean-Jacques restera avec moi, et ici !

Cette scène sauvage, exceptionnelle dans la vie d'un couple et d'un foyer paisibles, mon foyer, s'est violemment ancrée dans ma mémoire, d'où elle me revient souvent, tristement aussi, à l'esprit.

Ma mère avait exprimé là son sentiment le plus profond : son amour extrême, sans concession, pour son pays et pour son fils. Par son serment, elle me vouait à une vie qui allait être orageuse, volcanique – *rebelle*.

Je crois lui avoir obéi, comme je l'avais toujours fait depuis le début de ma vie ; c'est ainsi qu'elle a fixé mon devoir et mon destin. Mais plus jamais, depuis lors, je n'ai été quelque part « chez moi ».

Je ne me suis pas vraiment entendu avec la France – en dépit de toutes les luttes, militaires, politiques et culturelles, que j'ai menées pour elle, ma patrie, *pendant quarante ans,* et toujours avec espoir, toujours avec foi. Mais je n'ai jamais pu, ou su, réunir assez de forces et de passion pour faire qu'elle devienne différente, comme je la voulais.

En ce glacial hiver de 1941, ma mère m'écrit, de son refuge de Savoie, qu'une famille de Grenoblois possédant un appartement confortable près de la place Grenette, non loin du lycée, dispose d'une chambre libre qu'ils sont prêts à me louer. Elle va venir les voir, décidée à arranger les choses.

Ce couple, bien connu à Grenoble, a un jeune fils de quatorze ans, Alain, qui est en troisième et que je peux aider dans ses études de maths et de physique pour payer mon loyer. Alain se révèle charmant et travailleur. Il sera plus tard, à dix-huit ans, héroïque dans les combats du Vercors...

Je fais donc la connaissance de la maîtresse de maison, Marcelle, la mère d'Alain. Jeune femme de trente-cinq ans, belle, cultivée, connaissant tout Grenoble, Marcelle a un rayonnement exceptionnel. Elle m'aide, avec grâce, à m'installer et à m'organiser.

Le travail continue. Mes relations avec ma famille d'accueil sont simples et agréables. Même politiquement, l'entente est sans nuage. Le couple se montre, avec prudence au début, mais sans équivoque, très anti-nazi. Marcelle, de grand tempérament, a commencé à prendre part à des actions de résistance à Grenoble, puis dans toute la région du Dauphiné.

Elle impose son autorité et sa séduction sur un groupe de jeunes hommes – dont je fais maintenant la connaissance – qui ont choisi comme moi de venir à Grenoble poursuivre leurs études en attendant le moment de rejoindre de Gaulle.

45

Il y a là, entre autres, Jean Daladier, fils d'Édouard, bel homme et brillant étudiant en droit; Jean Nora, dont je connais déjà le frère aîné, Simon, que nous verrons moins car il est plus âgé que nous de quatre à cinq ans et va rejoindre avant nous l'action de la Résistance dans le Vercors; enfin, mon cousin Jean-Claude, qui a déjà, comme lieutenant dans les blindés, participé aux combats de juin 1940, avec un talent de meneur d'hommes qui lui a valu la Légion d'honneur et la médaille militaire. Il a terminé ses études à Oxford; son intégration dans la célèbre équipe d'aviron l'auréole de gloire sportive. Il a, comme Daladier et Nora, un physique exceptionnel.

Je me sens bien jeune et modeste étudiant face à cette brochette de champions, tous d'une vingtaine d'années, qui attendent l'occasion de se lancer dans la lutte.

Ces trois athlètes et plusieurs autres jeunes Grenoblois se retrouvent régulièrement dans le salon de Marcelle et se disputent ses faveurs. J'observe ce ballet avec fascination.

Il ne me vient pas à l'esprit de participer à la compétition : la concurrence est écrasante. Et, détail non négligeable, je n'ai jamais connu de femme. C'est face à Marcelle que j'en prends maintenant conscience. Toute mon énergie est restée mobilisée par la lutte des concours. Pas d'autre tentation, pas d'autre besoin.

Je note toutefois avec plaisir que Marcelle, charmante avec tous, ne paraît avoir de lien particulier avec aucun d'entre eux.

Ayant la chance de vivre à côté d'elle, je m'efforce, entre deux cours de maths, de lui parler le plus souvent possible afin de profiter de sa présence. J'aime la regarder; je vois qu'elle le sent. Faute d'expérience, je demeure passif. Je devine aussi qu'elle a compris tout cela et qu'elle n'est pas indifférente.

Un jour, après le déjeuner, sans aucun préavis, la jeune femme m'invite à la suivre et, avec une charmante simplicité, me conduit à l'étage au-dessous, celui de sa chambre. Puis, tranquille, souriante, elle me fait comprendre qu'elle a décidé d'être mon initiatrice. Elle a su par ma mère qu'elle serait la première, ce qui lui plaît.

— Quand? demandé-je sottement.

— Mais maintenant, et ici! me répond-elle en riant.

Elle a d'ailleurs commencé à se déshabiller.

Les délices et le sentiment de puissance qu'elle parvient, dès cette première fois, à me faire éprouver vont sceller pour toujours mes rapports avec les femmes. J'en attends chaque fois le meilleur. Et je resterai toujours disponible pour ce meilleur. Les femmes sont, à mes yeux, la race des seigneurs. Je les crois appelées à devenir maîtresses du monde.

Je vais d'ailleurs découvrir, pas à pas, une femme

après l'autre, combien cette première intuition, que je dois à Marcelle, va compter. On ne sait jamais assez quelle énergie profonde possèdent les femmes. Loin de nous protéger contre elles, ce qui est castration et lâcheté, nous avons à mesurer et à aimer la nature de cette force, qui ne peut manquer d'émerger, dans tout son épanouissement, au siècle prochain.

Force neuve après des siècles d'ombre, force intrépide, force de paix et de vie, avec laquelle il faut savoir jouer et s'accorder – quand on est homme – et non prétendre la dominer.

Dans mon esprit d'adolescent, l'univers vient de basculer. Toutes les images, toutes les informations sur les batailles qui se déroulent dans le monde – le Japon est maintenant entré dans la guerre contre la partie asiatique de l'Empire britannique, la lutte pour l'enjeu crucial de Singapour a commencé – , sont effacées de mon esprit par l'omniprésence de Marcelle. Une révolution dont je n'ai aucune honte, et que je n'ai jamais regrettée, s'opère à partir de ma saisissante, intime, découverte.

J'ai du mal, beaucoup plus de mal que je ne l'aurais imaginé, à tenir la barre dans cette mer déchaînée. Mes horaires de travail, si stricts et réguliers jusque-là, ont volé en éclats. Mes nuits sont courtes, délicieusement traversées de séquences violentes et tendres. Je m'immerge, oublieux de tout, dans des moments d'éternité délicieux.

Au cours des nombreux entractes imprévus qu'elle m'impose, Marcelle déploie tout son talent, telle une grande musicienne... Mais l'instrument, c'est moi. Et ces vibrations sans fin m'ôtent toute concentration pour les mathématiques supérieures. Bref, c'est la folie... bien connue d'ailleurs, à coup sûr bien banale, sans doute nécessaire à cet âge, mais qui se paie.

En deux mois, toutes mes barrières intérieures ont sauté. Je fais attendre mes devoirs, je manque des compositions, je n'écoute plus la B.B.C. Je ne m'informe plus sur la guerre. L'extase!

J'imagine bien que tout jeune homme, ou presque, est passé par là. Mais, pour moi, cet ouragan intervient en pleine guerre et en pleine préparation du concours de l'X. Vers quels abîmes suis-je en train de rouler?

Dans mes brefs moments de lucidité, j'appelle en pensée ma mère à mon secours. Je fais quelques allusions discrètes à ma situation quand elle vient me voir à Grenoble ou quand je la rejoins en Savoie. Mais je crois comprendre qu'elle juge l'action de Marcelle bénéfique pour moi. « A condition, dit ma mère, qu'elle te laisse travailler, bien sûr! »

Travailler? Quand en retrouverai-je le temps? Pour le moment, j'en suis incapable. Et je n'en suis pas fier.

Je suis parti avec Marcelle pour un week-end de ski à la montagne. Nous marchons au soleil avant la courte halte du déjeuner.

La nuit précédente a été tout entière de passion. J'en suis ébloui... et effrayé. C'est donc ce vertige, ce gouffre ? Marcelle me parle de sa voix que j'ai adorée jusqu'ici. Maintenant, je le sais : je dois rompre.

Déjà je suis loin de celle qui était, délicieusement, en train de me perdre. Ma mère vient de triompher, je crois pouvoir le dire : une fois pour toutes.

Je le confierai à ma mère, seul avec elle, en la tenant dans mes bras, quarante ans plus tard. Dans le cadre de la petite chambre où elle est, calmement, en train de mourir.

Sa pensée m'a sauvé – à vie – de tant de défaillances et de tant d'abandons...

De retour à Grenoble, j'annonce à Marcelle que je quitte son appartement pour retourner à la maison des étudiants. C'est fini, je ne la reverrai plus. Toute discussion entre nous serait pénible, oiseuse, inutile. Je m'y refuse par avance. Elle n'insiste pas. Elle a compris.

Je me plonge alors, sans esprit de retour, dans les mathématiques. Je sais, tout au fond de moi, que j'ai eu beaucoup de chance. En deux mois, j'ai connu une

femme de rêve, les délices de l'affection intellectuelle
unie à la passion physique, et la difficulté excitante
de combattre sur deux fronts à la fois : la compétition
universitaire et la conquête d'une reine.

J'en ai déjà retiré une leçon essentielle : tout tenir
à la fois est impossible sur la durée. Si je veux
accomplir mon véritable destin, celui que m'a tracé
ma mère, je dois – même si c'est sur le moment réellement pénible – redescendre sur terre et faire corps
avec ma priorité.

L'esprit libéré, je reprends, le soir, l'écoute de la
radio anglaise, je me passionne à nouveau pour le
duel des deux géants, Hitler, Churchill.

La force mobilisatrice des discours de Winston
Churchill à la Chambre des communes est inégalable.

Sa voix est parfaitement audible, car les nazis ne
consacrent que très peu de moyens de brouillage
aux émissions en anglais. Ils se concentrent sur les
émissions de la B.B.C. en français. Ces discours de
Churchill, cette force de courage et d'espérance qui
vient nous rejoindre au fond de l'abîme, me
marquent à jamais.

– Nous nous battrons jusqu'au bout, nous nous
battrons jusqu'à la victoire, dit Churchill en détachant les mots.

Puis, avec une invention oratoire à la hauteur des
circonstances :

51

– Nous nous battrons sur les plages, nous nous battrons dans les rues. Nous nous battrons à chaque étage. Et, si nous devions, un jour, évacuer nos îles, nous nous battrions à partir du Canada pour poursuivre la lutte, encore et toujours. Jamais nous ne cesserons de nous battre. Et, si, par malheur, nous devions succomber, nous savons que la relève serait prise par la grande république sœur, celle des États-Unis, qui ne cédera pas, qui déploiera ses immenses moyens pour la victoire, alors assurée, de la liberté. Nous n'avons donc aucun doute et jamais, jamais nous n'abdiquerons.

Cette voix, cette force d'âme, ce talent mobilisateur sont pour beaucoup de jeunes Français comme moi la révélation. Je sais, dès ce moment, qu'un homme exceptionnel est à la barre, et qu'il va s'imposer. Il fait plus : il fait lever les sentiments les plus forts – le patriotisme, l'espoir, le courage, la fierté. Grand exploit, grand homme, grande heure.

Churchill reprend :

– Je peux vous annoncer aujourd'hui que, d'ores et déjà (nous sommes à la fin de l'été 1941), les chances de monsieur Hitler de gagner cette guerre sont faibles. Il fallait qu'il brûle Londres. Mais Londres est toujours là. Il fallait qu'il gagne la bataille du ciel, et il avait une écrasante supériorité – en appareils, en hommes, en préparatifs et en entraînement. Toute cette machine de guerre était prête à nous broyer. Semaine après semaine, quelques dizaines de jeunes gens, formés en peu de temps au pilotage de chasse, ont fait des prodiges, et la machine diabolique a été tenue en échec... Cette victoire, la première depuis que monsieur Hitler a exprimé sa volonté de conquérir l'Europe, s'inscrit déjà à l'honneur éternel de nos garçons. Nous leur devrons la survie de ces îles et de notre Empire. Aussi longtemps qu'il y aura des hommes, leur histoire sera répétée, de génération en génération, et l'on dira de leur exploit dans le ciel de Londres : « Ce fut leur heure sublime ! »

Bien peu de foyers français, certes, peuvent écouter et comprendre la voix superbe de ce colosse, qui entreprend à lui seul le sauvetage du monde.

Les émissions en français de la B.B.C. en donnent quelques résumés, bien faits et entraînants, mais combien pâles à côté de la magnifique éloquence, de la chaleur brûlante de cette voix, de l'événement historique extraordinaire qu'est la rencontre de faits d'armes accomplis chaque nuit dans le ciel par de tout jeunes pilotes et de l'inspiration surhumaine que leur insuffle le vieux lion.

Mais le talent, la force de conviction nous parviennent d'une manière ou d'une autre à travers les mots et se communiquent à nous. En très peu de temps, le lion britannique est connu, admiré, détesté — *mais chacun sait qu'un homme hors du commun fait face à Hitler.* A elle seule, sa présence prodigieuse bouleverse l'équilibre de la confrontation.

53

Cet homme ne cessera, pendant quatre longues années, de permettre à l'Europe, anéantie sous la botte nazie, de respirer, d'espérer et de ne pas abandonner.

Son biographe William Manchester l'a appelé « l'homme le plus considérable du siècle ». Winston Churchill, la chance que nous avons eue...

Moi, j'ai eu, adolescent, celle de l'entendre en direct et d'en demeurer galvanisé. Après m'être arraché aux délices des bras d'une femme, je vais donc me soustraire au régime de l'occupant. Partir à mon tour, vers la guerre de Churchill.

4

« Coulez le *Bismarck* ! »

La plus grande leçon que Churchill nous ait léguée est simple : *vivre, c'est choisir.* Survivre, dans la guerre, c'est choisir *la priorité* et s'y tenir. Rare, très rare talent. Churchill l'avait au plus haut point dans la conduite de sa vie comme de la guerre. L'histoire du *Bismarck* en est la superbe illustration.

Le terrible été 40 se termine.

Hitler n'a toujours pas réussi à écraser Londres sous les bombes de sa puissante aviation. Mais il a déjà un plan de rechange : asphyxier l'Angleterre en coupant, à travers l'Atlantique, la route de ses convois.

Pour cette étape-là, il a fait construire en secret deux cuirassés rapides et puissants, armes superbes. Le premier a maintenant pris la mer : c'est le *Bismarck*. Deux fois plus rapide que tout navire de guerre anglais, ses canons ont une portée une fois et demie supérieure.

Aussi le *Bismarck*, qui tient l'Océan, a-t-il déjà détruit chacun des convois, même protégés par des bâtiments de guerre, qu'il a pourchassés sur l'Atlantique.

Les communiqués de victoire de l'amirauté allemande publiés par Berlin sont diffusés régulièrement, et la renommée du *Bismarck* fait le tour du monde. Voici donc l'ennemi numéro deux de Churchill, après la Luftwaffe : le *Bismarck*.

Ce duel fameux, c'est avec passion que j'en suis le déroulement en écoutant la B.B.C. – au début par bribes. Les décisions stratégiques prises par Churchill et ses amiraux ne sont, bien évidemment, pas divulguées; seulement les résultats. C'est donc plus tard que j'apprendrai peu à peu les détails du grand duel.

Très haut moment de la guerre; exemple, à jamais, de la supériorité de l'*esprit stratégique*.

Exemple pour la bataille, exemple pour la vie.

La salle de l'amirauté, située à vingt mètres sous terre, se trouve tout près de la résidence du Premier ministre, au 10, Downing Street. C'est là que le drame se joue.

Churchill appelle sur l'appareil interne de communication le premier lord de l'amirauté :

– Amiral Pound, je n'ai qu'un seul ordre à vous donner et vous n'en avez qu'un à exécuter : il faut couler le *Bismarck*. Vous me rappellerez lorsque ce sera fait. Je vous remercie.

L'amiral et tous ceux qui l'entourent ont un sourire crispé. Le *Bismarck* ! Ils ne pensent qu'à ça! Ils y consacrent toute leur énergie. Le *Bismarck*, plus rapide et aux canons plus puissants que les navires britanniques, s'échappe toujours.

L'amiral juge devoir rappeler Churchill; il faut en avoir le cœur net :

— Monsieur le Premier ministre, ce n'est pas une mission claire. Actuellement, je dois vous le dire sans fard, nous n'en avons pas les moyens.

Churchill, calmement :

— Amiral, je ne vous demande pas un exposé naval. Je vous donne une instruction. A vous de l'exécuter. Vous *devez* couler le *Bismarck*. J'ajoute : vous êtes autorisé à prendre, à inventer *tous les moyens* qui vous paraîtront nécessaires pour y parvenir. Vous n'avez aucune autorisation supplémentaire à me demander, je vous donne par avance toute autorisation que vous jugerez nécessaire. Coulez le *Bismarck*. Rappelez-moi lorsque ce sera fait.

La discussion entre les amiraux, vive, nerveuse, est d'abord incohérente. Ils ne voient pas le moyen d'obéir à l'ordre de Churchill! Le Premier ministre est-il vraiment informé? A-t-il même toute sa conscience? Il ne faut pas en douter, sinon c'est le vertige, intolérable. Alors, que faire?

L'un des jeunes amiraux ose, timidement, une suggestion :

— Une idée me vient, qui peut paraître folle, mais

dont je dois vous faire part puisque le Premier
ministre a dit : « Tous les moyens. » Ne peut-on envisager de mobiliser la *Home Fleet* ?

La *Home Fleet*, c'est la garde navale, le bouclier
ultime, intouchable, de la Grande-Bretagne. Ancrée
dans la base, imprenable et distante, de Scapa Flow,
près du Grand Nord, en Écosse, la *Home Fleet* n'a
qu'une seule tâche, mais elle est sacrée : la protection
rapprochée de l'Angleterre contre la menace d'une
invasion allemande. Elle n'a pas le droit de quitter les
côtes. Elle est l'Angleterre même.

Retirer la garde ? Cela ne s'est jamais, jamais produit ! On n'a jamais osé, jamais envisagé, une telle
hérésie. La discussion s'enflamme.

Enfin, le premier lord de l'amirauté demande le
silence :

— Messieurs, je pense, en conscience, que les
ordres du Premier ministre sont clairs. Il nous appartient de prendre nous-mêmes la responsabilité des
moyens nécessaires, sans l'interroger à nouveau.

« Je décide donc le départ secret, de nuit, de la
Home Fleet vers l'Atlantique, à la poursuite du
Bismarck. L'amiral qui commande à Scapa Flow
aura pour première consigne d'envoyer sa flotte plein
ouest, sur l'Atlantique. Dans quarante-huit heures, il
recevra ses instructions, directement d'ici. Secret
absolu jusque-là.

Commence, dans la brume d'Islande, la chasse du
Bismarck par les puissants navires de la *Home Fleet*,

qui, en fin d'été, abandonnent les rives britanniques. Repéré, le *Bismarck* attaque : en quelques heures il coule les deux plus grands navires de la flotte britannique, le *Hood* et le *Prince of Wales*. L'amiral en chef commence à redouter le désastre. D'autant que le secret est désormais percé par les services allemands. La fragilité de la couverture des îles Britanniques est dévoilée. Il y a urgence.

Mais la chasse meurtrière se termine bientôt à l'avantage de la *Home Fleet*. Percé de torpilles, ses superstructures en feu, le *Bismarck* coule.

L'amiral Pound téléphone enfin à Churchill :
– Nous avons perdu de nombreux et puissants navires et beaucoup d'hommes [1], mais le *Bismarck* vient d'être coulé, j'en reçois la confirmation à l'instant.
Churchill :
– Je vous remercie, amiral.
Il raccroche.
Ce jour-là, la guerre, qui sera encore très longue et meurtrière, est gagnée. Les Allemands ne sont plus en mesure de maintenir le blocus de l'Angleterre.
Certes, ils ont d'autres navires, ils ont les sous-marins, mais le *Bismarck*, seul, était irrésistible et Churchill l'avait compris. Pour le reste, les navires

---

1. Sur les 1 419 hommes d'équipage du *Hood*, il n'y eut que trois survivants.

59

britanniques font aisément poids égal. L'Angleterre a
quatre fois plus de navires de haute mer que l'Allemagne ; elle ne peut plus être asphyxiée. De même
qu'elle s'est refusée à se laisser incendier, grâce au
courage héroïque de ses jeunes pilotes de chasse. La
fin du *Bismarck* révèle la nature du génie stratégique
de Churchill : la simplicité.

Dès lors, les habitudes d'obéissance sont prises, ce
qui va tout changer. Quand Churchill est sûr de ce
qu'il veut, son ordre est bref, explicite, et n'appelle
aucun commentaire. On passe sans délai à l'exécution. Ainsi, chaque fois, est gagné un temps précieux, souvent décisif.

Fixer la vraie priorité, s'y tenir, est la marque de
l'esprit, l'essentiel de toute stratégie. *L'essentiel, sans
doute, de toute vie.* C'est la leçon que je tire de ce
grand épisode. J'essaierai de ne jamais l'oublier.

Toute ma vie, une fois ma conviction arrêtée et ma
décision prise, je me suis appliqué à ne plus hésiter, à
ne plus fléchir. Cela m'a conduit à quelques victoires,
et à de rudes défaites ! Mais, dans les deux cas, l'âme
en paix.

5

Polytechnique – pour ma mère

J'apprends, après avoir passé l'écrit, que mon rang au concours d'entrée à Polytechnique me rend admissible pour me présenter à l'oral.

Enfin ! Ma pensée bondit de l'autre côté des Pyrénées, vers la France libre... Maintenant, je sais que rien ne m'arrêtera plus, pas même l'oral : reçu ou pas, je pars !

Depuis mon bachot, l'idée de ce départ pour le combat occupait souvent mon esprit, mais j'étais décidé, d'abord, à m'assurer du diplôme que je considérais comme essentiel pour la suite. Ma mère m'avait fixé Polytechnique : j'y arrive. Ensuite, c'est de Gaulle, dès le concours passé...

Les examens écrits s'étaient déroulés dans plusieurs villes de province – pour moi : Lyon – en même temps qu'à Paris. Le concours final, l'oral, se passe entièrement à Paris, à l'École même. Les meilleurs professeurs de l'X vont interroger personnellement les dix pour cent de candidats qui ont passé la sélection de l'écrit.

Je prends le train pour Paris. Avant de m'endormir, je récapitule les trois ou quatre principales difficultés de l'oral. Je ne réfléchis pas à autre chose, pas même au fait, qui n'est pas négligeable, que, pour la première fois depuis l'exode de 40, je vais revoir ma ville.

Dormir dans un train est, pour moi, un délice si profond que, lorsque je me réveille, je suis déjà gare de Lyon. Je sors de la gare...

Paris !

Je décide de me rendre à pied, tranquillement, jusqu'au petit appartement désert de la rue de Longchamp, près du Trocadéro, celui où je suis né, dans le lit de ma mère, et que mes parents ont conservé. C'est là que je veux passer ma dernière journée avant l'oral – avant le départ...

Mais la longue promenade, au début fascinante, à travers la capitale – où tous les panneaux de rue sont doublés en allemand – se change en une véritable souffrance physique, que je ne parviens plus à maîtriser. A plusieurs reprises je dois m'arrêter et m'asseoir sur un banc pour retrouver un peu de calme et reprendre ma respiration. Quelle est cette faiblesse ?

Découvrir, immenses, superbes, déployés sur tous les édifices de Paris, les drapeaux rouge et noir à croix gammée, c'est un choc que je ne peux pas

POLYTECHNIQUE – POUR MA MÈRE

soutenir. Je m'étais concentré sur mon objectif, la préparation de Polytechnique, et *Paris nazi,* j'avais oublié de l'imaginer, la tête dans mes équations!

J'avance au milieu de ce vertige de croix gammées, dominatrices, innombrables, omniprésentes, auxquelles personne ne semble prêter attention.

L'École de la rue Descartes dont, pendant dix ans, j'ai tant rêvé avec ma mère, sera-t-elle, elle aussi, demain, marquée de l'emblème hitlérien? Bien sûr, elle le sera!

Je me trouve bête d'avoir la faiblesse d'y penser! Après tout, ce n'est plus l'essentiel : je serai dans très peu de semaines avec de Gaulle... Pourtant je me sens mal. De plus en plus mal. Je me raisonne : où est passée mon obsession du concours? Mais mes jambes se dérobent, je suis malade, je n'y peux rien.

Je finis par atteindre le petit appartement de la rue de Longchamp, d'où je téléphone au secrétariat du concours, à l'École, pour expliquer que, saisi d'un brusque accès de fièvre, je demande l'autorisation de décaler mes oraux d'une journée. Ce qui m'est accordé.

Je vais me coucher sans attendre. Je n'ai envie ni de manger ni de réviser; c'est un K.O. physique devant l'étalage de la puissance nazie – l'horreur... Je plonge dans le sommeil auquel m'a préparé la longue marche depuis la gare de Lyon. Ne plus penser.

Le lendemain, j'arrive à l'École, celle de mes songes d'enfant, dont le grand portail est surmonté, depuis Napoléon, des armes de l'X et de l'inscription originelle : « Pour la patrie, les sciences et la gloire. »

J'écarte toute méditation romantique, triste et stérile, sur « la patrie et la gloire », mots qui n'ont plus de sens dans cette ville nazie, et j'essaie de ne penser qu'aux sciences, sur lesquelles je n'ai pas le droit de trébucher.

L'oral se déroule en deux jours. Course d'obstacles d'une matière à l'autre, d'une salle à l'autre.

Je suis enfin parvenu à dominer mon malaise pour ne plus penser qu'à la précision de mes réponses. Et je n'ai pas la mauvaise surprise de « sécher » sur aucun des sujets.

Le lendemain, mes camarades et moi nous rendons tous ensemble, en fin de journée, pour découvrir, sur un tableau, les deux cent cinquante noms de ceux qui sont « reçus à l'X » et dont la vie est ainsi changée pour toujours. Avec mes quatre ou cinq plus proches camarades, j'y figure. Nous décidons de nous retrouver, le soir, chez moi, pour parler de nos décisions d'avenir. Il commence maintenant.

Fatiguée, rassurée, notre petite bande est plutôt d'humeur à s'amuser, à bavarder, à évoquer des souvenirs.

Au bout d'une demi-heure, je suggère d'aborder le seul sujet qui s'impose : la guerre.

Ils ont vu à Paris, comme moi, ce que l'occupation veut dire, ils ont même découvert leur École couverte de croix gammées. Comment allons-nous, maintenant, rejoindre les forces combattantes, soit en Angleterre, soit en Afrique du Nord ? Question simple, que je pose tout simplement.

Réaction immédiate de mes camarades : quelle rêverie romanesque s'est emparée de moi ? Ils ont préparé l'X pour faire l'X et devenir ingénieurs... Pas pour aller, comme le dit brutalement l'un d'entre eux, approuvé par les autres, « faire les guignols pour des médailles ».

L'évidence m'apparaît soudain : cette guerre, ils ne la ressentent pas comme *la leur*.

Comme je les connais bien, que je les estime, que j'ai éprouvé, au long de ces deux années, leur capacité de travail acharné, je me refuse à croire qu'ils ne peuvent pas se mettre à réfléchir. Avec confiance, je situe, comme je le vois, notre nécessaire débat :

– Nous savons tous que nous risquons d'être réquisitionnés à la rentrée, dans deux mois, pour aller travailler dans une usine allemande, dans le cadre du S.T.O. (Service du travail obligatoire) où de nombreux jeunes Français, déjà au travail, ont besoin d'un encadrement d'ingénieurs. Et nous en faisons partie. On nous attend, avec tous les autres.

« Êtes-vous prêts à y aller ? Aucun de vous n'est nazi, aucun de vous ne souhaite la victoire de Hitler. Ne devons-nous pas nous poser quelques questions avant d'obéir comme des moutons? A quoi servent nos études, si ce n'est à nous permettre de regarder en face un problème avant de prendre une décision capitale dans un environnement très embrouillé et dans des conditions exceptionnelles?

Mon « topo » tombe à plat. Ma connaissance de leur psychologie, de leur milieu, de leurs vues d'avenir était, je le découvre, très éloignée de la réalité. Je provoque seulement le silence, puis une gêne bientôt pénible pour tout le monde. Aucun débat, aucune remarque. Je ne suis déjà plus l'un d'entre eux, mais une sorte de visionnaire étrange.

En essayant, pas très longtemps d'ailleurs, d'approfondir, de comprendre, je constate une vérité simple : l'enjeu dont, en attendant le concours, j'ai fini par être obsédé, n'existe pas pour eux. Ils font partie de la France : ils *sont* la France. Encore plus aujourd'hui qu'hier – maintenant qu'ils en deviennent les cadres supérieurs. Ils resteront ici *tout naturellement*. C'est là, pour eux, qu'est le devoir. Le reste est fantaisie ou goût de l'aventure – en tout cas, futile. Et ne les concerne pas.

J'aperçois, pensif, isolé dans un coin, celui qui, tout au long de mon travail à Grenoble, a été mon plus proche camarade et mon ami. C'est dans sa famille que j'allais dîner lorsque, revenu à la maison des étudiants, j'avais faim. Ce Christian Beullac, sérieux, consciencieux, toujours prêt à l'effort, n'est pas un garçon ordinaire. Il possède la volonté de son ambition.

Il le montrera d'ailleurs. Après la guerre, il deviendra directeur général de la régie Renault sous Pierre Dreyfus, puis ministre du Travail dans le gouvernement de Raymond Barre. Enfin, poste admirable, ministre de l'Éducation nationale.

Je me lève pour aller vers Christian. Cette soirée a cessé d'avoir un sens collectif. Avec lui, à l'écart, je vais tenter de voir s'il est concevable que lui et moi soyons désormais séparés – alors, ce serait pour toujours – après avoir été frères au cours de nos longues soirées de Grenoble et des fiévreuses journées du concours.

– Christian, est-ce que tu te vois, toi, encadrant des travailleurs dans une usine militaire allemande ? Dis-le-moi franchement. Je te jure, et tu le sais, que j'ai de l'estime pour toi. Si j'ai besoin de savoir ce que tu penses, c'est pour éclairer ma propre route, car je ne suis sûr de rien. J'aimerais te comprendre.

Christian Beullac n'est pas plus à l'aise que moi. Nous découvrons ensemble que, dans l'intensité permanente de notre préparation au concours, nous n'avons jamais trouvé le temps d'aborder ces problèmes, qui sont donc neufs autant qu'immenses.

– Si nous remettions cela à demain ? propose Christian.

Je le voudrais bien. Ce serait plus raisonnable. Mais je ne suis déjà plus libre. J'ai tout organisé pour partir dès la parution des résultats – quels qu'ils soient. Les rendez-vous sont pris sur les Pyrénées. Les décisions sont arrêtées.

– Non, Christian, je ne peux pas. Je vais te dire la vérité, car je sais que tu ne me trahiras pas. Je pars demain, je vais quitter la France...

Je le vois changer d'un coup. Nous étions dans l'univers, en somme familier, de la spéculation. Je viens d'évoquer une action *concrète, proche et grave.* Christian est bouleversé.

– Jean-Jacques, es-tu fou ? Tu pourrais au moins attendre la rentrée de septembre, pour en discuter avec nos camarades et nos professeurs à l'École. Tu vas te retrouver seul, isolé, et tu seras coupé d'eux pour toujours. C'est plus grave que tu ne le crois.

« Et moi ? Vas-tu me prendre pour un lâche ? Lorsque nous nous retrouverons – car tu sens bien que je ne vais pas te suivre –, pourrons-nous encore nous parler ?... Crois-moi, tu prends une décision bien plus lourde que tu ne l'imagines. Tu t'es intoxiqué toi-même, tu n'en vois pas les conséquences pour ta vie ? Ce n'est pas seulement de ta promotion de l'X que tu te coupes, Jean-Jacques. En te désolidarisant d'eux, c'est de la France que tu te sépares.

J'embrasse Christian. A ce moment et à cet endroit, nous n'avons qu'à nous dire adieu.

Ce qui s'est passé à l'École, à la rentrée de septembre, m'a été raconté par mes condisciples eux-mêmes.

Le gouverneur de l'École les réunit dans la grande cour, aussitôt après leurs vacances, et leur dit :

– Messieurs, le gouvernement de M. Laval m'a chargé de vous faire savoir officiellement que vous devez, en tant que représentants, désormais, de l'élite de la jeunesse française, donner l'exemple à tous ceux qui doivent participer au Service du travail pour l'Allemagne. Par conséquent, dans dix jours, vous serez envoyés dans les usines allemandes pour y exercer vos compétences.

Un temps d'arrêt. Il ajoute plus lentement, espérant être compris à demi-mot, au moins par certains d'entre eux :

– Je pense que ce départ pose pour plusieurs d'entre vous des problèmes... ne serait-ce que d'ordre matériel, à régler dans vos familles. Je vous accorde donc cinq jours de permission pour retourner chez vous. Je vous attendrai ici, pour le départ.

Il espère leur dessiller les yeux, du moins il essaie. En même temps il leur ouvre une porte vers la liberté. Il n'en a pas le droit. Il n'est pas chargé d'annoncer le départ pour le S.T.O. Il continuera pourtant dans la voie patriotique que lui dicte son devoir. Son action sera bientôt brutalement sanctionnée.

Il aura la tristesse de voir son courageux appel

n'obtenir *aucun* résultat. Au bout d'une semaine, la promotion se présente dans la cour de l'École.

J'ai toujours refusé, et je refuse encore, de porter un jugement sur l'attitude de mes camarades. Je ne les considère pas comme responsables. S'il y a des coupables, ce sont leurs parents. La bourgeoisie française dormait tranquille sur les lauriers trompeurs de la victoire de 1918. Victoire arrachée par l'appui du corps expéditionnaire américain, venu au secours, au dernier moment, de deux tempéraments français tout à fait exceptionnels : Clemenceau et Foch. Cette bourgeoisie-là a tout simplement oublié d'éduquer ses enfants. Elle en récolte les fruits amers.

Dès le lendemain, je pars, en car, rejoindre ma mère en Savoie. Tout aussi déterminée que moi pour mon départ vers la France libre, elle a préparé mon passage clandestin par la frontière espagnole.

Mon père m'accompagne : lui aussi veut quitter la France. Nous craignons pour lui les trente heures de marche à travers les cols des Pyrénées, car il souffre des jambes. Mais il est résolu.

A la frontière, guidés par les passeurs basques expérimentés, dont plusieurs seront pris et fusillés – un risque qu'ils connaissent et ont accepté –, nous voyons défiler longuement à une dizaine de mètres, dans la forêt superbe, irréelle, une dernière patrouille de S.S. dans leurs uniformes noirs.

Ma mère me prend dans ses bras pour m'embrasser, sans un mot. Pendant ce corps à corps silencieux, je sais qu'elle parle au Christ, auquel elle appartient. A moi, elle transmet son amour et sa résolution par la simple chaleur de son étreinte. Notre union, si profonde, si parfaite, date de ma naissance, et ne s'éteindra pas avec sa mort. Ma mère est, et restera, *la femme de ma vie.*

Nous ne savons pas, nous ne cherchons pas à savoir, quand nous nous reverrons. Ma mère considère qu'elle a achevé sa tâche. Ce fils, qu'elle prépare depuis dix-huit ans, jour après jour, est devenu polytechnicien – son but à elle depuis toujours. Et maintenant il part à la guerre, comme son père l'a fait en 14, comme son mari, en 14 également, puis en 40. *Comme tous les Français de génération en génération.*

A cette patrie française, qui, pour moi, n'a plus que le masque de Pétain, elle est, elle, farouchement attachée, comme depuis toujours.

Pas un conseil, pas une larme.

Sa silhouette, que je contemple une dernière fois avant d'avancer dans la nuit, que je garde en moi aussi longtemps que possible, est la dernière image de la France. La seule qui compte.

71

La suite est sans histoires.

Nous passons la frontière sans incidents. Les passeurs basques sont maintenant organisés et héroïques. En dépit de la longue marche, mon père a magnifiquement tenu. Après le passage par l'Espagne, où nous sommes retenus quelques jours, à la prison de Barcelone, il aura la joie d'être reçu longuement par de Gaulle dès son arrivée à Alger.

Quant à moi, le pari que j'ai fait de prendre le temps d'être reçu à Polytechnique, avant de rejoindre la France libre, se révèle payant : à chaque étape – dans les centres de tri en Espagne, puis dans le choix de mon arme et mon envoi au centre de formation de Marrakech, au Maroc, pour la filière américaine que j'ai choisie –, le fait, grâce à Polytechnique, d'être déjà sous-lieutenant me donne la priorité.

Une décision me laisse hésitant. On m'offre, sur la base de Marrakech, le choix : un entraînement comme officier dans les chars, ou bien l'aviation de chasse. La différence réside dans le temps de formation : dans les chars, je peux être formé en quatre ou cinq mois; dans l'aviation, il faut un an.

Je devrais évidemment choisir les chars, j'en ai conscience. Car quel est mon but, pour quelle raison suis-je ici, loin de la France, de ma famille, de mes camarades ? Pour participer à la lutte contre l'armée nazie et contribuer, à ma place, à la libération de la

France. Le plus tôt sera le mieux. Donc, les chars...
Mais je choisis l'aviation.

Ce n'est pas le panache de l'aviation de chasse,
bien qu'il m'attire – comme je le sais depuis longtemps –, qui me détermine. C'est autre chose : la peur
de me retrouver dans un char. Le risque évident,
dans un char au combat, est de mourir brûlé. J'ai une
terreur irraisonnée : celle de brûler. C'est aussi
simple et bête que cela. Et j'en ai honte. Prétendre
faire la guerre, comme il le faut, et appréhender les
risques physiques est proprement absurde. C'est
pourtant ce que j'éprouve. Je choisis ma mort : abattu
en l'air, oui, mais griller dans un tank : non! Rude
leçon d'admettre que la peur vit en moi et peut avoir
le dessus.

Une fois ma décision confirmée au commandement, je suis immédiatement versé au centre de
Marrakech, puis envoyé dans la filière américaine.

C'est ainsi que je débarque aux États-Unis en
1943, pour y devenir pilote confirmé, si tout va bien.
Ce n'est pas simple... Neuf sur dix des camarades qui
ont choisi le pilotage de chasse ne vont pas passer les
éliminatoires. Aucun d'eux ne manque de talent,
mais ils sous-estiment gravement le code sacré de
l'armée de l'air américaine et son cadre « prussien »
de discipline – qui a forgé, d'ailleurs, sa supériorité,
en Europe comme en Asie.

Toute faute de discipline est sanctionnée sans appel. Or le tempérament français ne se plie guère à cette rigidité qui doit devenir une seconde nature pour un pilote de guerre. Nous allons le payer très cher. Le général de Gaulle, qui voit fondre les effectifs de l'aviation qu'il espérait, est amer. Mais, sur la discipline de l'entraînement aérien, le commandement américain est intraitable. De Gaulle n'oubliera pas ce qu'il considère comme le « massacre » de ses rares recrues. Car personne ne peut le convaincre – surtout pas les Américains – que les jeunes Français ne sont pas les meilleurs pilotes du monde. Et le plus cruel, c'est qu'ils le sont ! A leur manière...

6

Les ailes de la démocratie

Une ville encore modeste, bien proportionnée, aux bâtiments élégants, avec des jardins, de larges avenues, au trafic aisé – tout le contraire de New York –, telle est la capitale mondiale de la guerre, le cerveau central des décisions stratégiques. Telle est Washington.

D'une belle villa, basse mais majestueuse, de ce style sudiste que l'on rencontre ici – la Maison-Blanche – toutes les décisions sont prises.

Avant de rejoindre ma base aérienne, j'ai la chance d'avoir trois jours de permission pour découvrir Washington. Je le dois à Henri de Kerillis, le grand journaliste français, qui se trouve désormais aux États-Unis. Il a été prévenu de mon arrivée par mon père, et c'est lui qui m'a procuré ce merveilleux entracte.

Je suis plongé dans le milieu français dont les innombrables acteurs, militaires et civils, viennent jouer leurs atouts dans cette capitale. Je prends ainsi

75

connaissance du psychodrame qui vient de se dérouler entre deux personnages qui font, l'un et l'autre, l'histoire de notre temps. Scène magistrale.

Que s'est-il passé entre le général de Gaulle et le général Marshall ? C'est le sujet de toutes les conversations de la capitale.

Roosevelt a choisi George Marshall comme commandant en chef de toutes les forces américaines, un chef aux capacités intellectuelles exceptionnelles et aux nerfs d'acier. Les responsabilités considérables de ce poste exigent de prendre nombre de décisions cruciales, chaque jour, matin et soir, souvent d'heure en heure. Il doit s'imposer, à tout moment, à des hommes de grand tempérament : les généraux et amiraux qui, sur la surface de la planète, ont le commandement direct des batailles en cours. Entre autres, MacArthur (pour les armées) et l'amiral Nimitz (pour la flotte) dans le Pacifique ; Einsenhower, Bradley, Patton pour le débarquement en Europe. Il les a choisis, il en est l'arbitre permanent.

Entre lui et de Gaulle, le courant n'est jamais passé. Marshall – c'est sa mission stricte – est le bras droit, loyal et inflexible de son seul chef, le président Roosevelt. A la Maison-Blanche, il travaille d'ailleurs dans un bureau proche de celui du président, qu'il voit plusieurs fois par jour.

De Gaulle, protégé de Churchill, n'est pas parvenu à faire reconnaître par Roosevelt la légitimité de son gouvernement face à celui du maréchal Pétain. Il y a la raison officielle : Pétain est un gouvernement « légitime » qui a reçu ses pouvoirs du Parlement français, librement élu en 1936 ; Pétain n'a pas commis de coup d'État, il a été investi par une assemblée parlementaire. Tout cela est aussi vrai dans les formes que vicié au fond : la France officielle est tenue par Hitler.

Pour Roosevelt, légaliste comme les pères fondateurs (Washington, Madison) ou comme le père de l'Union (Lincoln), de Gaulle est un aventurier qui n'a reçu délégation de personne. Son itinéraire n'entre pas dans la logique – ni dans la morale – de la démocratie américaine. Le général Washington, lui, a fondé la République américaine, dont il devint le président, après sa victoire sur les occupants anglais. Telle est sa légitimité que personne ne conteste. De Gaulle n'est pas Washington, c'est un rebelle, une sorte de chef sudiste en révolte contre le président Lincoln. La conscience de Roosevelt – celle de Marshall – est *légitimiste*.

Les difficultés, souvent graves, que l'entente France-Amérique aura à surmonter longtemps encore après la fin de la guerre remontent à l'hostilité profonde qui opposa Roosevelt et de Gaulle. Même Churchill, là, est resté impuissant.

Il y a très peu d'engagés volontaires évadés de France dans les rangs de notre aviation. De Gaulle a obtenu qu'ils soient entraînés, pour le combat, sur les bases anglaises et sur les bases américaines. J'ai choisi les États-Unis.

Et c'est à Washington, où je suis, que l'entretien entre Charles de Gaulle et George Marshall m'est rapporté, tel qu'il s'est déroulé.

De Gaulle dit en substance à Marshall :

— Il n'est pas possible d'admettre que vous ou vos services entretiennent à l'égard de mes jeunes pilotes à l'entraînement une hostilité si ouvertement déclarée. J'ai reçu plusieurs rapports montrant que bien plus de la moitié de nos élèves pilotes sont éliminés, au fur et à mesure, sur vos bases, pour des raisons incompréhensibles. Vous me privez de mes moyens aériens, qui sont précieux. Croyez-vous que ces jeunes gens auraient pris le risque de fuir la France occupée et de venir jusqu'ici, s'ils avaient su qu'ils seraient jetés au rebut par vos règles de prétendue discipline, en fait discrétionnaires ? Où vais-je trouver mes pilotes, quand aurai-je ma force aérienne ? Comment expliquer cette animosité évidente contre mes Français ?

Marshall connaît de Gaulle. Il est néanmoins blessé par la violence du ton et par le soupçon qui le vise de vouloir réduire volontairement l'aviation de la France libre. Il conserve son calme. Il veut convaincre de Gaulle de sa bonne foi et lui expliquer que la U.S. Air Force ne fait qu'appliquer les mêmes règles – dures, c'est vrai – à l'immense masse des cadets (élèves pilotes) répartis dans tous les camps américains.

Marshall à de Gaulle :

– Général, je dois vous préciser que nous avons *cent mille* élèves pilotes *par an* à sélectionner, puis à former.

« Nous sommes heureux d'incorporer dans ce système *quelques centaines* de volontaires français. C'est un honneur qu'ils nous soient confiés, et je vous en remercie personnellement. Mais, bien entendu, ils doivent se soumettre aux règles qui s'appliquent à tous les autres contingents. Nous ne pouvons faire d'exception dans une machine aussi lourde.

« Or, ces règles sont si strictes qu'après des mois d'entraînement, et avant la remise officielle du brevet de pilote, près de *neuf sur dix* des volontaires – je parle des Américains – sont éliminés. Toute faute, toute faiblesse dans les vols d'entraînement fait l'objet d'une sanction ; et, au bout de deux sanctions, l'élimination. C'est la condition de l'excellence de nos escadrilles dans leurs combats, face à ces pilotes remarquables, bien souvent héroïques, que sont les Allemands et les Japonais. Pour les égaler, pour les surclasser, nous ne pouvons tolérer la moindre défaillance.

De Gaulle, ne tenant plus en place, s'est levé et tourne en rond comme un fauve. Rien, dans l'exposé de Marshall, ne l'atteint : les choses se situent pour lui à un tout autre niveau. Il va essayer, en mettant son éloquence au service de sa fureur, de le faire comprendre au général américain.

— Quand il s'agit d'aviation, laissez-moi vous dire, général, que vous ne pouvez pas comparer les Français aux autres. L'aviation est née en France, chaque Français est un pilote *naturel*. Le lien, charnel pour ainsi dire et qu'illustre l'histoire, entre les Français et l'aviation est unique. *Vous devez l'admettre.*

« Qui est le plus grand pilote de chasse de la Première Guerre ? Un as français : Guynemer. Tous les Allemands lui ont rendu cet hommage. Et vous, connaissez-vous seulement son nom ?

« Qui est le pionnier de l'air qui a effectué, seul, le raid le plus long pour relier le premier l'Amérique du Sud à l'Europe ? Ce nom est célébré dans le monde entier : c'est celui de Jean Mermoz. Ça vous dit quelque chose ? Son compagnon, dans un raid parallèle, est tombé sur l'un des sommets de la cordillère des Andes. Il a rampé sur la glace pendant trois jours avant d'être repéré et sauvé. C'est le grand Guillaumat. Tous les enfants de nos écoles ont appris sa phrase célèbre, après son sauvetage : "Ce que j'ai fait là, aucune bête au monde ne l'aurait fait." Le saviez-vous ?

« Qui, parmi les écrivains contemporains, a su

retracer l'ampleur de l'épopée aérienne moderne, avant d'aller, pilote lui-même, prendre sa part de risque sur l'Atlantique, nous léguant sa passion, superbement décrite pour les jeunes ? C'est Antoine de Saint-Exupéry. Peut-être avez-vous, au moins, entendu parler du *Petit Prince* ?

Marshall écoute attentivement la philippique, prononcée dans un anglais dont l'accent volontairement déformé ne trahit pourtant pas la qualité du verbe.

De Gaulle conclut :

– Les Français sont pilotes par nature. C'est le don français par excellence. *Ne me dites plus jamais ce que vous venez de me dire.* Vos menaces sont sans fondement. Vous verrez les résultats de la sélection, les Français ne peuvent qu'être les meilleurs, et ils le seront.

Hélas !... Neuf sur dix de nos élèves pilotes vont être éliminés. Non pour insuffisance de pilotage, mais *chaque fois pour indiscipline !* Navrante hécatombe. Mais de Gaulle, jusqu'au bout, restera convaincu de la volonté systématique de l'état-major américain de décimer les rangs de ses pilotes.

Notre vie quotidienne, sur les bases d'entraînement aux États-Unis, est féerique. C'est l'époque où l'Amérique est, et de loin, la puissance la plus riche du monde. Et la dimension mondiale de son effort de guerre la rend, sous nos yeux admiratifs, encore plus féconde.

L'administration Roosevelt la mobilise en favorisant le commerce et les profits des entreprises, tout en les taxant lourdement par des impôts, pour financer l'effort de guerre de l'Amérique – sur la surface de l'univers.

Quant à nous, les recrues, nous vivons dans un confort inimaginable. Chaque *boy* américain – et nous, les Français, sommes traités exactement comme eux – est dorloté par tout le pays. S'il risque sa vie, qu'au moins il ne souffre pas inutilement de privations ou d'inconfort.

Luxueuse, affectueuse Amérique, qui sait veiller sur sa jeunesse comme sur son trésor le plus précieux. L'habitude qu'elle prend là aura de grandes conséquences dans les périodes qui suivront cette guerre. En se donnant sans limite à la cause commune de la liberté, l'Amérique ne va pas seulement en retirer des progrès scientifiques et des profits financiers, elle ouvrira une nouvelle ère : celle de l'intelligence créatrice, grâce à une jeunesse galvanisée *et formée.*

Ma vie d'apprenti pilote, ainsi, est un rêve!

Nous sommes installés sur la grande base du sud, celle de Craigfield, à Selma, dans l'Alabama.

Craigfield est si vaste que les baraquements

militaires qui regroupent le contingent français donnent presque l'impression d'une petite ville en soi. Avec ses rues, ses magasins, ses gymnases, ses cinémas...

Les États du sud de l'Amérique sont, l'été, véritablement torrides. Nous sommes, à chaque atterrissage, inondés de sueur, des pieds à la tête. Nous devons nous doucher et nous changer plusieurs fois par jour. Mais rien ne nous manque.

Métier passionnant, où je progresse, me semble-t-il, chaque jour, où la compétition me rappelle les championnats de ski que j'ai tant aimés.

Les acrobaties, les atterrissages forcés, les opérations en formation, les vols de nuit à la lumière des étoiles – tout me paraît exaltant.

L'entraînement est intense et intelligent. Tous les élèves pilotes, réunis dans l'amphithéâtre de la base, écoutent chaque soir les commentaires détaillés de nos vols de la journée par les officiers qui sont nos moniteurs. Chaque avion en vol, chacun d'entre nous est filmé à plusieurs reprises, et sans jamais le savoir, par les caméras de l'aéroport et par celles d'avions qui nous suivent de haut. Les images nous sont projetées au fur et à mesure, le soir, avec les critiques des spécialistes. Chacun est ainsi jugé devant tous les autres. La démocratie américaine dans la vie militaire, c'est la transparence... Pas de secret, mais une confiance absolue en chaque homme et en sa capacité de progrès. Chacun a réellement toute sa chance.

Et puis vient le moment, dont nous rêvons, qui

nous obsède, où l'on est, selon l'expression consacrée, « lâché » : enfin seul au poste de pilotage! Le moniteur a quitté le bord.

Il faut avoir appris, avant ce lâcher, en moins de dix heures, à décoller, atterrir, voler, arrêter le moteur en vol, tomber en vrille, redresser, etc.

C'est à la fois vraiment difficile – en si peu de temps, d'où les éliminations rapides – et très exaltant : on conquiert un pouvoir nouveau, grisant. Chaque jour, on a envie de faire mieux.

Une chose me gêne : je n'ai pas ce qu'on appelle le sens de l'orientation. Ce qui, pour un pilote de chasse seul à son bord, et surtout la nuit, ne va pas sans poser de problèmes. Alors j'ai inventé une méthode qui n'est pas la plus économique, mais qui est sûre : lorsque je ne me repère pas sur la carte, je regarde les lumières du sol et je mets plein ouest ou plein est, jusqu'à ce qu'apparaisse le vaste Mississippi, immense, immanquable miroir, reflétant la lumière du ciel étoilé.

Une fois sur mon cher Mississippi, je n'ai plus qu'à suivre ses courbes en les comparant avec celles de ma carte, et je retrouve la bonne route.

C'est à la fois une carence (manque d'un sens précis de l'orientation) et une dépense (des heures de vol en trop). Mais l'aviation américaine ne chipote pas sur l'essence, qui, à cette époque-là encore, vient entièrement des puits du Texas, aux prix les plus bas du monde.

A chaque instant, et tout est là, il faut résoudre une équation dont les éléments sont la vitesse, l'altitude, la position des escadrilles adverses, les tirs de nos mitrailleuses et les trajectoires de nos bombes. La tête va de droite à gauche, de gauche à droite, surveillant le ciel, apprenant à lire au passage les aiguilles, les chiffres, les cadrans du tableau de bord.

Nous progressons, passant d'un appareil à un autre d'un niveau chaque fois plus élevé, pour aboutir au P47, le Thunderbolt – chasseur bombardier –, qui sera notre appareil de combat. Un peu lourd, mais le meilleur du monde.

La progression est d'autant plus rapide que les éliminations se succèdent – toujours pour cause d'indiscipline.

Je commence à découvrir que, dans l'armée de l'air en tout cas, le mode militaire américain est *le modèle prussien*. Tout en restant toujours courtois, les officiers sont sans complaisance. Ils donnent l'exemple en payant de leur personne.

Mes propres racines prussiennes (mon grand-père paternel, le secrétaire de Bismarck) sont sans doute à l'origine de mon aisance à évoluer dans cet univers. Cette discipline généralisée a un sens : former, très vite, des milliers de pilotes aux réflexes impeccables, capables d'anticiper, à la vitesse des avions modernes, les mouvements de l'adversaire pour concevoir la manœuvre supérieure.

85

Marshall, missionnaire inflexible, a édicté des règles strictes, et chaque officier responsable d'un camp d'entraînement est d'abord disciple de Marshall.

Le colonel américain commandant notre base m'a convoqué, avec l'accord du général français qui est notre chef direct.

– Comme vous le savez, me dit-il, vous avez commis une faute, hier, en fin de journée. En conduisant votre avion au sol, vous avez touché avec votre aile celle d'un autre chasseur, dont vous vous étiez trop approché. Les deux avions sont endommagés et sont partis en réparation cette nuit.

« La règle me dicte de vous sanctionner pour cette erreur et de vous éliminer du détachement de chasseurs en vous reversant dans la formation des bombardiers.

« Si je ne le fais pas immédiatement, c'est en raison de votre dossier d'entraînement en vol, qui vous classe parmi les premiers et m'autorise donc à vous accorder un sursis.

« Mais, si vous commettez une seule nouvelle erreur, même dans la simple conduite de votre appareil au sol, sachez que vous serez transféré automatiquement dans les détachements de bombardement. Vous ne pourrez pas poursuivre votre entraînement de chasseur.

« C'est grave, pour vous comme pour nous. Si j'ai voulu vous le dire moi-même, c'est parce que nous tenons à vous. Mais tout dépend de vous. Je vous souhaite bonne chance.

L'autorité de ce colonel est grande. Il a été choisi pour commander notre entraînement (avec celui de bien d'autres détachements américains et étrangers), après vingt-deux victoires personnelles au combat sur le front d'Europe. C'est sa période de « repos » avant qu'il rejoigne le front. Il n'a pas besoin de parler haut.

Il a bien visé. Il m'a indiqué à la fois son appréciation de mes facultés de pilote et d'entraîneur, mais aussi une certaine légèreté face aux règles, ce qui, à ses yeux, est inadmissible.

L'épisode m'émeut profondément et me marque. Il n'est pas vain. Je redouble d'efforts pour prouver mon respect intime, sincère, de la discipline à l'entraînement, des règles de l'armée de l'air, du matériel de haut niveau qu'on nous a confié.

Le feu prend sur notre base une semaine plus tard. Il s'est allumé à l'une des extrémités du camp. Après une heure de vaines tentatives pour l'éteindre, le commandement décide de faire évacuer tous les appareils, malgré le vent qui souffle en rafales.

Par haut-parleurs, tous les pilotes sont convoqués dans le hall central. Le commandant de la base, celui-là même qui m'a sermonné, nous expose que, d'ici à une demi-heure, tous les appareils doivent avoir décollé pour rejoindre d'autres bases où nous sommes attendus et dont il nous distribue la liste.

– Vous allez partir par escadrilles de cinq, avec un avion de tête responsable de chaque escadrille.

« Nous avons donc besoin de soixante chefs d'escadrille. J'ai réquisitionné tous les officiers brevetés disponibles sur la base. Il me manque encore un responsable. Je dois donc désigner l'un des élèves pilotes non encore brevetés parmi vous...

Il nous observe. Son regard croise le mien. Cet instant, je ne l'oublierai pas. En une fraction de seconde, j'ai l'espoir fou que je serai choisi entre tous pour être ce chef d'escadrille. Je donnerais n'importe quoi pour que le dieu des pilotes m'octroie cette grâce. Mais je ne peux évidemment rien faire, surtout pas. Je fixe simplement celui qui est là, en face de nous, et qui va choisir.

Le commandant me fait lever. Il a décidé, dit-il, que je serai le responsable d'une escadrille, comme les officiers de la base. Jamais avant et jamais depuis je n'ai ressenti pareille gratitude.

Une fiche m'est remise avec les noms des quatre autres pilotes, tous français, qui vont former mon escadrille. Je les réunis aussitôt. Nous avons sept minutes pour fixer nos signaux de communication en vol. Puis nous courons à nos avions, sans un mot de plus. Le camp est maintenant en flammes. Il faut décoller à une cadence accélérée.

Tout se passe sans incident. Ma seule difficulté, une fois que nous sommes en vol, est de retrouver mon chemin sur la carte. Je demande à mon ailier droit de me donner par le système de radio-communication les indications qui me manquent. Il le fait avec une précision et une gentillesse qui sont pour moi la récompense finale de cette journée inoubliable.

Une heure plus tard, nous atterrissons, une escadrille après l'autre, sur notre nouvelle base, située très au nord, près du lac Michigan. La nôtre se pose impeccablement. Tout a été prévu pour nous recevoir et nous héberger.

Avant la fin de l'opération et de la journée, je vais saluer le commandant du détachement, celui qui m'a si récemment sauvé de la sanction d'exclusion, pour le remercier. Il salue réglementairement et me dit simplement :

– *You did a good job!* (Vous avez fait votre boulot!)

Une fois l'entraînement achevé, le nombre d'heures de vol de jour et de nuit étant acquis, tous les exercices de combat et de bombardement répétés cinquante fois, la cérémonie du brevet – remise officielle des ailes de pilote de guerre – se passe selon un protocole méticuleusement réglé.

Nous sommes prêts, neuf pilotes du contingent

français arrivés ici... Dans ces derniers jours, où tout est en principe terminé, deux événements inattendus vont encore intervenir.

L'un est affreux. Je n'en ai jamais parlé. Non pas qu'il soit secret. Tous les pilotes de la base l'ont connu et tous ensemble – je ne l'oublierai pas – m'ont aidé à m'arracher à l'état de dépression profonde où j'étais.

J'ai laissé se tuer l'un de mes camarades, un magnifique pilote, l'un des meilleurs, et un ami personnel.

Si je tiens à l'écrire, ce n'est pas en croyant expier par l'aveu, mais parce que, dans son atroce brutalité, cet épisode contribue à éclairer les méthodes américaines d'entraînement dans cette guerre et, peut-être aussi, un aspect de mon tempérament.

Chaque jour, vers la fin, nous nous entraînons au bombardement au sol sur des cibles bien précises. Si nos P47 s'appellent « chasseurs-bombardiers », c'est qu'en plus des huit mitrailleuses lourdes fixées dans les ailes ils portent, sous chaque aile, une bombe-torpille.

Ce jour-là, je suis chargé, après mon entraînement personnel, d'entraîner, l'un après l'autre, derrière

90

mon aile droite, les pilotes de mon escadrille pour les exercer à mettre les bombes dans la cible. L'exercice réclame de chacun sang-froid, justesse de vision et volonté calibrée à la demi-seconde de détruire précisément la cible.

Celle vers laquelle nous nous dirigeons à plus de sept cents kilomètres à l'heure est un cercle peint en jaune sur le champ de tir, d'environ trois mètres de rayon, et c'est là qu'il faut placer nos bombes l'une après l'autre, en deux passages.

Il est indispensable de descendre le plus bas possible, de lâcher la bombe au tout dernier moment, pour être sûr de la placer dans la cible. Et ne pas attendre un instant pour redresser à fond en tirant sur le manche du lourd appareil. Toucher le sol, c'est la mort.

A cet instant où l'on redresse, on subit, c'est bien connu, un moment d'absence qui paraît très long, en vérité quelques secondes : le « voile noir », où le sang est tiré du cerveau par la force de gravité de l'appareil, qui remonte vers le ciel, et il faut être entraîné pour ne bouger *en rien* les instruments de direction durant cette perte de conscience. Puis le sang afflue, et tout redevient normal, sauf la migraine.

Voici le champ de tir. Il approche à grande vitesse. Le paysage, le ciel disparaissent au regard, fixé maintenant sur la cible et sur elle seule : elle remplit tout...

Je tourne rapidement la tête vers mon équipier, un remarquable pilote. Il lève simplement un doigt pour signaler que pour lui tout est O.K.

Une dernière fois, je ressens le besoin de lui rappeler le conseil qu'il doit connaître par cœur :

— N'oublie pas de lâcher la bombe sans attendre, à l'instant même où tu vois que j'ai lâché la mienne et que j'amorce la remontée. Tu ne me quittes plus des yeux, tu redresses à fond en tirant comme un fou sur ton manche. Pas d'autre question ?

— Bien compris. Tout est O.K.

Je fonce vers le sol, le doigt sur la détente. La cible grossit devant mes yeux. Je garde un œil sur l'altimètre car, à cette vitesse, on ne peut plus se fier à une approximation visuelle quelconque. J'ai répété cet exercice des dizaines de fois, en salle de simulation d'abord, puis en vol réel. Tous les réflexes sont rodés.

L'appareil fonce sur la cible, j'appuie sur la gâchette. Immédiatement je redresse... Le voile noir : je ne vois plus rien, je ne sens plus rien.

Quand mes yeux s'ouvrent à nouveau, il n'y a que le ciel devant moi. Je suis en pleine montée. Il me faut quelques secondes encore pour voir normalement. Aussitôt, je tourne la tête pour vérifier que mon camarade a bien « collé » au mouvement...

J'aperçois alors, là-bas, sur le terrain, un tas de ferraille en flammes d'où monte une épaisse fumée : l'horreur ! Il a « percuté », comme on dit dans l'argot de ce sale métier. Il a trop attendu pour redresser. Il est rentré dans le sol à près de mille kilomètres à l'heure. Seule consolation, quand j'ose y penser : il est évidemment mort sur le coup, il n'a en rien souffert ni même eu conscience de ce qui allait lui arriver.

C'est la troisième fois au cours des dernières semaines d'entraînement que cet accident mortel intervient dans notre détachement. Mais la première fois sous ma responsabilité.

Je préviens la tour de contrôle par radio. Les camions d'intervention médicale, que je vois d'en haut, foncent déjà vers l'appareil, qui continue de flamber. Il n'y a plus rien à faire. Je demande à la tour si je peux retourner à la base.

— Vous continuez d'abord comme prévu. Vous rentrerez après.

Cauchemar. De nouveau, donc, je m'approche du sol à cette folle vitesse pour mettre la bombe dans la cible. Cette fois, je suis pris de vertige : une fraction de seconde, l'idée me traverse l'esprit qu'étant responsable de la mort de mon camarade je dois expier ma faute en m'écrasant à mon tour.

Je chasse cette idée, que j'ai toujours détestée. Si la mort, je le dis très simplement, ne me fait pas peur, jamais non plus, sauf un bref instant ce jour-là, le suicide ne m'a attiré.

Je redresse. Et retourne à la base. Je me rends au bureau central pour rédiger, c'est réglementaire, le compte rendu de la mission de l'après-midi et celui de l'accident. Je regagne mon lit et m'efforce de vider mon cerveau. Ne plus penser à rien. Dormir.

Le second épisode, avant le départ pour l'Europe, se déroule le lendemain.

Convoqué le matin par le même colonel commandant la base, je m'attends naturellement à subir des reproches, voire des sanctions, à propos de l'accident mortel de la veille.

Le colonel est très aimable :

– L'accident d'hier est déplorable, dit-il. Mais nous avons visionné dès hier soir le film de votre vol et de l'exercice de bombardement. La séquence finale indique clairement que vous n'avez aucune responsabilité dans le retard au redressement de votre ailier. Vos signaux, visuels et radio, tous enregistrés, ont été réguliers et émis à temps. Vous n'en entendrez plus parler. Il s'agit d'autre chose.

« J'ai bien reçu votre message demandant à être déchargé désormais de toute mission d'entraînement de vos compagnons d'escadrille pour ne pas être responsable d'autres accidents de cette nature. Nous acceptons votre demande. Vous ferez seul vos dernières missions de bombardement, comme vous le souhaitez.

« Telle n'est pas la raison de cette convocation. Je voulais vous dire que, après examen par la commission

de votre dossier, discussion au niveau du commandement de la base et prise de contact avec l'état-major
de l'Air à Washington, vous êtes l'un des deux pilotes
étrangers de nos détachements à qui nous voulons
proposer d'être intégrés dans la U.S. Air Force, avec
le grade de capitaine et le commandement de deux
escadrilles, ainsi que la citoyenneté américaine, si
vous acceptez. Au lieu de retourner en Europe, où la
guerre s'achève, vous prendriez immédiatement votre
commandement sur le front asiatique dans les phases
ultimes, difficiles, de la guerre qui se poursuit contre
le Japon.

« C'est une offre exceptionnelle. Vous avez le
temps d'y réfléchir. Il nous faudrait une réponse dans
deux jours.

Je n'utilise pas ce délai de réflexion. Ma réponse
s'impose, intellectuellement, biologiquement : je veux
rejoindre la France. C'est là que sont mon cœur, ma
famille, mes racines et mon avenir. C'est là que je
dois achever cette guerre.

– Je suis très honoré. Je sais aussi combien
l'aviation américaine va connaître de difficultés dans
la longue bataille qui reste à livrer dans le ciel du
Japon, face au fanatisme et au talent des pilotes
japonais. J'ai une dette, je vous le confirme, envers
l'Amérique, qui m'a offert cet entraînement admirable. Et une dette envers vous-même, qui m'avez

deux fois donné ma chance au lieu d'appliquer des sanctions. Je vous le dis de grand cœur.

« Je ne veux pas feindre d'hésiter. Ma réponse est immédiate, car c'est la seule possible pour moi, Français. Je dois décliner votre offre. Je dois partir pour l'Europe, la France, le front allemand. Ma mission, ici, est accomplie. Je dois rentrer, pour terminer la guerre chez moi, d'où je suis venu, au milieu des Français que je dois retrouver. J'ai rompu avec ma promotion de Polytechnique, comme vous le savez ; je ne veux pas risquer que cette rupture ne devienne un abandon de ma patrie.

Le colonel est visiblement déçu. Il attendait autre chose pour deux raisons, dont nous nous étions à plusieurs reprises entretenus : mon sentiment neuf, né dans cette superbe armada, de fraternité à l'égard de l'Amérique, et ma passion pour le pilotage de chasse. C'est ce qui l'a incité, sans doute, à me faire sa proposition. Mais il voit plus loin, et me surprend.

— Je voudrais, dit-il, vous dessiner les perspectives de notre offre. Elles dépassent le cadre de cette mission de combat. Vous allez être, à vingt ans, l'un de nos plus jeunes chefs d'escadrille. Vous serez capitaine dès cette année. Après une campagne en Extrême-Orient, et les performances que nous espérons, c'est l'état-major de la U.S. Air Force qui s'ouvrira devant vous. Et, alors, tout est possible... Réfléchissez.

Cette fois, la raison m'oblige à examiner la

proposition. Défile en accéléré le film du destin de ma famille! Mon grand-père, Prussien, secrétaire de Bismarck à Berlin; mon père, Français, à la pointe du combat anti-nazi à Paris. Mon sort, naturel, serait-il de poursuivre cette « ruée vers l'ouest » et de devenir américain vers de hautes responsabilités à Washington? Je rêve un instant à ce qu'il pourrait en advenir, mais ce rêve reste, dans l'immédiat, ce qu'il est : un rêve. Il n'est pas mon devoir qui demeure, bien entendu, la France.

Je ne me doute pas, alors, que ce film irréel va effectivement – trente ans plus tard – se projeter pour mes fils... Nous n'y sommes pas. En 1944, ma réponse est négative. Je pars pour l'Allemagne, sur le front français, accomplir la seule mission que je me sois donnée en quittant Polytechnique. Je suis requis par la France qui, une fois délivrée, sera ensuite à reconstruire – et moralement d'abord. Je ne sais quel rôle je pourrai y jouer. Mais j'ai confiance : les circonstances m'en proposeront un. Voilà ce qui me tient, et me mobilise.

L'adieu du colonel est émouvant, et j'y repenserai souvent. Il me fait comprendre que ma vue de la guerre est très partielle, bien française, pour lui : provinciale. En réalité, cette guerre est mondiale – c'est vrai – et l'Asie est destinée à devenir le prochain centre du monde – vrai aussi – face à l'Amérique, sans doute avec l'Amérique, les deux continents ceinturant le Pacifique. Enfin, l'ardeur stupéfiante, admirable et folle, des combattants japonais, si elle ne remet pas en question le résultat final, laisse peser de graves incertitudes sur les données de la lutte qui va se poursuivre dans le Pacifique et sur le nombre de victimes qu'elle va encore provoquer.

— Et puis, dit-il, en Europe, il y a, malgré tout, la force soviétique. Armée par les États-Unis, elle n'a pas été économe de ses hommes, elle a payé un prix humain colossal contre la formidable machine de guerre hitlérienne. Sans elle, l'Amérique n'aurait peut-être pas pu venir à bout de l'Europe nazie, peut-être même n'aurait-elle pas pu débarquer en Normandie.

« Dans le Pacifique, l'Amérique est *seule* face aux forces japonaises. Seule. Combien de jeunes Américains vont-ils être sacrifiés dans cette redoutable bataille où les Japonais ne font jamais de prisonniers ?

Je sens, à travers lui, je vais le mesurer aussi à Washington, l'angoisse réelle — difficile à imaginer par les Européens — qui étreint l'Amérique. Au moment où, la guerre sur le point de se terminer en Europe, les esprits se tournent vers l'immense Pacifique (trois fois l'Atlantique), qu'il faut reconquérir, île par île, homme par homme.

Je me souviendrai souvent, plus tard, de cette crainte viscérale du Japon, que j'ai découverte là-bas, cette sorte d'intuition de ce que pouvait recéler l'avenir – avec le Japon ou contre lui. Si je n'ai pas répondu d'emblée à l'appel, c'est aussi – décidément! – en raison de ma peur physique. Pour moi, le combat sur le front du Pacifique signifie souffrance et cruauté, face aux kamikazes imprévisibles, indifférents à la vie, face en somme à mon ennemi intime : l'irrationnel.

7

Une lettre changeait l'histoire

Roosevelt est maintenant le premier Américain à avoir organisé, dirigé et gagné une guerre universelle, sur tous les océans, tous les continents.

Au début de l'année 44, on ressent cette transformation du grand leader politique en héros historique, lui qui doit maîtriser, de son fauteuil, les deux jambes paralysées, l'avènement d'un monde.

Le même homme est aussi devenu plus vieux que son âge : miné par la maladie, condamné. Or, l'échéance de la prochaine élection présidentielle est toute proche : novembre 1944. Les médecins consultés sont unanimes : il n'a plus les réserves de forces nécessaires à une campagne électorale. Il mettrait sa vie en danger.

Roosevelt écoute les avis, mesure les prémices du calvaire qui l'attend. Puis décide de se présenter pour la quatrième fois. *Pour quelle raison ?*

Il n'a plus rien personnellement à y gagner. Sa gloire est acquise, son devoir accompli.

Mais il est aussi devenu, à une échelle sans précédent, un chef de guerre aux immenses responsabilités, et *toutes personnelles*. Car c'est lui qui a choisi, un par un, avec le seul conseil de Marshall, les chefs militaires — dont Eisenhower, Patton, Bradley, MacArthur — qui, sur terre, sur mer et dans les airs, commandent désormais toutes les armées alliées. Il connaît leur tempérament. Il a appris à tirer le meilleur de chacun de ces hommes : à qui d'autre seraient-ils aussi dévoués ?

Il doit, il veut rester.

Face aux grands généraux de Hitler et du Japon, qui sont toujours là, toujours aussi résolus, et même devenus fanatiques... Face aussi à Churchill et face à Staline. Tel est, dans le bureau de la Maison-Blanche, devant Franklin Roosevelt, le « tableau de bord ». Il ne cesse d'y réfléchir, et longtemps hésite, comme devant un pressentiment. Son tourment est visible.

Ce qui finalement emporte sa décision, c'est le secret d'Albert Einstein : Roosevelt en a saisi la dimension universelle et imprévisible. La responsabilité de l'emploi de la bombe atomique — à quel moment, sur quel front ? —, à qui pourrait-il la transférer ? C'est *sa* responsabilité, telle qu'il la ressent, suprême et personnelle.

Einstein est parvenu, au début de la guerre, à convaincre Roosevelt de la nécessité urgente d'engager les travaux vers « la bombe » — travaux fort longs et jusqu'au bout aléatoires – , afin d'éviter le risque que d'autres, les Allemands, les Russes ou même les Japonais, ne les entreprennent les premiers.

Le président n'a pas encore pris de décision sur son emploi ultérieur, si l'on parvient à la fabriquer. Personne ne peut dire quelles sont les chances de sa réalisation, moins encore à quelle date. Une seule certitude : le secret est de rigueur.

Secret – sauf envers le responsable suprême de toutes les forces armées américaines, le général George Marshall, chef d'état-major des trois armes, ami intime, confident sûr du président d'un bout à l'autre de la guerre.

La plupart du temps, Marshall travaille dans son bureau de la Maison-Blanche, connecté avec le Pentagone (centre des décisions militaires). Car à chaque instant il doit être disponible pour Roosevelt, avec qui il s'entretient et délibère.

Pour donner les ordres de la mise en chantier de la bombe et nommer celui qui en sera chargé, Roosevelt ne consulte qu'un seul homme, George Marshall. C'est avec lui que Roosevelt choisit, sur une courte liste, le physicien Robert Oppenheimer et lui donne la responsabilité du projet désormais baptisé « Manhattan Project ».

L'équipe d'Oppenheimer va travailler dans l'endroit le plus isolé des États-Unis : à Los Alamos, dans le désert de l'ouest.

A mesure que des difficultés se présentent,

Oppenheimer s'adresse directement à Marshall, qui donne, personnellement, les ordres nécessaires. Le cercle des initiés est donc des plus réduits : le président et Marshall à Washington, Oppenheimer et sa petite équipe – tenue au secret absolu – dans le désert du Nouveau-Mexique.

Albert Einstein lui-même ignore le déroulement des travaux. D'ailleurs, il ne le souhaite pas, étant donné sa notoriété, donc sa « visibilité ». On doit seulement faire appel à lui si une grave difficulté scientifique surgit. Le cas ne se présentera pas.

Après le difficile et sanglant débarquement en Normandie, le 6 juin 1944, la grande bataille d'Europe traîne en longueur en raison des remarquables faits d'armes des généraux hitlériens, dont Guderian, Rommel, parmi bien des chefs prestigieux. Mais il n'y a guère d'incertitude : l'Europe va progressivement être libérée. La guerre, elle, est loin d'être terminée.

Roosevelt et MacArthur savent bien qu'ils n'ont pas, sur le front du Pacifique, le temps de souffler. La valeur, l'acharnement, le sens du sacrifice des Japonais se révèlent de terribles obstacles à surmonter. A quel prix ? Marshall et MacArthur, au cours d'une conférence suprême, évaluent les moyens et le prix d'une invasion du Japon.

Les deux chefs militaires estiment, et ils le font

savoir au président, qu'il faut être prêt à perdre *de cinq cent mille à un million d'hommes* dans cet assaut. Il n'y aura pas de répit; il n'y aura pas de quartier. Il faudra se battre jusqu'à Tokyo même, île par île, rue par rue.

Roosevelt est mal à l'aise. Fatigué à l'extrême, malade, il va devoir, et lui seul, prendre une décision dont le dossier est resté secret.

Ou bien l'invasion sanglante du Japon, ou bien...

Même à la Maison-Blanche, personne d'autre que le président, sauf Marshall, ne connaît la nature du travail des équipes scientifiques d'Oppenheimer dans le désert de Los Alamos. Et Roosevelt lui-même, pas plus qu'Oppenheimer, ne sait si la recherche, engagée depuis maintenant plus de trois ans, va effectivement aboutir. Le sort du Pacifique se joue là.

Il y eut, dès l'origine, un non-dit entre les deux hommes clés de la décision, Roosevelt et Einstein. Ils ne se sont d'ailleurs vus qu'une seule fois.

Albert Einstein a fait son devoir de scientifique et de patriote. Mais il ne veut pas être mêlé davantage aux décisions politiques, il ne se sent pas compétent. Il veut hâter la fin de Hitler, un point c'est tout.

Roosevelt, seul responsable, ne parvient pas à mesurer vraiment – qui le pourrait? – les conséquences de la réaction en chaîne que provoquera cette bombe, pour la première fois dans l'histoire humaine.

Einstein, en tant que savant, philosophe, humaniste et juif allemand, considère Hitler comme le mal absolu, qu'on doit abattre à tout prix. C'est pour cette raison qu'il a livré, sans joie mais sans hésitation, le secret atomique au conseiller personnel de Roosevelt, Alexander Sachs, et qu'il est au service de l'équipe de Los Alamos. Il ne cesse jamais, cependant, d'être pris et repris d'hésitations et de remords. A-t-il le droit de mettre au monde un engin aux effets incalculables, que par la suite personne, peut-être, ne pourra plus ni freiner ni maîtriser ?

Albert Einstein connaît maintenant l'imminence de la chute de Hitler. Il part pour réfléchir, seul, sur une petite plage de l'Atlantique, non loin de Washington.

Il médite longuement, puis rédige une courte lettre manuscrite et en allemand au président des États-Unis. Son message : Hitler est perdu ; il faut arrêter les travaux, détruire les archives, oublier les plans.

Rien, pas même la nécessaire expédition contre le Japon, rien ne justifie maintenant, pour Einstein, les risques incalculables sur l'avenir de l'humanité que représente l'enchaînement nucléaire.

Ce message est apporté de Washington à Roosevelt. A l'extrême limite de l'épuisement, il s'est retiré

106

dans la petite villa isolée où habite sa « dame de cœur » depuis sa première présidence – il y a maintenant douze ans –, au sud de Washington, à Warm Springs.

Elle, silencieuse, entièrement dévouée au grand homme, veille sur sa paix et son repos. Elle peint selon son habitude. Roosevelt lit lentement le courrier du matin, apporté de la Maison-Blanche.

Il en arrive au message d'Einstein. Il le regarde. Roosevelt déchiffre l'allemand. Il comprend que ce court texte est important. Il décide de se donner quelques instants de repos, afin d'en prendre connaissance l'esprit plus clair. Il repose le papier à sa droite.

Quelques minutes passent. Il porte la main à sa tête. Il dit, ce seront ses derniers mots, les premiers pour se plaindre :

– Oh, comme j'ai mal à la tête...

Elle lève les yeux de sa peinture. L'illustre tête vient de s'affaisser sur la poitrine. Embolie cérébrale.

La mort du président, le 12 avril 1945, est un événement considérable. Roosevelt, père de l'Amérique moderne, vainqueur des blindés de Hitler et des armadas du nouveau Japon, créateur de nouveaux univers, n'est plus.

Il s'était senti capable de durer jusqu'à la fin de la guerre, et d'être par conséquent maître des décisions immenses à prendre en Europe comme en Asie, aussitôt après la victoire.

D'où ses entretiens secrets et en tête-à-tête – grande imprudence, montrant qu'il était déjà réellement atteint – avec Staline.

D'où le secret, aussi, sur la grave décision intime, dont il ne fit part qu'à Marshall – pas même à MacArthur : l'utilisation ou non de la bombe, si elle devait voir le jour.

Or, Roosevelt avait décidé de ne pas utiliser la bombe, sauf comme moyen d'intimidation, pour arracher la capitulation japonaise.

J'ai pu vérifier ce point essentiel dans les documents qui m'ont été montrés à Washington, et qui ont d'ailleurs – pour certains d'entre eux – été « déclassifiés » depuis.

Roosevelt avait indiqué à Marshall que *la seule méthode acceptable* pour l'Amérique, pour la science, pour l'humanité, serait de convoquer, avec escorte de sécurité et retour garanti, le gouvernement et l'état-major du Japon au milieu du Pacifique, afin qu'ils assistent là, aux côtés des chefs d'état-major et de scientifiques américains, à une explosion nucléaire. Ainsi pourraient-ils mesurer l'apocalypse qui se déchaînerait si les prochaines bombes explosaient sur les villes du Japon. L'Amérique leur proposerait alors la paix *avant* la foudre.

Il ne demanda pas l'avis de ses ministres, ni de ses généraux. Il se considérait comme seul et entièrement responsable d'une pareille décision. Il leur en fit simplement part. Le président et, plus qu'un autre, ce président-là, devenu un géant, était le seul « patron ».

Voici qu'il n'est plus là.

Dans le plus grand secret, son corps est transporté de nuit, aussi rapidement que possible, à la Maison-Blanche où son épouse est, par ailleurs, appelée d'urgence. Et c'est seulement le lendemain matin, à l'aube, que la nouvelle de son décès est rendue publique. De Washington et dans les formes officielles.

Mme Eleanore Roosevelt convoque alors deux personnes et deux seulement : le général George Marshall, patron de toutes les forces américaines, et le vice-président Harry Truman, qui est devenu automatiquement le président.

A ce cercle très étroit, Marshall, après accord de Truman, décide d'adjoindre Oppenheimer.

Un seul sujet est à l'ordre du jour, toutes affaires cessantes : quelle décision prendre sur l'emploi de la bombe ?

Première décision du président Truman : on n'informera MacArthur, qui achève ses préparatifs d'invasion du Japon, qu'une fois la décision prise.

Deuxième décision : que chacun s'exprime librement devant lui, et il tirera la conclusion.

L'un après l'autre, Oppenheimer, déterminé, et Marshall, plus en nuance, demandent que l'explosion nucléaire soit d'abord « démontrée » aux Japonais dans le Pacifique, selon le schéma préparé par Roosevelt, plutôt qu'utilisée pour la première fois, et sans préavis, sur une population japonaise.

Oppenheimer, en tant que savant, parle sans hésitation. Personne ne peut prévoir les conséquences de l'enchaînement nucléaire, c'est toute l'humanité qui est finalement concernée. Il faut donc diffuser dans le monde tous les secrets de l'énergie nucléaire, ouvrir une nouvelle ère pour tous et rendre collective la responsabilité des décisions atomiques. Il faut, en tout cas, et pour commencer, en informer à temps les responsables du Japon, selon l'intention ferme que lui avait exprimée Roosevelt.

Marshall, inspiré aussi par la pensée secrète de Roosevelt, qu'il connaît, avance alors un raisonnement politique qui vise Truman. Utiliser pour la première fois l'engin d'épouvante contre des Asiatiques, alors qu'il ne l'aura pas été contre les nazis, sera considéré comme un crime racial qui ne sera *jamais* oublié, *jamais* pardonné. Doit-on prendre cette responsabilité ?

A Truman de conclure et de décider.

Il y est aussi peu préparé que possible. Roosevelt n'avait jamais pris l'habitude de le tenir au courant, même de problèmes beaucoup moins graves. Et voici, pour sa première décision, qu'il est devant un immense inconnu, en vérité sans précédent dans l'histoire humaine. Son caractère se révèle. Il n'a pas d'hésitation.

Il le dit à Marshall :

– Si le choix consiste à risquer de faire tuer un million de jeunes Américains pour conquérir le Japon ou bien à lancer l'engin nucléaire, aux conséquences incalculables, sur une ville japonaise – il a déjà écarté toute idée de « démonstration » du pouvoir atomique – , ma décision est prise : cette arme n'a de sens que si elle est réellement utilisée, si l'atrocité de ses dégâts est mesurée, visible, en vraie grandeur.

La bombe est donc lancée, la première sur Hiroshima, la seconde sur Nagasaki.

Avant qu'une troisième n'explose – personne ne sait encore qu'il n'y en a pas –, le Japon capitule...

Fin de la guerre mondiale.

Eisenhower est nommé proconsul pour l'Europe. MacArthur pour l'Asie. D'autres drames, prévisibles et prévus, vont commencer. Un monde est à reconstruire. A la guerre des armes succède le duel des idéologies.

Albert Einstein, prostré, s'achemine lentement vers un chagrin intime, profond, dont il finira par se laisser mourir.

8

Amère victoire

C'est comme pilote français et chef d'escadrille que je prends contact avec l'Allemagne : sur la base aérienne de Trêves, avec le groupe de chasse I/V. J'ai déjà oublié l'hystérie nazie et les croix gammées. L'aviation allemande, en face de nous, est très diminuée. La lutte militaire tire à sa fin, en cette année 1945. Les hommes sont morts, prisonniers, quelques-uns seulement encore au combat. *L'Allemagne en agonie, c'est un peuple de femmes...*

Tous les postes, même les plus pénibles, sont maintenant tenus par des femmes. Tragiques, admirables, très souvent émouvantes et belles avec leurs corps affaiblis et leurs visages émaciés, *elles sont l'Allemagne.* Celle que Hitler a laissée en héritage.

Chaque Allemande avait reçu l'ordre d'être mère de famille, sans attendre d'avoir seize ans. Car telle était l'obsession du Führer : faire des enfants pour l'Allemagne, la grande Allemagne de demain, devoir suprême.

Ces millions d' « enfants de Hitler », portés par ces toutes jeunes Allemandes, ne partiront pas à la conquête du monde comme les légionnaires romains, et comme l'avait rêvé le Führer aujourd'hui mort ; mais ce sont eux qui seront, et sauveront, l'Allemagne...

D'une Allemagne tronquée, découpée, rasée, affamée, la force vitale des nouveaux Allemands fera le plus grand, le plus fort pays d'Europe.

Je le pressens au pire moment, celui de la vérité nue, alors que chaque Allemande se dévoue à sa famille, à son pays, s'oubliant elle-même et se livrant, pour survivre et nourrir les siens, aux plaisirs des nouveaux maîtres, les occupants alliés.

Au mess des officiers, elles sont partout : elles font la cuisine, servent à table, s'occupent de nos chambres ; à notre service, si j'ose dire, de nuit comme de jour.

Les plus dignes des officiers de nos escadrilles donnent l'exemple : avant tout, respecter ces femmes, ne pas les exploiter, ne pas les abaisser.

Il ne s'agit pas seulement de pure moralité. Nous savons, en vivant sur place, que l'Allemagne ne restera pas à terre, qu'elle se redressera et sera notre partenaire pour la prochaine période de l'histoire.

La pire faute contre la France, contre nous-mêmes et nos enfants, serait, pour ces Allemandes qui, n'ayant plus rien, s'offrent à nous, de les traiter en prostituées.

114

Ceux qui ont donné un bel exemple de respect humain furent les officiers français. J'ai pu vérifier bien souvent par la suite que les femmes allemandes ne l'ont pas oublié.

La guerre se termine. Les journées sont routinières. Nos escadrilles volent en se relayant soit vers le front, soit pour surveiller les derniers feux sur les arrières, prêtes à intervenir.

J'ai hâte de reprendre le fil de la vie : revoir la France, Paris, ma famille, entrer à l'X, qui m'attend...

Ma mère a eu l'extrême délicatesse, dès qu'elle a su sur quelle base aérienne, près de Paris, j'allais atterrir avant ma démobilisation, d'envoyer à ma rencontre l'émissaire le plus tendre, le plus émouvant, ma sœur Brigitte.

Brigitte, qui n'a pas vingt ans, a déjà épuisé une vie. Deux fois arrêtée par la Gestapo, torturée, chaque fois évadée, participant aux combats jusqu'au bout, médaille de la Résistance, Légion d'honneur, elle a été choisie, suprême hommage, pour être celle qui, dans son uniforme de lieutenant, remet la première gerbe bleu, blanc, rouge de Paris libéré au général de Gaulle, à son arrivée à l'Hôtel de Ville.

Adorable Brigitte. Elle sort de ces épreuves touchée par la grâce, sûre de ses convictions, dévouée à son pays pour toujours – mais aussi condamnée par ce qu'elle a subi.

Elle n'en parlera jamais – mais son lent calvaire ne cessera plus. A chaque étape, elle aura la pensée naturelle de me faire appeler auprès d'elle. La différence d'âge entre nous est à peine d'un an, nous sommes des jumeaux de cœur.

Une scène restera gravée en moi, autour du visage pur, angélique, de Brigitte. Lorsqu'elle attend son premier enfant, les médecins s'aperçoivent trop tard qu'à la suite de maladies traumatisantes dues aux traitements de la Gestapo, le sang de Brigitte ne peut plus coaguler.

Une fois son fils né, elle continue de saigner interminablement. Impuissants, les médecins font entrer son mari, qui, bientôt, m'appelle.

Autour du visage blanc comme la mort de Brigitte, tout est rouge, rouge sang. Les draps, les oreillers, les coussins... et le sang continue de couler. Les médecins me confient qu'à ce rythme elle risque de n'en avoir plus que pour deux heures... Ma Brigitte...

Je demande que tout le monde quitte la pièce puisque, médicalement, il n'y a plus rien à entreprendre. Il me reste à lui faire sentir, seul à seule, à elle directement, tout l'amour dont elle est dépositaire et pourquoi elle *doit*, pour nous tous, arrêter elle-même, par sa force mentale, la fuite mortelle de son sang.

Sa volonté, inflexible au combat comme dans le travail, nous la connaissons. Brigitte doit cette fois la mettre au service de sa vie.

116

J'essaie de le lui dire entre mes larmes, et sans la lâcher une seconde. Je la tiens serrée dans mes bras, convaincu que, cette bataille-là, nous pouvons la gagner ensemble, grâce à son courage, comme toutes celles qu'elle a déjà remportées. Mais c'est la plus rude de toutes.

Une certaine roseur, au début imperceptible, réapparaît sur la peau diaphane de son ravissant visage.

Commence à cet instant la deuxième vie de Brigitte. D'une pudeur et d'une timidité presque maladives, ayant du mal à s'exprimer, elle va être, toujours par la force de son tempérament, élue maire de Meulan, puis conseiller général des Yvelines, puis sénateur et rapporteur de commission au Sénat. Elle écrira six livres sur la vie quotidienne des Français, qu'elle partage avec eux de toute son énergie, et jusqu'au bout de ses forces. L'un, en particulier, sur la grande banlieue, où elle habite avec ceux qui souffrent. Il m'est encore difficile d'écrire le nom de Brigitte, disparue si jeune, sans avoir les larmes aux yeux.

La guerre finie, je retrouve enfin Paris. Je ne sens vibrer en moi aucune corde sentimentale. Je veux surtout oublier la guerre.

Je veux profiter de l'existence – jusqu'à la prochaine bataille... Je sais, de longue date, que ma vie sera une succession de luttes, de défis, d'assauts, et par conséquent de blessures. Il ne peut pas en être autrement. C'est sans doute dans mon caractère. Que ce soit bon ou mauvais n'est pas une question qui se pose.

Dès mes premières années de lycée, je me suis entraîné à ne jamais tenir un échec pour définitif ni une victoire pour acquise. Et l' « unité de l'esprit » m'a protégé de tout, dès lors que j'ai pu, en effet, comme me l'a enseigné Kipling quand j'étais enfant, « rencontrer la défaite, ou la victoire, et accueillir ces deux imposteurs d'un même front ».

D'ailleurs, jusqu'ici, ma vie a été aussi *facile* que ma mère le souhaitait pour son enfant gâté !

Une guerre exigeant, certes, l'excellence, mais après tout *facile*. Un concours de l'X contraignant, mais *facile*. Une petite gloire, qui ne me trompe pas, au moment du retour à Paris de l'enfant prodigue, là aussi *facile*. Et, maintenant, la délicieuse récompense – dont j'ai été privé depuis trois ans – , celle des jeunes femmes de la société parisienne qui accueillent, *facilement*, heureuses de les voir de retour, les jeunes Français qui rentrent de la guerre.

La première, je la rencontre à une réception de la mission militaire américaine à Paris. Elle s'avance vers moi pour me proposer du café et me dire qu'elle sait d'où je viens et voudrait m'entendre parler de la France de demain.

Son anglais est parfait. Elle me dit être du Massachusetts, des environs de Boston, et en mission à Paris. Quelle ravissante Américaine...

Je marche dans son stratagème assez longtemps. Regrettant seulement qu'une blonde si racée, si charmante, ne soit pas française. Après tout, j'en ai un peu assez de l'Amérique.

Colette devine-t-elle mes pensées ? Elle choisit en tout cas le moment où je regrette ses origines – nous sommes assis l'un à côté de l'autre – pour partir d'un grand éclat de rire et me dire, en français bien sûr, qu'elle est Colette Rousselot, la fille du grand industriel parisien...

C'est un moment qui compte, car nous nous reverrons toujours. J'ai vingt ans, elle en a dix-huit. Nous avons la vie devant nous.

Je commets une erreur, toujours la même : l'impatience.

Après être sorti deux fois avec Colette, je lui explique, lourdement sans doute, que la vraie vie commence maintenant, que le temps est compté, qu'il faut se mettre à reconstruire la France et préparer l'avenir, etc., toute une série de clichés décrivant, bien pauvrement, mon appétit immense de la vie. Et je conclus que j'aimerais engager cette aventure avec une femme à mes côtés, elle, Colette.

Après cet interminable blabla moralisateur, je lui propose donc de l'épouser.

Dès le lendemain, je n'entends plus parler d'elle.

Elle a vu s'ouvrir un piège et, encore si jeune, elle tient à sa liberté. Elle a raison, bien sûr. Mais je n'oublierai pas la délicieuse, douce, émouvante Colette. Je ne cesserai jamais de l'aimer tendrement. Nos existences vont d'abord nous séparer, mais toujours nous nous retrouverons.

Dans un hôtel de montagne, entourés de nos enfants respectifs, quinze ou vingt ans plus tard, le maître d'hôtel, qui nous connaît bien, aura cette parole touchante pour nous accueillir :

– Voici les plus vieux amoureux du monde!

Colette provisoirement disparue, une autre femme, qui est son contraire, m'envoûte de son charme sauvage. Comme je n'ai pas cessé depuis notre première rencontre de l'estimer, d'être séduit par elle et son intelligence, je ne voudrais pour rien au monde que Marie-Pierre se sente blessée par cette comparaison. Mais, pour moi, le premier constat, l'évidence, c'est que Marie-Pierre a la superbe vitalité d'une Hélène de Portes, avec vingt ans de moins, et sur une nouvelle planète.

Brune, musclée, provocante, agressive, dominatrice, comme Hélène parfaitement séduisante, une flamme! Elle est, en plus, belle : celle qu'on a envie de conquérir! Tous les moyens sont bons. C'est ce qu'elle veut, ce qu'elle appelle.

Elle est sur le bateau qui appartient à sa famille.

Je lui téléphone à bord et lui annonce que je serai sur la plage, le lendemain. Elle me propose de fixer l'heure du rendez-vous.

Comme la maison où je suis invité est celle d'une des « maîtresses femmes » de Paris, plus âgée que Marie-Pierre, je commence à passer l'après-midi, délicieux, avec celle-là. Quand arrive le soir, un peu fatigué, je m'endors.

Me réveillant vers minuit, je décide, malgré l'heure et mon retard, d'appeler Marie-Pierre à son bord. Elle ne bronche pas – c'est tout elle! – et elle me déclare qu'elle peut me retrouver sur la plage dans vingt minutes, le temps que je m'y rende. Rien ne la surprend ni ne l'abat jamais. Elle est d'une nature volontaire, sans limite.

Colette et Marie-Pierre sont si complémentaires que je n'ai aucune peine à cultiver d'excellentes relations avec chacune, parallèlement. Mais sans chercher à les confisquer ni l'une ni l'autre. Je n'ai jamais été d'un naturel jaloux – sur ce plan-là aussi, je vise une vie simple.

J'ai désormais compris et décidé ce qui va devenir la règle de ma vie amoureuse : aucune femme n'aura de droit de propriété sur moi, ni moi sur elle.

Mes premières vraies vacances, je choisis de les passer en Autriche pour faire du ski. Je suis invité par une autre femme, dans la force de l'âge, rousse, gaie, pleine de vie, Marcelle B., que j'ai connue dans les Alpes. Elle était, à l'époque, la compagne sportive et courageuse du chef de la Résistance dans les Savoies. Après la guerre et sa rentrée à Paris, c'est elle qui m'a fait signe. Je ne m'y attendais pas. Mais je n'ai pas cherché à résister à son charme. Comme elle skie très bien, nous partons ensemble pour la montagne, à son initiative.

J'ai un faible, dangereux, pour les femmes qui savent ce qu'elles veulent et n'hésitent pas à prendre les commandes... dans les rapports amoureux.

Dans le train, je suis en tenue de permission, avec mon foulard de soie blanche d'aviateur sur mon col de chemise ouvert. J'arrive au wagon-restaurant. Un général impressionnant, en uniforme bardé de décorations et cravaté, le général Béthouard, qui commande les forces françaises d'occupation en Autriche, me regarde et, sans m'adresser la parole, demande à son ordonnance de relever mon identité.

Deux jours après mon arrivée à la station de ski autrichienne, un officier vient me remettre l'ordre écrit de rentrer immédiatement à Paris et de prendre les arrêts de rigueur à l'École Polytechnique.

Naturellement, je m'enfuis ; nous partons dans les refuges de montagne. J'ai conscience que ces quinze jours de vacances me sont « dus ». Je vais donc les prendre. On verra après...

A mon retour, les quinze jours d'arrêt ont été transformés en deux mois. Je procéderai de la même manière que pour les précédents : en faisant le mur.

Cette vie facile – en quoi l'ai-je méritée, quand règnent tant de souffrances autour de nous? – ne peut être ma vraie vie. Non. Mais je n'ai aucune honte à en profiter encore un moment, ou plutôt à la découvrir. Je ne suis janséniste que jusqu'à un certain point.

Aucun des plaisirs matériels, aucune des richesses de la société dont ma famille fait partie ne me concerne ni ne me touche. J'aime une chambre nue, un lit spartiate, je n'ai jamais eu et n'aurai jamais plus de deux costumes à la fois.

Dès mon retour à la vie civile, je décide d'ailleurs de m'habiller en bleu marine, chemise bleue et cravate noire, et je ne changerai plus. Un souci de moins. En somme, j'aime l'uniforme pour ce qu'il simplifie et règle une fois pour toutes.

Ma seule richesse sera, à l'évidence, dans la conquête de mes capacités intellectuelles. Avec, aussi, la naissance d'un goût pour l'écriture, afin de communiquer, et avec le plus grand nombre. Je n'aurai jamais un véritable talent, mais je serai un écrivain *public*. J'ai le goût d'expliquer, de simplifier les choses complexes. Celles que nous apportent les sciences modernes et les technologies, dans le bouleversement de plus en plus rapide du monde et le fracas des idéologies. Elles, et non les doctrines, vont changer notre destin. C'est à quoi je m'attache – et je vais trouver bientôt le moyen, somptueux, de pouvoir m'exprimer et de pouvoir *servir*.

En attendant, il faut terminer Polytechnique. En même temps, je tente de déchiffrer cet univers politique français dont j'ignore tout et qui se recompose maintenant sous mes yeux.

De Gaulle, en janvier 1946, vient de quitter brutalement la responsabilité du gouvernement dont il était le chef : il ne supporte pas l'emprise du Parlement sur ses décisions.

La République, abandonnée à elle-même, glisse dans les arrangements, les rivalités, les intérêts personnels, sans vraies directives, sans ambition. Le pays retombe dans ce qu'il avait connu avant la guerre, la lutte des partis qui s'opposent, sans débat public clair, au Parlement comme dans l'opinion, sur les grands choix à opérer.

Je perçois fortement, bien qu'encore confusément, que les vraies décisions ne sont pas prises, qu'elles ne sont même pas débattues. Devant le drame exemplaire qui s'amorce en Indochine, pour la première fois, je m'aperçois que cette nouvelle République, qu'on appelle quatrième, reprend dans l'indifférence les chemins de la troisième.

Tous les hauts personnages de l'État font *la même erreur* : la sacralisation de l'Empire colonial. La France, pour eux, doit garder, à tout prix, ce qu'elle

« possède » en Afrique et en Asie. C'est là qu'est sa *grandeur*, mieux : sa raison d'être.

Obsédés par les cartes de géographie *au lieu de l'être par la formation des cerveaux*, nos dirigeants oublient la seule richesse : les hommes. La France, en somme, sans les Français. Ce vieux rêve de de Gaulle...

Qu'y puis-je ? Rien encore. Il me faut d'abord apprendre. N'ai-je pas toute la vie devant moi ? Je découvrirai plus tard que je ne l'avais pas. Que tout va plus vite encore que je ne peux m'en rendre compte. Je n'ai que vingt ans.

Je ne confonds pas les expériences que j'ai déjà pu avoir – Grenoble, Polytechnique, l'Amérique, l'aviation de chasse, la guerre – avec la connaissance des vrais ressorts des sociétés modernes et moins encore des rites et coutumes de ce qu'on appelle la vie politique. Je n'y prétends pas. J'en suis encore à la soif de tout ce qui m'a manqué adolescent. Il faut d'abord, désir illusoire mais puissant, que je m'en abreuve, sans limites.

Simone de Beauvoir écrit : « Il était formidable d'avoir vingt ans à ce moment-là. »

Je ne trouve rien, là, de formidable. Sauf, justement, les plaisirs de la vie, qui, à cet âge, ne sont pas négligeables. Mais sur le fond – notre avenir – , sur la place de la France et de l'Europe dans un univers

que dominent les Américains, les Russes, l'Asie qui
approche, que nous apporte-t-on de créateur ?

C'est sur ce point que je pressens la fêlure. Quel
est donc le « projet français » ? Il n'y en a pas. Sauf
celui qui mine tout : l'Empire colonial. Le reconsti-
tuer, le conserver − l'un des grands, impardonnables
pièges de notre histoire.

Je lis attentivement les journaux. Cette nouvelle
société française en formation, celle du renouveau de
l'après-guerre, de la reconstruction des entreprises,
du déploiement des imaginations, je découvre qu'elle
est prisonnière de son État. C'est aussi loin que possible de mes convictions, de l'idée que je me fais de ce
que chacun de nous peut et doit être, maintenant que
nous avons vaincu le nazisme : *un homme libre fait
pour créer, imaginer − et justement pas un soldat de
l'État.*

S'il est vrai que « *de Gaulle se prend pour la
France* », ce qui ne présente aucun inconvénient et
sait l'inspirer, le drame est, en somme, que *les
Français se prennent pour de Gaulle.* Les conséquences seront innombrables.

La grande majorité du pays se croit dans le camp
des vainqueurs. Alors que, ni matériellement ni
moralement, elle n'a participé à l'effort collectif vers
la victoire. Le retard et l'aveuglement vont ainsi
durer longtemps, trop longtemps.

126

En vérité, si beaucoup de choses m'attirent, rien ne m'attache. Une fois sorti de Polytechnique et nanti de mon diplôme, mal à l'aise, je veux prendre du recul, loin de ce Paris dont j'ai épuisé les prétentions factices, avant d'arrêter mes décisions d'avenir, et je décide de partir pour plusieurs mois dans un pays *neuf* où je suis invité, le Brésil.

J'ai l'espoir qu'à mon retour je pourrai alors voir la France sans préjugés. Je me sentirai enfin prêt, du moins je l'espère, à entrer dans le jeu social et politique pour y tenir de tout cœur un rôle constructif. Dans mon actuel état esprit, cela ne se ferait pas.

Avant de partir, je me marie.

Dans cette société parisienne que j'ai eu plaisir à fréquenter, j'ai rencontré une jeune femme qui tranche sur les autres : la fille de la grande couturière Marcelle Chaumont. C'est Madeleine Chapsal.

Elle est la délicatesse et la grâce. Elle a tous les dons : elle dessine et peint naturellement. Elle a aussi – je l'aide à le découvrir – un original talent d'écrivain.

Elle est douce, confiante, délicate – et d'une **rare** intelligence. C'est elle qui achève de me convaincre : d'abord d'aller, en effet, « prendre l'air » pour mieux m'assurer de mes convictions. Ensuite de jurer de revenir en France, car c'est là qu'il faut se donner, *là qu'est ma place.*

Je dois beaucoup à Madeleine, à sa sûreté de jugement et à quelque chose que je perçois pleinement : sa passion de la vérité. D'où sa ferme douceur.

Nous nous marions en septembre 1947 pour partir aussitôt au Brésil vivre une aventure commune.

La présence de Madeleine à mes côtés me rassure. Un épisode suffit à la dépeindre. J'ai accepté d'être le représentant au Brésil d'une nouvelle chaîne de petits avions de tourisme, dont il faut démontrer les capacités, face au réputé Bonanza, de fabrication américaine. C'est en pièces détachées qu'on nous livre, au Brésil, ce nouvel avion de tourisme français construit par Chausson : le Courlis.

Le chef mécanicien de l'entreprise l'a accompagné par voie maritime jusqu'au Brésil pour le monter sur place, à Campos do Jordao, minuscule bourgade en haut de la montagne, entre Rio et São Paulo, non loin de l'hôtel où nous résidons, sur un terrain vague baptisé pour l'occasion « terrain d'aviation ».

Une fois le petit avion – un monomoteur – monté avec les moyens du bord, il faut le faire voler. C'est moi le pilote, et je dois l'essayer.

Je demande, naturellement, au mécanicien de m'accompagner de manière à pouvoir parer à tout incident en vol.

– Ah, surtout pas! répond-il. Je n'ai pas envie de me tuer. Je ne suis pas payé pour ça.

Venant du mécanicien qui a monté l'avion, c'est encourageant... Madeleine, qui a entendu, n'hésite pas une seconde, elle monte dans l'avion et s'assoit à la place du mécanicien, à côté de moi...

Nous roulons dans l'herbe un peu trop haute, moment qui me paraît long, avant de décoller en bout de piste! Devant nous les merveilleuses montagnes de la cordillère brésilienne. Je regarde Madeleine. Elle me regarde. Nous savons désormais que nous n'aurons jamais peur ensemble. La vie nous éloignera quelque temps, mais en douceur (là aussi, grâce à Madeleine), et le sentiment de fraternité profonde ne disparaîtra jamais. Madeleine reste avec moi et me protège avec un talent délicieux.

Après quelques mois d'excentricités, en particulier aériennes, et divers épisodes, dont la gérance d'un hôtel du sertão, je décide qu'il est temps de rentrer. Je n'oublierai jamais le Brésil, il aura été un entracte salutaire et, ce qui n'est pas négligeable, superbe : beauté de la nature, des grands espaces dont je garderai toujours la nostalgie – la *saudade* – et le goût pour la solitude, que je retrouve en montagne.

C'est là aussi que débute – à l'improviste –, alors que je m'imaginais ingénieur, ma vocation d'écrivain public, de chercheur et communicateur, bref de *politique*.

Ma chance, c'est le naturel généreux des Brésiliens. Tout ce qu'ils connaissent de moi, c'est le nom du quotidien économique de mon père et la réputation de Polytechnique.

C'est assez pour être reçu avec attention par les responsables des quotidiens brésiliens, dès que je les contacte. J'ai décidé qu'avant de proposer d'être leur correspondant permanent à Paris, pour être libre dès mon retour, je dois savoir écrire le portugais.

Je consacre donc cinq mois à l'apprentissage de cette langue. Ce n'est pas très difficile pour un Français – plus simple que l'espagnol.

J'écris donc en portugais deux études sur des dossiers qui, dès cette époque, me passionnaient : l'économie, la technologie.

C'est par ce biais – car les autres journalistes s'en montrent peu friands – que se joue ma chance. Deux semaines plus tard, j'obtiens deux contrats de correspondant permanent – l'un avec le quotidien de Rio, l'autre avec celui de São Paulo – me permettant de retourner à Paris et d'y gagner ma vie d'emblée, sans l'aide de personne. J'ai, en quelque sorte, inventé un poste : correspondant du Brésil en France !

Et pourtant à cette époque, surtout pour l'Amérique du Sud, seuls comptent les États-Unis et l'univers asiatique. L'Europe est un chantier en ruine, et qui peut dire quand elle cessera d'être un protectorat américain ?

C'est si vrai que les deux directeurs de journaux ont posé l'un et l'autre la même question :

– Pourquoi ne voulez-vous pas être notre correspondant aux États-Unis ? Vous êtes armé pour ça.

Après votre passage dans l'aviation américaine, les connaissances que vous avez acquises là-bas, vous êtes mieux préparé pour aborder les Américains que les Français. En fait, vous connaissez à peine la France : vous l'avez quittée pour de Gaulle, puis vous êtes resté enfermé entre les murs de Polytechnique. De l'Amérique, vous avez bien plus d'expérience, et vous vous tenez au courant des sujets qui peuvent nous intéresser.

Ils ajoutent :

— Seuls les lecteurs les plus âgés, au Brésil, ont encore un réel sentiment d'attachement à la culture européenne, c'est-à-dire française. Mais, à votre âge, vous devez viser les nouvelles générations. N'ayez pas d'illusion : pour elles, seule compte l'Amérique. Il n'y a plus qu'une puissance au monde, une source de science et d'innovations : les États-Unis... Tous ceux qui ont une ambition et peuvent en trouver les moyens se préparent à partir pour les universités américaines. Personne ne songe à aller apprendre le monde de demain à la Sorbonne, à Heidelberg ou à Oxford. Les pôles d'attraction, vous pouvez le vérifier, sont Harvard, Princeton, Yale, Columbia...

Je n'ai vraiment pas besoin que l'on jette du sel sur mes plaies. J'ai appris à connaître – Dieu sait ! – les carences de mon pays, qui sont souvent l'envers de ses qualités, je ne vais pas pour autant le déserter. C'est la deuxième fois qu'on m'invite à un avenir américain. Mais je ne m'y arrête pas. Je n'ai pas fait une croix sur la France. Je ne la ferai d'ailleurs *jamais*.

131

J'explique alors, à l'intention de ses détracteurs, et j'y crois, que Paris – sinon quoi d'autre ? – va devenir le centre d'une renaissance européenne. Que la France à l'évidence va tendre la main aux Allemands, aux Italiens, aux Espagnols, à tous ceux qui, en Europe – à l'ouest de ce qui s'appelle alors le rideau de fer – vont devenir centres de culture et de créativité.

Je n'ai pas besoin de déployer beaucoup d'éloquence. Mes interlocuteurs sont tout prêts à me croire. Et je dois dire que les Brésiliens, dont les défauts de fond se sont révélés, comme dans chaque pays, désastreux depuis la révolution scientifique, sont avant tout généreux et gentils. Surtout avec les Français.

A l'époque, ils ont pour objectif de nouer, en même temps que les Argentins, les Colombiens, les Uruguayens, une alliance à tous les niveaux – culturel, éducatif, scientifique, bien sûr, mais aussi sur des centres de recherches, des compagnies maritimes et aériennes – entre la nouvelle Europe et l'Amérique qu'ils appellent, eux, toujours « latine » et jamais « du Sud ». Nuance éloquente.

Tel est mon visa pour rentrer enfin dans mon pays. En vérité, depuis la frontière espagnole et la France libre, je l'aurai quitté cinq ans! J'y reviens avec l'espoir de m'exercer d'emblée au travail qui – je l'ai enfin compris – est celui qui m'attire le plus. Écrire pour éclairer, et pour transmettre.

A la réflexion, je n'en vois aucun autre qui s'ajuste autant à mon imagination. J'entrevois seulement, mais pour bien plus tard, une jonction entre le rôle journalistique et la vie publique, que je n'appelle pas, moi, la politique, tant, ayant vécu les vraies origines de la guerre mondiale, le mot et la chose sont placés bas dans mon esprit.

Ce que j'ai vu du Tout-Paris, à la Libération, m'a vite convaincu que l'illusion du gaullisme a fait écran, a servi d'alibi. La honteuse déchéance de 1940, oubliée derrière la légende de la petite légion exemplaire de la France libre, n'avait pas engendré une volonté acharnée de reconstuire le pays sur une autre morale, un autre contrat avec les citoyens.

La facilité et le règne de l'argent l'emportent. Ce que j'ai entrevu de la politique actuelle m'a paru être du même ordre qu'en 1938, sinon pire... Mais je ne perds pas courage. Je commence à me sentir armé pour la vraie bataille de France, celle qui, noyée dans les ambitions de personnes et les rivalités, n'a pas encore pu commencer. Je ne vais pas la livrer seul.

9

Ma chance, mon arme : *Le Monde*

Ce vieil immeuble parisien au fond d'une impasse est d'ordre « sacré ». C'est ici, dans ces bureaux étroits, ces couloirs sombres, ces sous-sols bourrés de rotatives avec leur cambouis et leur bruit, c'est ici que *Le Temps*, le célèbre *Temps* d'avant-guerre, se faisait chaque jour... Il a cru devoir continuer sous l'occupation. Il en est mort à la Libération, « interdit de paraître », comme tous les journaux qui avaient ainsi collaboré avec l'occupant.

C'est le cas de toute la presse parisienne, d'ailleurs, sauf *Le Figaro*, qui y a échappé de justesse – grâce à l'amitié de Louis Baschet, directeur de *L'Illustration*, pour Pierre Brisson, directeur du *Figaro*. En 1942, Baschet a supplié Brisson, qui était à Lyon et voulait rentrer à Paris, de ne pas le faire. Il a fini par le convaincre – et ainsi le sauver.

Mais le noble *Temps*, qui dominait de toute sa hauteur la vie politique d'avant-guerre, a accepté de subir la loi, et la censure, de l'occupant. Il est donc

135

interdit de paraître par le gouvernement de la Libération.

Un seul homme a, dès la signature des accords de
Munich, en 1938, rompu avec *Le Temps*, mérite
rare, que personne n'oublie. Il était correspondant
permanent du journal à Prague et a envoyé sa démission le lendemain du honteux traité de Munich, que
soutenait *Le Temps*. Il est resté comme professeur de
français au lycée de Prague.

A la Libération, c'est à lui qu'on pense pour
reprendre la barre de ce vieux et puissant navire et
redonner ainsi à l'ensemble de la presse un indispensable « organe de référence », comme il en existe dans
chaque pays démocratique.

C'est cet homme qui travaille là-bas, au bout du
couloir, à gauche, à l'étage où j'attends, au début de
1948, à mon retour du Brésil. Il est sept heures du
soir. Je demande à l'huissier « s'il n'est pas maintenant un peu tard.... »

— Oh là là, dit-il, si vous saviez jusqu'à quelle
heure il reste, seul à son bureau, à travailler chaque
soir ! Souvent jusqu'à dix heures, parfois plus !

— Mais à quelle heure arrive-t-il, le matin ?

— A huit heures moins le quart, tous les jours ! Et
il convoque la conférence des huit chefs de service,
chaque matin à la même heure : huit heures précises.
Ils restent tous debout, et lui aussi. Comme ça, elle
dure un quart d'heure. Je ne l'ai pas encore vu manquer une seule fois ce rendez-vous.

Sur la table de l'huissier, la petite sonnette retentit d'un bruit sourd, et une lampe verte s'allume :

— Vous pouvez y aller. Je vous accompagne.

Au bout du couloir, c'est le bureau directorial, celui où officie cet apôtre déjà quelque peu légendaire à Paris, redouté de tous... Car on ne le voit jamais : il refuse toutes les invitations « en ville », sans exception. Il ne veut rien devoir à personne.

Ce personnage, qui va devenir avec Jean Monnet, Pierre Mendès France, Louis Armand, l'un des « incorruptibles », l'un des piliers de la renaissance française, c'est Hubert Beuve-Méry.

Je pénètre dans son vaste bureau. Il s'est aménagé un petit coin qu'il partage avec sa secrétaire pour travailler plus aisément.

En entrant, on le voit de profil, penché sur un texte qu'il corrige, toujours avec le même crayon. Il n'a pas cinquante ans, mais sa présence pèse le double.

Après avoir indiqué d'un geste, sans un mot, que je pouvais m'asseoir dans le petit fauteuil à côté de sa table, il lève les yeux. Son noble visage est lourd : les traits tirés, les paupières à demi fermées, la bouche amère sur une cigarette à moitié consumée et éteinte. La tristesse, l'amertume, le scepticisme émanent de lui. Il les cultive.

Il a pris ce poste par devoir. Il l'a défendu, déjà, contre tant d'attaques, de complots, de chausse-trapes et de menaces bancaires... Mais il ne lâchera pas.

C'est son devoir. Il n'en tire aucun plaisir, sauf un court instant, le soir, quand, rentré enfin chez lui, il peut consacrer vingt minutes à la lecture du numéro imprimé dans l'après-midi.

Même à ce moment-là, il ne peut s'empêcher de repérer encore les coquilles (fautes d'imprimerie), les doublons (un même sujet traité à deux endroits différents), les fautes de style. Il est le seul à les voir, mais cela suffit à lui rendre amer, chaque jour, le goût du pouvoir, unique, que sa nomination par de Gaulle à la direction du *Monde* lui a conféré.

Le papier qu'il a en main, c'est l'article que j'ai rédigé sur l'avenir de l'Europe et que je lui ai transmis par son rédacteur en chef, André Chênebenoit, homme d'une extrême courtoisie, très vieille France, auprès de qui j'étais introduit et qui m'a conseillé de l'écrire. Beuve-Méry va maintenant se prononcer sur le sort de ce papier – sur mon sort !

Il sait qu'à mon âge – vingt-quatre ans – être ou ne pas être publié dans *Le Monde,* quand on a le goût, la vocation, la passion de communiquer, c'est la différence entre la vie et le néant. Il aime la jeunesse, il aime la passion... mais davantage encore la rigueur.

– Je vais passer votre papier, dit-il, parlant étrangement à voix basse, comme dans une église... Il est intéressant. Il y a des faiblesses : je les ai marquées au crayon en marge. Il est aussi trop long d'environ un tiers. Si vous le reprenez en tenant compte de ces indications, je le passe. Nous nous reverrons après...

Je ne pouvais espérer mieux. Je sais que maintenant ce sera simple. Mieux que simple : Beuve a manifestement une vocation pédagogique. Et, s'il y a un domaine où je me sens élève, avide de tout apprendre, c'est bien l'écriture, le sens des mots et des phrases pour s'adresser, sur les sujets complexes, nouveaux que j'ai à l'esprit, à un si vaste public, et fort éduqué. J'ai rencontré un maître. Je vais en profiter.

Que lui dire ?

— Je vous suis reconnaissant, monsieur, d'avoir pris le soin de m'indiquer les corrections nécessaires. Vous aurez le texte revu, après-demain.

Il garde à la bouche son éternelle cigarette à demi éteinte, avec une moue d'indifférence. Mais il se lève, quel signe ! On m'avait dix fois décrit ses habitudes. En particulier celle-ci : à son bureau, il ne bouge pas de son fauteuil. Il concentre son attention, ses sentiments, sur ce qu'il a à dire — sans aucune autre forme d'expression ni de courtoisie. C'est sa manière, immobile, de maintenir chaque jour — quatorze heures par jour ! — son énergie et sa concentration.

Raccompagner un visiteur, geste inutile, c'est bien rare... Il le fait pourtant, jusqu'à l'entrée de son bureau — immense pas dans nos relations — et même jusqu'au bout du couloir où se trouve l'huissier, pour m'indiquer l'escalier de service, car, à cette heure, le journal est fermé.

Je sens que ces quelques pas avec Beuve vont sceller, si je ne me trompe pas, un pacte tacite. Cet article ne sera pas le dernier, et la suite dépend maintenant de mon travail.

Je ne saurais émettre un jugement modéré à propos de Beuve-Méry. Il est bien plus qu'un grand professionnel, il a une vraie vision du monde. Vision surtout de ce qui est *dû* à chacun en matière d'information, par conséquent de liberté de jugement, de données vraies pour l'avenir.

Il a mesuré l'ampleur de sa fonction et de sa responsabilité; rien d'autre désormais n'existe pour lui. Il n'admet comme arbitres que ses lecteurs. Eux seuls peuvent peser sur son jugement. Il lit personnellement chaque soir chacune de leurs lettres. Ce qu'aucun directeur de journal ne fait, car c'est trop long et bien souvent ennuyeux. Mais, pour Beuve, c'est essentiel : le lecteur est son maître.

Derrière sa table et le fauteuil où il travaille est fixée au mur une longue feuille avec des graphiques très révélateurs : quatre lignes avancent, de semaine en semaine, tout le long des mois de l'année! C'est le tirage des quatre principaux quotidiens français de cette époque :

— *France-Soir,* du groupe Hachette, dirigé par un « titi » légendaire de la presse populaire, Pierre Lazareff ;

– *Le Parisien libéré,* qui a pris la place du *Petit Parisien* d'avant-guerre, supprimé pour cause de collaboration, et qui réussit d'emblée à atteindre à nouveau un large public populaire;

– *Le Figaro,* qui se succédait à lui-même, nous l'avons vu, mais dont l'audience et la gloire ont tout de suite bondi par rapport à l'avant-guerre : son tirage est multiplié par cinq, son éditorialiste à la une est le célèbre François Mauriac, qui n'a pas été égalé dans la perfection lapidaire du talent;

– enfin, *Le Monde,* qui déjà fait autorité, mais dont le grand crédit moral n'aide pas pour autant la courbe du tirage à grimper.

Beuve ne s'en soucie pas; la preuve : il l'affiche. Il se soucie de la *tendance,* c'est là qu'il va faire porter son effort. Il ne cherche pas à « aguicher » le lecteur, mais fait tout pour l'intéresser, lui apporter « l'information derrière l'information ». Dans l'espoir, à mesure que les événements et les sociétés deviennent plus complexes, de voir le nombre des lecteurs d'un journal aussi austère – le seul à ne publier jamais une seule photo – croître régulièrement.

Il gagnera son pari. *Le Monde* affichera d'année en année une courbe ascensionnelle régulière – jusqu'à atteindre cinq cent mille lecteurs, autant que *Le Figaro.* Ce sont les deux organes d'information qui comptent.

Mais il y a une lourde différence. Les recettes publicitaires d'un journal font ou défont son équilibre financier, donc ses capacités d'investissements et de salaires. *Le Figaro* est l'enfant chéri des annonceurs et des industriels, qui y trouvent la défense de leurs intérêts. Ils le couvrent d'or.

Pour *Le Monde*, c'est l'inverse ! Il est très généralement détesté par les possédants, au sens large du mot, y compris les possédants créatifs que sont les chefs d'entreprise. Il ne s'agit pas tant d'un parti pris idéologique que d'une question de frontière. Pour eux, le « secret des entreprises » leur paraît essentiel. Le problème est que *Le Monde* ne se considère pas du tout comme tenu de respecter le moindre secret, et surtout pas – morale de Beuve – celui des entreprises, dont il sait bien qu'elles trichent avec les représentants des salariés (les nouveaux comités d'entreprise, créés à la Libération) et avec les impôts.

Pour Beuve, c'est par là – l'intégrité financière et fiscale – qu'une société s'épanouit ou se condamne. Il traque les secrets, ne publie rien sans le vérifier et ne prend jamais au téléphone un patron qui cherche à l'infléchir. Il est injoignable. Merveilleux Beuve...

D'emblée, il est l'un de mes dieux. A mon firmament, peu d'autres étoiles viendront : Pierre Mendès France dans la vie politique, le général de Bollardière dans l'armée, le père Avril en religion.

J'aime et j'admire Beuve. Et puis, il m'a tout appris de ce métier difficile et superbe. Magnifique à condition d'être rude. A chaque paragraphe, à chaque phrase, on doit ressentir intensément, en rédigeant, que le lecteur peut lâcher si on ne le retient pas intimement par son intérêt pour le texte. J'apprends à être obsédé par le lecteur, par ce qu'il a envie de comprendre, par la nécessité de clarifier, encore et toujours, ce qu'on prétend lui exposer.

Il faut d'ailleurs viser plus haut : ce lecteur doit se sentir plus fort, plus grand, plus « maître du monde », s'il maintient une lecture attentive de l'article d'un bout à l'autre. Rapport plus délicat encore que l'amour, plus profond que le regard, plus fragile que l'intimité : on a pénétré son intelligence, il faut y rester.

Beuve-Méry ne sait pas vraiment écrire. Sa pensée est ferme sur tout ce qu'il connaît. Il avoue son ignorance sur tout ce qu'il ne connaît pas : la science, la technologie, l'économie et... l'anglais. Mais il sait diriger ceux qui croient savoir, et déléguer sa confiance. A condition qu'on lui apporte la preuve constante qu'on mérite de la conserver. Sinon, c'est fini.

Je rencontre et vois régulièrement, pour mieux les comprendre, les hommes qui, à Paris, et à des titres divers, s'attaquent à l'avenir avec leur fraîche vision d'après-guerre.

Mendès France mis à part, les « politiques » avec

qui j'entretiens des relations de fond sont Gaston Defferre, François Mitterrand et Valéry Giscard d'Estaing.

Avec Defferre, les vraies conversations ont surtout lieu lorsque je le rejoins pour passer un week-end tranquille dans sa petite maison, à côté de Marseille, et à bord de son voilier – le *Palynodie*, d'après le nom de sa délicieuse femme, Paly – sur lequel il navigue chaque dimanche, sans exception. C'est là qu'il se sent l'esprit dispos et que nos conversations sont le plus fécondes.

Avec Mitterrand, ce sont de fréquentes, longues marches dans Paris. Il pratique ce sport avec plaisir et avec profit, à la fois physique et intellectuel.

Il vient me chercher, le plus souvent sans prévenir, et me propose une promenade.

Je note une curieuse habitude de François qui, au début, me choque un peu. Mais il me l'explique. Il vient ici en général accompagné par l'un de ses fidèles amis. Ainsi, par exemple, Georges Dayan, le plus proche. Mais jamais il ne propose à Dayan de se joindre à notre conversation. Il le laisse attendre dans l'entrée, aussi longue que soit notre marche. Cela de la manière la plus naturelle. Dayan, qui a l'habitude et qui aime profondément Mitterrand, ne s'en formalise pas. Il est très aimable avec moi et il respecte les habitudes de travail et de détente de son ami.

Je n'en tire aucune conclusion. J'observe que, lorsqu'il est en période de recherche de ses idées,

144

Mitterrand ne conçoit un entretien qu'*en tête-à-tête*. Il se soucie peu alors d'être courtois, ou de faire plaisir, même à ses meilleurs amis. Il sait que ceux-là l'ont compris. Rare capacité. Avec Giscard, c'est autre chose...

Ce qui caractérise le jeune Valéry, c'est son besoin constant de communiquer, de ciseler ses idées devant un auditoire disponible. Il m'est souvent arrivé, rentrant à la maison, d'y trouver Valéry en plein exposé face à Madeleine. Passé me voir à l'improviste et ne me trouvant pas, sans s'asseoir, c'est Madeleine qu'il a entrepris sur... les problèmes de l'État.

Mon arrivée, au lieu de l'interrompre, renforce son ardeur. En l'écoutant, je suis frappé par la convergence entre son physique élégant, ses longues mains, son ton choisi, presque précieux, et l'énergie inlassable avec laquelle il expose ses vues. Rien ne devrait l'arrêter sur son trajet vers le pouvoir. Cet homme fin, sachant séduire, est, à l'évidence, de la race des grands lutteurs.

Il est méthodique dans sa démarche intellectuelle, fait effort pour simplifier, accrocher l'auditeur ou le lecteur. Sa formation de polytechnicien ne l'a pas entraîné à l'usage de l'écriture, mais il saura se forger un style.

Concentré sur ses objectifs, il lui arrive de franchir la mesure, jusqu'à user la patience des autres.

I.B.M.-France m'a demandé d'organiser un séminaire, vers la fin des années 50, pour une demi-douzaine d'invités, que je choisis, parmi lesquels Louis Armand, Gaston Defferre et Giscard.

Après l'exposé serré d'un spécialiste sur les logiciels, Valéry prend la parole et le bombarde d'une série de questions méthodiques, pertinentes, mais hors du débat, servant apparemment à compléter ses propres connaissances scientifiques.

Il exaspère les autres participants, qui ont perdu le fil ; il ne s'en soucie pas ; je crois qu'il le savoure. Je tente de l'interrompre, par respect pour les autres invités ; en vain.

— Il faut chercher le fond des choses, me répond-il, et trouver la méthode nouvelle ! Je suis sûr que ceux de nos collègues qui n'ont pas la connaissance scientifique me le pardonneront...

Ainsi est Valéry, si convaincu qu'il prête aux autres sa propre conviction, et n'y pense plus. Cette foi insolente dans l'intelligence finit la plupart du temps par lui réussir !

L'un de nos collègues, dans cette autopédagogie, est Jacques Duhamel. Troisième filière : Valéry sort de l'Inspection des finances, moi-même de l'X, Jacques du Conseil d'État.

S'il n'est pas très formé aux maths, il est le plus doué pour écrire. Et il le montre vite. Jacques est maintenant devenu un ami intime. Ses rapports avec Edgar Faure sont de même nature que les miens avec

Mendès France; nous avons travaillé ensemble. Mais, si j'en profite avec plaisir, Valéry, lui, se cabre. Même la simple apparence de « supériorité » d'un rival (et qui ne l'est pas pour Valéry ?) le fouette comme un pur-sang, et il « s'accroche à mort » pour gagner. Ce qui est admirable, mais ce qui, inévitablement, induit en lui, comme chez les grands lutteurs, une haine froide de l'adversaire – sentiment sans doute indispensable à la victoire dans la lutte.

Duhamel et lui ne s'entendront pas. Pas plus que Nora et Giscard. Est-ce une loi humaine, ou bien la nature de l'élite française dans la compétition ? Je penche pour la seconde explication, hélas!

Jacques nous apporte les articles qu'il publie une ou deux fois par semaine dans *Le Journal de Genève*. Toujours intéressants, ils manquent encore de grâce dans la forme. Valéry lui en fait vertement le reproche. C'est plus fort que lui... Né pour le combat.

Je commence, pour *Le Monde,* à parcourir l'univers. Je parle l'anglais, je m'attache à comprendre la nouvelle société technologique en formation. Arrive un moment fort, dans la vie publique de l'Amérique, véritablement impériale, d'après-guerre : le mandat du président Truman s'achève en 1952. La nouvelle loi constitutionnelle américaine, votée à cause des quatre mandats successifs – sans précédent – de

Roosevelt et des conséquences tragiques de sa mort, a instauré une limite de deux mandats pour tout président.

Truman n'avait pas vraiment accompli deux mandats. Avec le premier il n'avait, comme vice-président élevé à la présidence réglementairement, que complété le temps de Roosevelt. Il n'a donc été élu qu'une fois. Tous les experts constitutionnels confirment qu'il a *le droit* de se représenter en 1952.

Mais ce « petit bonhomme », qui ne cessera de surprendre le monde, fait de nouveau acte de haute moralité. Il décide que, même s'il en a le droit, sa candidature serait contraire à la volonté du législateur. Il annonce qu'il ne le fera pas et désigne publiquement celui qu'il a choisi pour être le candidat du Parti démocrate. Il le proposera à la Convention, le mois prochain.

Choix remarquable. Il s'agit d'un homme d'exception, à la haute réputation d'intelligence et d'intégrité, Adlai Stevenson, gouverneur élu de l'État de l'Illinois.

Stevenson ne sort pas un mot avant d'être allé sur la tombe de Lincoln – héros et martyr de la guerre civile américaine, qu'il a gagnée pour forger l'unité du pays, avant d'être assassiné par un Sudiste qui ne lui pardonne pas sa victoire.

Après s'être longuement recueilli, Stevenson, à son retour, déclare qu'il accepte. Il est nommé triomphalement par la Convention démocrate, où il fait un discours magistral. Puis il commence sa campagne à travers le pays. Je la suis quotidiennement, de Paris, dans la presse américaine et par les enregistrements de ses discours. Non seulement je deviens un partisan enthousiaste de ce seigneur, mais la France s'emballe pour lui. Sa pensée, son éloquence, sa franchise, ses vues d'avenir pour le monde, tout nous séduit.

Je demande à mon rédacteur en chef (j'écris pour quelques mois dans *Paris-Presse* en raison d'une brouille provisoire avec Beuve-Méry sur la question du neutralisme) d'aller suivre les dernières semaines de la campagne Stevenson-Eisenhower.

— Pourquoi ? Croyez-vous qu'il y ait encore un doute ? Stevenson paraît tellement supérieur, me dit-il.

— Dans mon esprit, non, il n'y a pas de doute. La supériorité intellectuelle et morale de Stevenson sur le très militaire Eisenhower qui, malgré sa gloire, ne peut pas faire un discours sans le lire ni répondre avec aisance au cours d'une conférence de presse, ne fait guère de doute. Mais j'aimerais les voir de plus près l'un et l'autre. Et surtout faire comme tous les Américains : suivre cette campagne *à la télévision. C'est la première fois qu'une campagne est télévisée.* Personne ne peut être sûr de ce qui en découlera.

Je débarque à New York. Je vais droit à l'hôtel, et j'y reste. Un beau poste de télévision est installé dans ma chambre. Dès le premier soir, sans bouger, étendu

149

sur mon lit, je peux assister en détail à la campagne des deux candidats.

Après avoir entendu, avec délices, Adlai Stevenson exprimer dans une langue raffinée la subtilité de sa pensée, on passe au candidat républicain : voici Ike, c'est le choc!

En voiture découverte, il est debout, avec son large sourire d'une oreille à l'autre, le regard tourné vers la foule qui l'acclame. Je suis saisi : ce visage si sympathique, si rassurant – celui du héros de la guerre –, est irrésistible! Je ressens son charme, comme tout le monde. Je ne change pas d'avis pour autant : Stevenson est supérieur et, si j'étais électeur, je n'hésiterais pas. Mais j'éprouve au plus profond qu'il s'agit d'autre chose : Eisenhower est imbattable.

Je passe un autre soir encore seul devant mon poste de télévision, pour vérifier mon impression, toujours sans rien échanger avec personne. Après quoi, je prends mon courage à deux mains et, dès l'aurore, j'appelle à Paris le standard de *Paris-Presse* :

– J'ai bien réfléchi avant de vous appeler, dis-je au rédacteur en chef, et je sais que je vais vous surprendre, comme j'ai moi-même été surpris. Mais je n'hésite pas à vous le dire aujourd'hui : Eisenhower va être élu... Si vous m'y autorisez, je vais l'écrire demain dans mon article pour le journal. Êtes-vous d'accord pour le publier ?

– Jean-Jacques, faites bien attention. Ici, à Paris,

personne n'est prêt à croire ce que vous venez de me dire. L'admiration unanime pour ce brillant intellectuel qu'est Stevenson domine, et tous les regards sont sur lui. Mais, si vous maintenez ce que vous dites dans le texte de votre article, il paraîtra tel quel et à la une. A vous de mesurer vos risques.

Le lendemain, c'est le premier journal en France à annoncer en manchette à la une, sous ma signature : « *Eisenhower sera élu mardi prochain.* » Nous sommes vendredi.

Lorsque j'ai fini de dicter cet article, je réfléchis encore. J'ai les larmes aux yeux.

Si c'est ça, la politique!... D'un côté, un cerveau exceptionnel fait pour forger l'époque nouvelle, résister aux pressions des lobbies militaires si puissants. De l'autre, un entraîneur d'hommes, certes, mais qui a peu de connaissances sur la nature des sociétés, leur économie, leurs progrès techniques. Il a une tête sympathique, un sourire irrésistible, une auréole de guerrier. C'est ça, la politique ?

Le verdict des urnes le confirme : c'est bien cela.

Pour ma part, je téléphone au cabinet du gouverneur de l'Illinois, celui de Stevenson, et je demande quand je pourrai voir le gouverneur. On me le passe au téléphone, je lui dis ce que j'ai sur le cœur : mon admiration et ma déception, et il me demande si je suis libre le lendemain soir pour dîner avec lui à son hôtel de gouverneur, à Libertyville, Illinois. Son premier collaborateur, le jeune et déjà célèbre professeur Arthur Schlesinger, que j'ai connu à Harvard, lui a signalé ma présence.

Seul avec Stevenson, tout au long d'une soirée calme, je suis sous le charme. Que reste-t-il en lui des blessures de la campagne et de la défaite ? Il l'a résumé d'une phrase à la télévision : « J'ai trop mal pour en rire, je suis trop vieux pour pleurer. » C'est tout. Il va continuer sa route. Son emprise sur le Parti démocrate vient en fait de commencer. Il va en rester longtemps le mentor et le guide... jusqu'à l'apparition d'une étoile montante de la jeune génération, qui sera John Kennedy.

En 1960, Kennedy, choisi par les démocrates comme candidat à la présidence, l'emportera d'extrême justesse sur Stevenson à la Convention, puis sur Nixon à l'élection. C'est un malheur que ces deux hommes, Kennedy et Stevenson, qui se seraient admirablement complétés, restent crispés sur des sentiments de rivalité. Ils n'ont jamais pu s'entendre.

Stevenson s'incline naturellement devant Kennedy. Mais il souhaite servir au poste de secrétaire d'État (ministre des Affaires étrangères). Il y serait excellent, tant sa culture est diverse, sa chaleur humaine exceptionnelle, et surtout sa passion pour la paix capable de grands bienfaits.

Mais Kennedy est jaloux de Stevenson, le meilleur orateur de son époque. Et puis, Kennedy considère Stevenson comme mou à l'égard du monde soviétique

– lui, Kennedy, fait partie des durs. La grande que-
relle des faucons et des colombes, qui va dominer la
politique américaine, est brûlante.

Pour diriger le département d'État, Kennedy choisit donc Dean Rusk, un bureaucrate froid et conformiste, qui appliquera automatiquement, sans état
d'âme, les directives de la présidence, c'est-à-dire de
Robert Kennedy, le jeune frère du président (un dur),
et du Pentagone. On sera loin de Stevenson... et on
ira droit vers les récifs.

10

Einstein, Thorez, la bombe

Beuve-Méry me laisse une liberté désormais exceptionnelle pour le choix des sujets que je juge pouvoir traiter. Un exemple m'a frappé.

Je me spécialise, au début, dans les problèmes internationaux, en raison de ma connaissance de l'Amérique et du développement de la guerre froide qui s'aggrave, sur tous les continents, aux feux de la rivalité U.S.A.-U.R.S.S.

Mais ma vraie passion est ailleurs : saisir le lien, fort, que je pressens entre la brusque avancée des sciences et le changement de nature des sociétés politiques.

Cette même passion anime à Paris quelques autres jeunes hommes avec qui je me retrouve maintenant régulièrement.

Au premier rang d'entre ceux que j'ai cités : Simon Nora, que je connais depuis Grenoble par son frère Jean; Jacques Duhamel, que j'ai rencontré par

Colette Rousselot, qu'il a épousée; Valéry Giscard d'Estaing, camarade de l'X, compagnon de recherche.

Tous ces liens vont se développer et se perpétuer dans l'avenir. Ce qui est important, c'est qu'ils se sont noués très tôt, avant 1950. Cela comptera toujours.

Au centre de mes réflexions, il y a mon rapport intellectuel, sans nuages, avec Beuve-Méry. C'est une merveilleuse complicité professionnelle. J'apprends sans arrêt de ce maître. Il me marque sa confiance. Sa générosité est remarquable.

Je lui rends donc visite pour lui dire :

— Je voudrais écrire sur ce que j'entrevois, après étude de la théorie générale de la relativité d'Einstein, des rapports entre la science et la politique. Il s'agit, en somme, de la raison *scientifique* pour laquelle je me sens fondamentalement anti-marxiste. J'essaierai d'être aussi simple et clair que possible pour nos lecteurs. Mais il faudra aborder des données scientifiques, et même publier un ou deux tableaux d'équations...

— Ça, Jean-Jacques, je crois que c'est trop! Je crois surtout que, pour vous, c'est un grand danger. Vous pouvez certainement arriver à expliquer ce que vous avez à dire dans un français clair, y ajouter dans le journal, ce que nous n'avons jamais fait, des équations apparaîtrait comme très prétentieux. Je ne peux que vous le déconseiller.

— Me permettez-vous d'essayer et de vous présenter l'ensemble ? Vous jugerez sur pièces...

— Bien sûr, mais n'ayez pas trop d'illusions. Je ne crois pas que la politique puisse s'exprimer par des équations. La nature humaine est infiniment plus complexe, sans même parler de l'essentiel : la foi.

Je connais Beuve. Je pense avoir démêlé, dans ce qu'il m'a dit, à la fois une mise en garde et un « feu clignotant ». J'y vais.

Je me plonge dans un long travail d'où je tire deux articles intitulés : « Einstein et l'énergie de la synthèse ».

Cette série, telle que Beuve-Méry accepte alors de la publier, en première page, laisse prévoir, me semble-t-il, la nature du débat qui va mobiliser ma génération.

J'en résume d'abord l'essentiel : « Le mécanisme selon lequel Einstein a transformé la physique contemporaine aborde des problèmes fondamentaux non seulement en physique, mais en *politique*. Et nous pouvons déjà esquisser les rapports nouveaux qui s'annoncent entre l'atome et la politique... Car la traduction, en termes de société, du principe de base de la physique nucléaire exprime ce qui est devenu l'essentiel de la *démocratie* — une vision de l'homme, et de son avenir, *à l'opposé du totalitarisme,* du stalinisme. En somme, Marx annonçait l'avènement d'une *preuve scientifique* de sa théorie politique aux conséquences considérables (Lénine, Staline, Mao,

etc.). *Le verdict de la science, aujourd'hui, a tranché :*
contre Marx et le marxisme[1].

Désormais, j'ai l'esprit en repos : je pense avoir
éclairé la base objective de mon refus du marxisme –
dont la tentation continue de dominer l'intelligentsia
française.

Le remous que provoque cette publication dans la
classe intellectuelle n'atteint pas Beuve. Pourtant...

La défaite écrasante du nazisme, mais aussi la non-
existence du reste de l'Europe face à Hitler, enfin la
formidable démonstration de vitalité de l'Armée
Rouge, ont eu de grandes conséquences dans les
esprits. Au point de forger bien des convictions.

Les jeunes hommes et les jeunes femmes, avec qui
nous sommes liés, Madeleine et moi, et avec qui nous
passons parfois à la campagne des soirées et des
dimanches entiers en discussions passionnées, ne sont
certes pas staliniens, mais ils sont profondément sensibles au marxisme : c'est ce qui reste des bouleverse-
ments récents.

Et rien ne prouve encore que cette interprétation
de l'histoire ne soit pas aussi la clé de l'avenir. Hitler,
par défaut, a réhabilité le communisme ou, pour qui

---

1. Voir le texte intégral en annexe.

ne va pas jusque-là, le socialisme. A la droite de ces deux grandes doctrines, il n'y a encore rien.

C'est dans ce milieu si sensibilisé que ma démonstration a allumé un incendie d'hostilité. Il ne faiblira que bien plus tard : quand on connaîtra la vérité sur la barbarie et la stérilité que représentaient le stalinisme et toutes ses prétentions – après la fin du communisme. Beaucoup plus tard...

La bataille va être longue, pénible, déchirant des liens d'amitié, taillant dans la chair et dans les sentiments.

Trois jours après la publication de mon article dans *Le Monde*, je reçois un appel téléphonique du stalinien français numéro un, héros historique, chef incontesté de la plus grande armée politique de notre pays : Maurice Thorez, secrétaire général du Parti communiste français.

Le Parti communiste – on l'appelle tout simplement « le Parti », tant il domine – écrase tous les autres de son nombre et de son poids.

Il doit sa suprématie à deux facteurs profonds et réels : la part formidable, mesurée en dizaines de millions de morts, de l'Armée Rouge dans la victoire ; et l'héroïsme des militants du P.C. dans la Résistance intérieure, en France, dès qu'ils eurent reçu l'ordre de Moscou d'engager la lutte contre les nazis.

A l'exception de de Gaulle, symbole très fort,

certes, mais qui possédait bien peu d'effectifs en France occupée, l'armée politique, c'est le Parti. Et une jeunesse en rêve...

Mieux que d'autres, Thorez l'a compris, et il veut faire fructifier ce précieux capital. D'où, sans aucun doute, l'accueil qu'il me réserve.

De sa voix de velours, il me dit avoir lu mes articles dans *Le Monde* et souhaiter m'en entretenir. Il est plus facile, si cela ne me dérange pas, dit-il, de tenir une conversation longue dans son cabinet de travail, au siège du P.C.F. Nous prenons rendez-vous.

L'immeuble du Parti communiste français est une véritable forteresse blindée, gardée par des hommes en armes, où toutes les portes sont de lourds rideaux de fer à glissière, avec des hublots pour vérifier les identités sans avoir à ouvrir.

Je chemine à travers cet univers fortifié où je pénètre pour la première fois, et je suis introduit dans la grande pièce où travaille – et dort – Maurice Thorez.

Il vient à ma rencontre. D'emblée, il est très sympathique. Visage ouvert et beau, aux traits simples et au regard clair. Sa parole est calme et attachante. Seul trait étrange : sa paralysie d'un côté qui le fragilise. Mais on a vu que cette apparence physique est trompeuse : l'homme est d'acier. Il restera jusqu'au bout, avec une extrême habileté, un soldat discipliné de Staline. Il a réglé la question une fois pour toutes.

Maurice Thorez me fait asseoir et s'étend sur le lit

installé à côté de son bureau. C'est la raison pour laquelle il préfère recevoir chez lui. La station assise le fatigue, et même le blesse. Il s'en excuse, n'insiste pas et passe immédiatement, posément, au sujet qu'il souhaite débattre pour cette première rencontre, qui va durer plus de deux heures.

Il ne m'apprend rien, à vrai dire, que je ne sache sur « sa vérité communiste », mais il a été sensible me dit-il, à la « qualité de démonstration » des rapports que j'ai mis à nu entre la vérité scientifique et la vérité politique. Il souhaite approfondir cet aspect essentiel – il dit même « crucial » – des choses.

Maurice Thorez est bien séduisant. Il n'affirme presque jamais, il interroge, et il s'interroge à voix haute. Il est supérieurement raffiné dans sa dialectique. On se sent à l'aise – c'est son premier objectif. Ensuite, on est à l'écoute, prêt à admettre certains de ses arguments – c'est son deuxième objectif.

Une porte s'ouvre à l'autre bout de la pièce, et je vois passer une tête ébouriffée, étonnante, avec des yeux de feu.

Ces yeux interrogent Thorez, qui répond :
– Non, pas maintenant ! Je rentrerai plus tard.
Se retournant vers moi, il me dit simplement :
– Ce n'est rien, c'est ma femme...
Sa femme ! Mais c'est la pasionaria du P.C.F., Jeannette Vermeersch. Tout le Parti – sauf Maurice –

est terrorisé par elle. Elle est, dans les congrès, dans les débats comme dans les procès politiques internes, d'une éloquence passionnée et terriblement efficace. Jeannette est la gardienne de la pensée communiste. La rapide vision que je viens d'en avoir est conforme à cette réputation. Mais le calme froid de son époux a indiqué où était l'autorité.

Quand commenceront les grands procès staliniens, Jeannette sera, en France, l'avocat des procureurs. Maurice la laissera faire, mais lui-même ne dira pas un mot.

De Gaulle avait, très habilement, fait rentrer Thorez de Russie, où il avait passé toute la guerre, préparant la prise en main pour la suite. Il fut nommé au gouvernement comme vice-président du Conseil. Il joua le jeu en donnant l'ordre de la reprise du travail contre la grève et reçut la reconnaissance officielle du général : « Thorez est un homme d'État. »

Il me demande quels sont les autres jeunes gens de ma génération, intéressés comme moi par le débat public, que je connais le mieux.

Je lui cite quelques noms. À ma surprise, il me demande alors s'il peut les rencontrer avec moi. Je lui dis que oui, bien sûr. Mais, s'il le permet, pas ici. Chez moi. Aucune difficulté, répond-il. Nous prenons donc rendez-vous pour un débat à plusieurs, à mon domicile.

162

Le jour venu, nous sommes là, à l'attendre ensemble, dans mon appartement de l'avenue Pierre-Ier-de-Serbie. Il y a Simon Nora, Jean Riboud, Françoise Giroud. Je n'ai pas voulu élargir davantage le cercle. C'est bien suffisant pour exploiter cette chance : explorer l'intérêt de Maurice Thorez, et peut-être – nous sommes naïfs! – tisser un lien pour essayer ensemble d'aller plus loin.

Un soudain silence nous attire vers la fenêtre. Des militants du P.C. sont venus garder l'avenue. A cinq minutes de l'heure dite, ils ont arrêté le trafic des voitures. Puis arrivent deux voitures lourdes et blindées : celle de Maurice Thorez et celle de sa garde. Du balcon, nous le voyons descendre, s'appuyant pesamment sur sa canne. Je vais vers la porte pour le recevoir.

A ce moment-là, je m'aperçois que Françoise a mis un corsage ravissant, mais très léger, je veux dire : transparent, sur un soutien-gorge de même nature – je suis saisi. Que va penser Thorez ?

Il va voir – et chez moi! – l'image même de la décadence bourgeoise qu'il dénonce. Je suis furieux contre Françoise, mais il est trop tard pour qu'elle aille se changer. J'essaie d'oublier. Et je vais m'apercevoir combien je me suis trompé... Françoise connaît les hommes, c'est clair, mieux que moi!

L'entretien commence. Maurice Thorez est d'une courtoisie parfaite et se montre ouvert à toutes les questions. Il nous dit seulement :

— Je suis prêt à tout mettre en cause, sauf le matérialisme historique, qui est le fondement de l'histoire. Mais nous pouvons discuter utilement, avec la jeunesse que vous représentez, de toutes les questions qui se posent maintenant à la France.

Le reste de l'entretien, qui durera trois heures, n'apporte rien de particulier, sauf la qualité des rapports... et l'obsession de Thorez pour le corsage de Françoise !

Je n'avais pas encore vu quelqu'un d'aussi manifestement séduit, presque hypnotisé, par son buste — il est vrai exceptionnel... Maurice Thorez le lui écrira, en termes sobres mais non équivoques.

Il m'a demandé de ne publier dans *Le Monde* ni nos conversations ni même le fait de notre rencontre. Je ne le ferai pas. Et nous nous retrouverons plusieurs fois.

Il en ressortira surtout une réelle sympathie humaine. Je ne sais pas ce qu'elle vaut. Thorez est un militant pur et simple pour qui les sentiments doivent toujours être sacrifiés aux convictions. Mais il a le goût de plaire, ce qui lui rend d'ailleurs le plus grand service dans son métier. Et il a appris, en professionnel, à être séduisant jusqu'au bout des ongles.

Pendant que les têtes politiques françaises, dont les nôtres, se passionnent pour les grands débats idéologiques, le sort du pays se joue ailleurs.

Le pari irréfléchi de reconquérir l'Indochine est en passe d'être perdu. Après huit années de combats de plus en plus difficiles (1946-1954), le corps expéditionnaire français est maintenant pris dans la nasse. Les divisions du général Giap, l'adjoint militaire de Hô Chi Minh, préparent leur dernier assaut.

A Paris, on commence à le savoir. On continue néanmoins à ne pas y croire. Comment ces petits Viets aux pieds nus – toujours le mépris! –, sans artillerie ni aviation, peuvent-ils gagner une bataille contre une armée moderne?

Cela devient ma réflexion prioritaire. Mes articles du *Monde* traitent de plus en plus souvent de ce drame naissant : le colonialisme.

Je réclame, dans ces articles, qu'il soit mis fin à cette guerre sans issue, et qui nous condamne par son coût financier et humain à des retards dramatiques dans la modernisation urgente de la France. Je démontre, en particulier, que *tous les crédits Marshall*, accordés à la France comme aux autres pays d'Europe, ont été, en ce qui nous concerne, dévoyés de leur objectif de reconstruction pour aller financer la guerre en Indochine – ce qui ne figure dans aucun document officiel : les gouvernements successifs l'ont caché. Personne ne peut le contester. Un crime contre la nation.

PASSIONS

D'autres responsables, avec qui je travaille, poursuivent un travail novateur sur l'Europe. Il y a parmi
eux un visionnaire exceptionnel, que je vais
connaître... Jean Monnet.

11

Avec Adenauer et Jean Monnet

Un acteur précieux aux yeux des responsables alliés est un Allemand qui, avant le régime de Hitler, était maire de Cologne et s'est tenu strictement à l'écart de l'aventure du nazisme : Konrad Adenauer, homme maintenant âgé, mais de grand tempérament, au régime d'ascète, au visage parcheminé comme celui d'un vieux Chinois, aux gestes mesurés, et d'une calme intelligence. Ma rencontre avec lui est due aux bons offices d'un grand diplomate français, l'ambassadeur André François-Poncet. Je viens voir Adenauer et, dès l'abord, je suis intimidé : c'est un sage, aux yeux bridés, sans âge, impassible. Un stoïcien.

Sa vie a été entièrement dévouée à sa ville de Cologne. Il n'a pas eu d'autre ambition. Aujourd'hui, Cologne, où je me rends pour le rencontrer – il a demandé que ce soit chez lui – est ruinée, rasée. Sur ses sept cent mille habitants, à l'ouverture de la guerre, il en reste moins de trente mille ! Plus de la moitié des habitations et des bâtiments sont totalement détruits. Seules *trois cents* maisons sont encore intactes ; pas d'eau, pas de gaz, pas de moyens de transports – selon les souvenirs d'Adenauer lui-même.

« Les ponts sur le Rhin ont tous sauté, écrira-t-il, une épaisse couche de gravats recouvre les rues... Avec ses églises détruites, dont beaucoup avaient résisté au temps depuis un millénaire, avec sa cathédrale blessée, avec les vestiges de ses ponts autrefois si beaux, qui jaillissent maintenant du Rhin comme des ossements, *la ville n'est qu'un fantôme.* » Souvenir décisif.

En observant plusieurs fois cette Allemagne, il m'apparaît qu'une chance unique s'offre à nous, si nous avons l'audace de la saisir : l'*union* avec l'Allemagne, maintenant, sans attendre, sans « faire payer ». Adenauer, habile, rusé, ne répond rien, naturellement, mais il est clair que c'est déjà sa pensée profonde quand il relève laconiquement mes modestes suggestions.

Je ne suis pas le seul à penser ainsi. Des hommes compétents, qui ont bien connu l'Allemagne, avec qui je commence à travailler, agissent déjà dans ce sens.

Au premier rang, du côté français, François-Poncet lui-même. J'ai reçu de sa part un merveilleux accueil et j'ai vu déjà, en plusieurs occasions, l'audience exceptionnelle dont il jouit parmi les Allemands responsables. J'écris alors dans *Le Monde* une série intitulée : « *L'Europe veut-elle exister ?* »

Je plaide pour une bonne cause. Non sans mal. Car tout ce qu'on appelle la gauche française (communistes et socialistes) est anti-allemande et anti-européenne. Par principe (Allemagne égale fascisme) et par idéologie (l'Union soviétique est le vrai bastion « démocratique » en Europe).

Ma plaidoirie est insuffisante, je le sens. Elle souffre d'une faiblesse : à cette difficile entente France-Allemagne – pour certains à peine imaginable – les bons sentiments ne suffisent pas. Il faudrait, à l'évidence, un *projet concret,* qui soit tout autre chose que les traités, pactes et autres instruments du passé dont on a vu l'inefficacité. Il faudrait une idée neuve, précise et réalisable pour cette occasion unique... Je n'en discerne pas encore.

Mais il existe un homme de génie, qui vit en solitaire, qui travaille avec une petite équipe, et que toute sa vie a préparé à concevoir un tel projet et y amener, par sa force de conviction, ceux dont il aura besoin : Jean Monnet.

La première lettre que je reçois après ma série sur l'Europe est courte, précise et m'invite à une rencontre. Elle est signée : « Jean Monnet ».

Jean Monnet est le patron du commissariat au Plan, installé dans un petit immeuble, rue de

Martignac. C'est là que je me rends pour répondre à sa cordiale invitation.

Ici, tout est simple, modeste et calme, comme l'immeuble lui-même, qui héberge les services du commissariat, les salons de travail et le bureau de Jean Monnet.

D'ici il s'entretient chaque jour au téléphone avec les différents ministères à Paris, et avec les autorités des autres capitales de l'Europe : c'est son réseau, qui vaut de l'or, tissé par toute une vie d'intelligence et de confiance.

D'abord Bonn, son souci dominant. Londres, qu'il ne cessera jamais d'aimer. Washington, où il connaît depuis quarante ans, depuis la Première Guerre, les principaux responsables publics et privés. Enfin les autres centres *européens*, où les hommes « au courant » suivent de près sa réflexion, sa stratégie, et attendent ses initiatives.

Voici Jean Monnet. Son apparence physique, qui le sert si bien, est aussi banale que possible : l'homme de la province française par excellence. Mais la flamme du regard, clair et droit, exprime tout. C'est un apôtre.

Il passe de l'autre côté de son bureau, s'installe près de moi, pour que la conversation soit plus aisée, pour que je sente non pas son autorité, mais sa conviction.

Nous considérons ensemble, sur le mur en face de nous, la grande carte qui y est fixée, celle de l'Europe, où il a encerclé d'un même trait rouge la France et l'Allemagne *ensemble*. C'est tout. *Et ce sera le début de tout.* Je ne cesserai plus d'être en relation régulière avec lui, jusqu'au bout.

Toujours demeuré dans l'ombre, il fuit les jeux et les scènes politiques. Il n'a jamais voulu d'un ministère ni aller au Parlement. Il n'est pas un orateur. Il « tricote », comme il dit, les premières mailles de ce qu'il espère voir devenir une Europe différente de tout ce qu'elle fut, dans le passé, de drame en drame.

— Je vous ai lu et je vous lis, me dit-il, plus qu'aimable. Je voudrais que nous poursuivions ensemble. Pour le moment, le problème de l'Angleterre ne se pose pas ; ce sera pour plus tard. Je ne m'intéresse pour commencer qu'au problème central, dont dépendront tous les autres, y compris celui de la Russie et de l'Amérique : *le couple France-Allemagne.*

« Je vais vous dire ce que je vise. *Il faut concevoir un projet simple, concret, essentiel*, qui permettra un véritable mariage des autorités publiques française et allemande *au-dessus de la souveraineté de chacun des deux États.*

« L'objet d'un tel accord est devenu clair pour moi : il doit traiter de la matière même qui a nourri toutes nos guerres fratricides, *c'est l'acier.*

171

« Le charbon et le fer ont forgé de chaque côté du Rhin – ce fleuve de sang que vous voyez là, sur la carte – les armes des affrontements et des carnages, qui ont fini par réduire l'Europe à cet état de continent amputé, assisté, divisé et craintif – ce qu'elle est sous nos yeux. C'est donc par le charbon et l'acier que nous devons commencer : en les fondant dans un pot commun, si j'ose dire.

« *Il s'agirait que la France et l'Allemagne décident – sans attendre aucun traité de paix – de mettre en commun, réellement en commun, toutes leurs ressources en charbon et en acier.* Qu'elles les retirent à l'autorité de leur gouvernement et les placent, ensemble, sous une autorité commune, au-dessus des gouvernements. Une autorité en quelque sorte *supranationale.*

A mesure qu'il parle, il s'allume et s'anime : son ton est toujours aussi posé, mais ses yeux, sa voix, ses mains se mettent à vivre comme un vol de colombes. Il décrit sa pensée, et les mots prennent un poids et une force qui m'étonnent et me saisissent. Ils sont nourris de la clarté et de l'intelligence – superbes – du projet. Et par la passion dense et palpable qui anime, à cet instant, ce petit homme au regard bleu ciel, à la parole précise, à la résolution affirmée, dont l'expérience des grandes affaires publiques date de plus de quarante années, depuis sa première mission

172

aux États-Unis, en 1917, pour les Français et les Anglais.

Maintenant, il m'interroge. Je n'ai rien à dire, dans l'immédiat, qui vaille de prendre son temps. Il vient de me livrer, avec confiance et conviction, *son grand dessein révolutionnaire et encore secret*. Il m'a montré, en l'exposant, combien il avait déjà approfondi, selon sa méthode, tous les aspects concrets de l'exécution possible, pour s'assurer que rien n'y appartenait au rêve.

Je lui demande l'autorisation de lui en reparler un peu plus tard, après réflexion. Je n'écrirai rien sur ce grand sujet avant qu'il le juge nécessaire à sa réussite.

C'est l'idée la plus forte depuis la fin de la Guerre.

Trois hommes, en France, m'apparaissent maintenant comme ayant, chacun à sa manière, avec la passion de l'avenir, une capacité exceptionnelle à le concevoir : Mendès France, Monnet, de Gaulle.

Ces trois hommes, tous méfiants, n'ont pas réussi à s'entendre.

De Gaulle déteste franchement Monnet et ne s'en cache pas. Il le tient, avec une extrême injustice, pour un « agent américain », et il le dit.

Monnet, qui n'a jamais considéré de Gaulle

comme démocrate, se méfie, par ailleurs, de Mendès France. Il le juge trop obsédé par les « affaires coloniales » – alors que Monnet ignore superbement l'Indochine, puis l'Algérie, pour s'occuper de l'Europe –, et aussi trop dirigiste, presque socialiste en matière économique. Sur ce point, en particulier, je ne pourrai jamais convaincre Monnet : je ne fais pas le poids face à son expérience.

Enfin, Mendès France, au tempérament *le plus intraitable des trois,* je dois le reconnaître, a rompu avec de Gaulle et son « monarchisme », et juge la vision de Monnet sur l'Europe irréaliste, faisant abstraction des dangers qu'à ses yeux l'Allemagne continue de recéler.

A l'heure où nous sommes, ni de Gaulle ni Mendès France ne sont au pouvoir. Jean Monnet peut avancer dans son domaine propre, celui de la recherche européenne, en convainquant les uns après les autres les ministres et les gouvernements. Il s'y emploie tous les jours.

Il est extrêmement influent et écouté, d'abord en Allemagne, mais aussi dans les autres pays d'Europe, y compris l'Angleterre.

Dans le désert français, un homme prend connaissance du projet Monnet pour la France et l'Allemagne et lui exprime aussitôt son profond accord. Cet homme compte. C'est le ministre des Affaires étrangères : l'Alsacien Robert Schuman.

AVEC ADENAUER ET JEAN MONNET

Bientôt les noms de Schuman et de Monnet seront inséparables.

Robert Schuman est un parlementaire français très particulier. Né au Luxembourg, au siècle dernier, il a fait toutes ses études dans les universités allemandes : à Munich, à Berlin, à Strasbourg, alors rattachée au Reich. En séminaire à Bonn, comme étudiant, il fait la connaissance d'un autre étudiant, Konrad Adenauer.

Après la Première Guerre, Schuman est élu député de la Moselle. En 1940, il est sous-secrétaire d'État, quelques semaines, dans le cabinet Reynaud, et même dans le premier gouvernement du maréchal Pétain ! Puis il disparaît, ne voulant en rien participer à la collaboration avec le nazisme.

Il est le chef, aujourd'hui, de la diplomatie française. Je suis allé écouter ce personnage hors série à l'Assemblée nationale.

Son autorité, sa réputation, la qualité de sa réflexion font oublier rapidement un aspect saisissant : son lourd accent allemand.

Entendre le principal responsable de la politique étrangère de la France s'exprimer, pour ainsi dire, en allemand choque évidemment au premier abord. Mais, assez vite, on en retire, m'a-t-il semblé, un sentiment de fierté et de confiance. Fierté que la France ait adopté cet Allemand, patriote et fin connaisseur de l'adversaire d'hier pour en faire un partenaire de demain. Confiance en un homme si évidemment sincère dans sa foi européenne qu'il en devient le plus efficace avocat. Si la France et l'Allemagne ne peuvent se retrouver par-dessus le Rhin — ce « fleuve de sang », dit Jean Monnet —, Robert Schuman restera un homme sans vrai terroir, sans racines. Il tire de là sa force de conviction, son éloquence.

Quand je retourne, comme promis, voir Jean Monnet, je lui apporte une modeste moisson : celle des contacts que j'ai pris en Allemagne, en Angleterre, en Amérique. Sans rien dévoiler de son plan, j'ai cherché à connaître les réactions à son idée centrale d'union économique franco-allemande (sans plus de détails), et je n'ai rencontré que de chaleureuses adhésions. En France, hélas, elle se heurte à de fortes réticences.

Le dernier épisode m'a d'ailleurs éclairé : mon entretien avec le président de la République. Ayant demandé, par l'intermédiaire de Beuve-Méry, une audience au président, le vieux leader socialiste Vincent Auriol, je lui ai exposé ma conviction sur la nécessaire et urgente entente franco-allemande. Il m'a répondu, sur un ton affectueux et condescendant :

— Vous êtes très jeune... Vous verrez sans doute, vous, ce rapprochement dont vous rêvez. Mais, à l'heure qu'il est, croyez-moi, c'est beaucoup trop tôt. Après une si terrible épreuve, ces deux peuples ont besoin au moins d'une génération avant de pouvoir se parler en confiance. Prenez patience.

176

Je rapporte cet entretien à Jean Monnet. Je ne l'étonne pas du tout. Nous rencontrerons ce sentiment de méfiance, m'assure-t-il, à tous les tournants. C'est pourquoi, devant l'absence de toute sympathie entre la France et l'Allemagne, il ne compte d'aucune manière en faire un référendum.

Plus concrètement, il cherche seulement à démontrer l'intérêt qu'il y aurait pour les deux pays à mettre en commun quelque chose qui soit loin de la politique et près de la vie : le charbon et l'acier. Sans tracer de perspectives plus ambitieuses. On verra après. Construire d'abord un socle.

Les deux complices, Jean Monnet et Robert Schuman, se sont réparti le travail.

Jean Monnet se rend dans les grands pays alliés, l'Amérique et l'Angleterre ; il va s'entretenir directement avec Churchill à Londres, avec Marshall à Washington. Il les connaît bien l'un et l'autre. Il leur parle franchement. Il leur dit jusqu'où son projet peut mener. Il reçoit l'accord complet de ces deux grands interlocuteurs, ce qui lui sera bientôt très précieux.

En fin de semaine, à Paris, au moment de retourner dans sa circonscription de Moselle, Robert Schuman, un vendredi soir, reçoit un pli :

c'est le texte, très court, du « pool charbon-acier », du mariage franco-allemand sur ce qui a toujours divisé les deux pays jusqu'au sang, que Jean Monnet a préparé avec ses collaborateurs, dans une forme simple et précise.

Le lundi matin suivant, à son retour, Schuman demande à Monnet de passer le voir et lui dit simplement :

– J'ai lu votre papier. Je marche!

Robert Schuman, après avoir conféré avec Monnet, sait qu'il lui reste une démarche essentielle à accomplir : informer le chancelier Adenauer et obtenir son accord, sur chaque détail.

Adenauer le racontera lui-même : le 9 mai, alors qu'il siégeait en conseil des ministres, on lui annonce qu'un émissaire personnel du ministre français des Affaires étrangères est venu lui remettre d'urgence deux lettres en main propre. Elles lui sont données en séance. La première est *écrite en allemand*, à la main, par Robert Schuman. Ce geste délicat, amical, de Robert Schuman a touché Adenauer.

Il me dira :

– J'ai vu là un geste généreux de la France et de son ministre à l'égard de l'Allemagne. Et d'une importance telle qu'on n'en pouvait concevoir de plus grande pour les rapports entre nos deux nations et tous les développements futurs du continent.

Adenauer est conquis.

Jean Monnet vient alors, pour la première fois, travailler avec le chancelier à Bonn. Une conférence est organisée à Paris pour mettre au point le projet à l'intention des deux Parlements.

Adenauer confie :

— Vous comprenez : si l'on commençait par mettre en présence les experts, les difficultés leur paraîtraient énormes, insurmontables. Ils se mettraient à discuter du moindre détail, et tout le plan se perdrait dans des chipotages. Jean Monnet propose au contraire que l'on n'envoie *pas de techniciens du tout* à la conférence des six principaux pays d'Europe à Paris, mais uniquement des personnalités d'horizons économiques très vastes, « sentant et pensant européen ».

Adenauer ajoute :

— C'est l'essentiel.

Puis il reprend :

— Seule une Europe forte, englobant une Allemagne libre, pourrait constituer pour l'avenir une digue contre la marée rouge nous permettant de récupérer la zone soviétique. C'est en pensant à une *Europe intégrée* que je me déclare publiquement en faveur du plan Monnet-Schuman.

Il le confirmera dans ses *Mémoires*.

Nous arrivons au bout du périple de Jean Monnet : il a convaincu le gouvernement français par Robert Schuman ; il a convaincu le gouvernement allemand par Konrad Adenauer; les autres gouvernements d'Europe sont déjà d'accord. Jean Monnet et Robert Schuman croient percevoir la lumière. Et ils ont raison.

Les délais vont être plus longs que prévus, car, dans le feu de leur belle action, ils ont perdu de vue le drame qui se déroule, pour nous, en Asie : la guerre meurtrière, affolante, en Indochine.

12

Pierre Mendès France

Je suis invité par un petit homme bossu, perclus de douleurs, et travailleur infatigable, qui, de son bureau de Rouen, dirige le quotidien régional *Paris-Normandie*, qu'il a fondé et qui demeure un modèle : Pierre-René Wolf. Il veut, me dit-il, compléter mon information sur la guerre en Indochine, après avoir lu mes articles dans *Le Monde*.

Wolf va être le catalyseur. Il a des liens personnels de confiance avec deux acteurs majeurs : le président de la République René Coty, qui était sénateur de Normandie avant d'être élu à l'Élysée, et le député de Louviers, Pierre Mendès France, qui m'apparaît de plus en plus comme *l'homme du destin* – mais que je n'ai encore jamais rencontré.

Wolf me reçoit avec sa simple élégance. Il est un peu « monstrueux », en effet, d'aspect physique. Mais tout est éclipsé rapidement par les feux qui s'allument : l'intensité et la douceur de ses yeux, la clarté et la chaleur de sa voix. Alors, il séduit.

– Après vous avoir lu, me dit-il, j'ai décidé de vous faire confiance. L'enjeu est immense. J'ai ici deux documents essentiels pour comprendre le caractère de cet homme très particulier que j'admire, Pierre Mendès France. Je vous parlerai de lui plus longuement. Mais prenez connaissance de ces deux lettres, qu'il a écrites lorsqu'il était ministre de l'Économie de de Gaulle dans l'année qui a suivi la Libération. Elles vous permettront de saisir le personnage. Ensuite, je le lui dirai et l'engagerai à vous voir. Vous ne perdrez pas votre temps. Lui non plus, je l'espère.

Les deux documents sont les lettres personnelles de Mendès France au général de Gaulle, en 1945, demandant, puis exigeant, de quitter le gouvernement. Wolf en a gardé religieusement copie. Il sait, en grand journaliste, que ces documents peuvent recéler le potentiel du redressement indispensable au destin français.

Mendès France, ministre du général de Gaulle dans son premier gouvernement, écrit :

Mon Général,

Quand vous m'avez demandé de prendre le ministère de l'Économie, je pensais avoir, en plein accord avec vous-même, avec l'ensemble du gouvernement, l'autorisation de réaliser les conditions préalables au succès dans ce domaine. Or le gouvernement a pris

182

une série de mesures qui sont en contradiction avec la politique que j'avais proposée.

M. Lepercq avait décidé que l'échange des billets serait possible dès le 15 septembre. M. Pleven assure maintenant qu'il ne le deviendra qu'en mars ou avril.

J'affirme au contraire que l'opération est possible dès maintenant. On se détourne avec horreur de cette méthode qui priverait pour un temps les Français des ressources qu'ils peuvent seulement employer au marché noir.

Cette politique porte un nom : c'est l'inflation, qui gorge les spéculateurs. J'ai peur, mon Général, que par un souci compréhensible d'arbitrage vous n'incliniez à faciliter les compromis. Mais il est des matières où la demi-mesure est une contre-mesure.

La France sait qu'elle est malade. *Elle sait qu'elle ne se guérira pas dans l'euphorie. Elle attend qu'on l'invite à l'effort. J'en appelle, mon Général, à votre inflexibilité, à tout ce qui a fait que les Français ont confiance en vous.*

Je décline, pour ma part, la responsabilité des lourdes décisions contre lesquelles je me suis élevé vainement. Je vous demande donc de reprendre ma liberté. Je me considère dès maintenant comme démissionnaire.

PIERRE MENDÈS FRANCE.

De Gaulle n'avait pas pris ce message à la légère. Son estime pour Mendès France est réelle. Il n'aime pas, certes, la matière économique et préférerait que ces choses se règlent sans lui. Il y est mal à l'aise. Mais, cette fois, il ne peut échapper à un débat devenu central. Il invite donc, ensemble, le ministre de l'Économie (Mendès France) et le ministre des Finances (René Pleven) à débattre devant lui le dimanche suivant, dans la résidence du bois de Boulogne qui lui est réservée.

Les deux ministres s'y expriment tour à tour.

Pleven, exaspéré par cette confrontation qu'il juge blessante et inutile, est certain d'en sortir vainqueur, étant donné ses liens personnels étroits avec de Gaulle, dont il a été, pendant les quatre années de la France libre, le « vicaire », l'homme de confiance permanent. En moins d'un quart d'heure, avec désinvolture, méprisant, il expose sèchement la situation.

Mendès France, révolté par l'attitude de Pleven et pressentant le caractère décisif de l'occasion, plaide méthodiquement pendant deux heures; il s'exprime avec la volonté passionnée de tout mettre en œuvre pour que de Gaulle saisisse le cœur du problème et puisse véritablement arbitrer. Il a confiance dans cet arbitrage. Mais deux heures! Mendès France a commis une erreur psychologique : il n'imagine pas à quel point l'économie est une matière étrangère à la pensée du Général.

A la suite de ce colloque fatal, de Gaulle dira :

– Je ne permettrai plus jamais à personne de me parler d'économie pendant deux heures!

Sa conclusion : il n'appuiera pas Mendès France, il renouvelle sa confiance à Pleven. Alors Mendès France rend publique sa décision en envoyant à de Gaulle, le 5 avril, une deuxième lettre :

Mon Général,

La concordance de la politique financière et de la politique économique de la France est une condition du redressement du pays. Les positions qui viennent d'être adoptées par le gouvernement, sur proposition de monsieur le ministre des Finances [René Pleven], montrent que mes espoirs n'étaient pas fondés. La persistance d'une divergence fondamentale ne peut qu'entraver l'action gouvernementale et nuire au pays. Vous comprendrez que, dans ces conditions, je juge de mon devoir de confirmer ma démission, dont les motifs restent inchangés.

Ayant pris à tête reposée connaissance et copie de ces deux documents, je remercie chaleureusement Pierre-René Wolf et lui indique que je vais étudier comment l'aider sur la route qu'il entrevoit et vers ce qu'il espère. J'ai mesuré le poids décisif de ce qu'il vient de me confier. J'ai besoin maintenant de rassembler mes idées et mes forces. Nous sommes devant une échéance majeure, imminente.

185

Informé par Wolf de notre entretien, Pierre Mendès France ne perd pas de temps et m'appelle au téléphone :

— Je sais que vous avez reçu copie de mes lettres à de Gaulle. Pour ma part, j'ai lu vos articles. J'ai noté, sur le point crucial de la question indochinoise, je tiens à vous le dire, un certain flou dans vos positions... Je souhaiterais que nous puissions nous entretenir. Quand avez-vous un moment ?

« Moi, je suis tout à fait disponible. A part mon travail dans ma circonscription, et la lecture que je fais des rapports parlementaires, je ne suis dérangé par rien. Depuis mon intervention pour la négociation avec l'adversaire en Indochine, je suis, comme vous le savez, mis à l'index... J'ai donc tout mon temps. Proposez-moi des dates.

— Monsieur, ce sera naturellement quand vous voudrez. Simplement, je préférerais une fin de journée pour que nous ne soyons pas limités par le temps. Donc à partir de demain, n'importe quel jour qui vous conviendra. Évidemment sans dîner. Des sandwiches suffiront, et nous pourrons travailler.

Je connaissais ses habitudes. Il se trouve que ce sont les miennes. Il me fixe rendez-vous le lendemain à six heures, chez lui, rue du Conseiller-Collignon, à Auteuil.

Lorsque je sonne à sa porte, c'est lui qui vient m'ouvrir. Il est en robe de chambre — sa tenue de travail, comme Churchill — et il me conduit dans son

186

bureau bourré de papiers et de documents. Il me fait asseoir. Il ne m'offre rien à boire – enfin un ! – et entame tout de suite la conversation par la critique qu'il tenait à me faire ; c'est sa manière préférée, presque une manie : d'abord ce qui est désagréable. Je découvrirai bientôt que c'est bon signe... Quand il est aimable, c'est de mauvais augure.

Mendès France est de taille moyenne, plutôt petit, large d'épaules, un front impressionnant, un nez et des oreilles de boxeur en retraite et – au milieu de ce visage de lutteur – des yeux exceptionnels à la fois brillants d'intelligence, cerclés de douceur, très écartés, éclairant tout le visage.

Il a pris quelques notes sur une enveloppe – je verrai que c'est son habitude – et entame aussitôt l'entretien.

– Votre campagne contre le colonialisme et pour la paix en Indochine est salutaire. C'est fondamental. Mais vous abîmez votre argumentation en disant que, pour faire la paix, il faut être deux et qu'en Indochine, selon vous, nous n'avons personne à qui parler. Vous mettez vous-même en doute l'existence d'Hô Chi Minh. A partir de là, comment voulez-vous convaincre vos lecteurs, et la classe politique qui vous lit, qu'il y a une action à entreprendre ? Pourquoi entrez-vous dans ce faux débat ?

– Parce que, effectivement, je ne crois pas connaître un signe direct de l'existence d'Hô Chi Minh. J'ai donc très peur de donner à nos adversaires un argument facile : puisque Hô Chi Minh n'existe pas, le dialogue que vous proposez n'existe pas non plus ; il faut donc poursuivre l'effort de guerre.

Mendès France m'interrompt, avec impatience. Visiblement il veut éteindre tout risque de malentendu entre nous, et de dérapage dans ma campagne publique. J'y suis très sensible.

— Mais non ! Ça n'est pas notre problème. Nous n'avons pas à inventer Hô Chi Minh ou qui que ce soit. *La réalité, c'est l'armée du Viêt-minh et les défaites successives qu'elle nous fait subir.* Elle a en tout cas un chef : le général Giap. Il doit avoir au-dessus de lui des responsables politiques. Ne perdons pas de temps sur ces questions de personne. Forçons l'adversaire à venir parler. Celui qui répondra sera, nous le verrons, le patron politique de Giap.

— Comment faire alors, selon vous ? Et plus exactement, si vous voulez-bien vous placer dans cette hypothèse, *comment ferez-vous ?*

— Si j'étais en situation de diriger la politique française, je dirais : "Nous sommes résolus à un accord négocié avec ceux qui se battent en Indochine. Nous envoyons nos plénipotentiaires à la Conférence de Genève, qui traîne depuis des mois sans aboutir à rien. Et nous y attendrons les émissaires officiels de l'adversaire. Nous fixons le lieu et l'heure du rendez-vous. Sans conditions."

« Croyez-moi, s'ils entendent un langage qu'ils

sentent sincère, ils viendront. Mes informations indiquent que les chefs politiques et militaires de l'adversaire sont remarquablement intelligents. Vous avez noté, d'ailleurs, comment ils ont géré leurs opérations militaires malgré leur manque total d'aviation et apparemment d'artillerie. La pire erreur serait de les sous-estimer. Il faut les inviter à parler. Je vous répète ma conviction : *ils viendront.*

Une contradiction visible, douloureuse, à chaque instant, sur son visage expressif comme dans son ton, entre l'évidente volonté d'agir et un scepticisme profond, commence à m'intriguer. Je souhaite de toutes mes forces éclaircir cette énigme : une sorte d'écran se dresse devant cet homme si clair et net, si fort. Et je sens que, si je laisse se développer un malentendu entre lui et moi, je vais casser un fil d'or, un fil unique.

C'est à moi, et non à lui, de faire l'effort nécessaire. Lui, il porte sur ses épaules, c'est ce que je ressens au fond du cœur, le destin de la France. Comment l'aider ?

Il faut d'abord l'encourager à croire en lui-même. S'il est sûr de son diagnostic, sûr de sa capacité, il ne l'est pas de son destin, il ne l'est pas de sa chance! Il est profondément pessimiste. *C'est sa nature.* C'est peut-être une ressource, car il sait se forcer, se vaincre. Il ne m'appartient pas d'essayer de le changer, je dois le comprendre et m'adapter.

Le nœud, dans le caractère de Mendès France – je le découvrirai plus tard avec effroi – , c'est la fragilité cachée de sa relation avec sa femme.

Lily, son épouse, est d'une grande famille du Caire. Elle est ravissante, douce, dévouée à son mari, qu'elle admire. Ils ont deux fils, qu'ils adorent l'un et l'autre. Ils ont été séparés durant la guerre, pendant quatre ans ; lui était dans l'aviation de la France libre, elle aux États-Unis. Mais ils ont tenu tout ce temps à se conserver l'un pour l'autre, pour le jour où ils se retrouveraient.

Le problème est ailleurs. Leur relation intime n'est pas harmonieuse. Ils en sont malheureux l'un et l'autre, et en mesurent la gravité pour l'avenir comme pour la capacité immédiate d'action de Pierre Mendès France. Il m'en fait, avec une confiance que je n'oublierai jamais, la confidence.

– Nous avons décidé, depuis un an, Lily et moi, me dit-il d'une voix sourde, d'entamer, sur le conseil de nos médecins, une psychanalyse conjointe. C'est la seule voie pour retrouver, ensemble, une harmonie, un équilibre pour notre ménage. C'est très astreignant : trois séances par semaine et une méditation régulière les autres jours. Même si j'étais prêt à abandonner cette dure et indispensable thérapie pour une soudaine raison d'État, je ne pourrais pas, comprenez-moi, demander ce sacrifice à Lily après la décision commune que nous avons prise l'un envers l'autre.

Je suis saisi à la gorge. Cette difficulté est nouvelle et inattendue. Je sens mon impuissance. Même si je considérais – ce qui n'est pas le cas – que l'harmonie du couple Mendès France est un problème mineur par rapport au redressement des affaires de la France, dont cet homme est l'apôtre le plus clair-voyant, sinon le seul à ce niveau, je ne devrais pas essayer d'infléchir Mendès sur ce qu'il a jugé être son devoir : ce serait nier sa personnalité. Le pire des contresens.

Je suis donc paralysé. Plus que jamais – le cou-rage que signe sa confidence le confirme –, je vois qu'il n'est vraiment pas comme les autres. Après Herriot, Reynaud, Pétain, Auriol, Queuille, etc., que nous a apporté la pauvre vie politique française ? Voici un homme à la hauteur. Je me sens, sans réserve, à son service. Comment ?

Je vais trouver le seul allié qui soit, lui, en position d'aider Mendès France à dénouer sa contradiction intime. C'est son « père spirituel », Georges Boris. Sage et âgé, bon économiste, sans ambition per-sonnelle, cet homme a depuis longtemps, depuis le Front populaire de 1936, adopté comme un fils le jeune Mendès France, qui était dans son équipe, chargée de l'économie, au cabinet de Léon Blum. Il lui est entièrement dévoué.

Je vais me confier à Georges Boris. Il me confirme

à demi-mot le diagnostic et me dit qu'il va s'employer à dégager Mendès France de ce nœud terrible pour qu'il puisse réfléchir librement aux conditions de sa prise du pouvoir, dont Boris voudrait ne pas douter, mais qu'il ne parvient pas à imaginer dans les circonstances actuelles.

Dans les mois qui vont suivre, Georges Boris saura convaincre Mendès de se préparer, avec sa force intérieure, à une prise du pouvoir encore bien aléatoire, mais qu'il ne peut être en situation de refuser, le jour venu, pour les raisons intimes qui actuellement le bloquent. Georges Boris accomplit un travail remarquable. Mendès France, nous tous, lui devrons beaucoup.

Reste l'essentiel et l'immédiat : que faire ?

Mendès France laboure, en 1953, encore plus profond le champ de son projet devant l'Assemblée nationale. Il lie, détails militaires et chiffres économiques à l'appui, le problème de la négociation en Indochine – toujours massivement refusée par l'immense majorité du Parlement – à celui de l'effort, freiné, de la reconstruction économique de la France. Ce sera la clé de sa campagne et le travail de ceux qui commencent à se rassembler autour de lui. Il éclaircit et simplifie, dans sa conclusion au Parlement :

– La conception globale de notre action en Indochine est fausse. Elle repose sur un effort militaire

192

insuffisant pour assurer une solution de force. Cela ne peut continuer ainsi. Il n'y a que deux solutions.

« La première consiste à réaliser nos objectifs par le moyen de la force militaire. Mais évitons illusions et mensonges. Pour obtenir des succès militaires décisifs, *il nous faut trois fois plus d'effectifs, trois fois plus de crédits.* Et il nous les faut très vite.

« L'autre solution consiste à rechercher un accord négocié, un accord évidemment avec ceux qui nous combattent. On peut refuser cette solution. Mais alors il faut dire la vérité au pays. Il faut l'informer du prix qu'il devra payer.

Mendès s'appuie sur le rapport du général Leclerc, écrit avant sa mort en avion, entre Saigon et Paris, en 1947. Leclerc, en grand spécialiste et en patriote, affirmait que « l'aventure qui commence en Indochine dépasse les possibilités de la France ».

Pierre Mendès France le cite, et ajoute :

– Nous avons jusqu'à ce jour consacré beaucoup plus d'efforts à l'Indochine qu'à la reconstruction de l'économie française. Ce que nous ferons en plus pour l'Indochine, nous le ferons en moins pour la sécurité de la France et pour la défense européenne. *Il faut choisir.* Ne pas laisser croire que tout est possible en même temps. Hors la solution militaire, il n'y en a qu'une autre : la négociation.

Ainsi prend-il date, mais il est clair qu'il prêche encore dans le désert.

Tel est le premier « homme de ma vie ». La clarté, la rigueur de son intelligence, son souci manifeste du bien public, au-delà de toute ambition personnelle, le situent d'emblée au-dessus de la mêlée, et des ambitions. C'est un « juste ».

Il sait, avec délicatesse mais sans équivoque, me témoigner sa confiance, puis, progressivement, son amitié. Il y a maintenant comme un « cordon ombilical » entre nous : nous pensons en parallèle.

Et, quand nous marchons ensemble, nous savons toujours, sans un mot, où nous en sommes. Je suis conquis et requis.

13

L'Express, pour quoi faire ?

Je **me** sens satisfait et reconnaissant.

J'ai eu, avant mes vingt-huit ans, deux chances majeures : la confiance de Beuve-Méry, puis celle de Mendès France. Je ne cesse de découvrir la largeur d'esprit de cet homme d'exception, sa soif d'information, sa capacité à imaginer l'avenir, sa patience et **sa** force de caractère. Mon entente avec lui est un plaisir profond, en permanence fécond.

La qualité supérieure, le dévouement spartiate que j'ai eu la chance de découvrir, dans l'information et l'écriture, avec Hubert Beuve-Méry, je les trouve, dans le domaine de la pensée et de l'action politiques, avec Pierre Mendès France.

Il ne reste qu'à travailler avec intensité pour faire fructifier, dans nos dialogues et nos rencontres, ses idées de réforme, puis irriguer l'opinion, en éclairant les sujets essentiels – il n'en manque pas – dans le premier des journaux français, qui m'est ouvert.

Si je suis heureux, Pierre Mendès France, lui, ne l'est pas. C'est l'une de ses rudes qualités : il n'est jamais satisfait.

Il m'explique pourquoi, à côté de ce qu'il appelle « la grande presse », qui s'adresse à un large public et traite les sujets d'une manière qu'il juge nécessairement superficielle, il faudrait, selon lui, créer un journal plus dense, centré sur la politique et l'économie, qui viserait la partie informée de l'opinion pour accélérer la prise de conscience.

— Nous avons peu de temps, me dit-il. Je ne suis pas du tout journaliste. Et même j'ai beaucoup de mal à écrire ; je suis mieux entraîné à la parole. Mais je dévore les journaux. Et à franchement parler, je reste toujours sur ma faim. *Je sens qu'il y a là quelque chose de nouveau à concevoir.* Vous le trouverez mieux que moi, vous connaissez ce métier... Je voulais vous dire que, si vous décidez de lancer un organe de ce genre, je serai heureux d'y participer.

« *Si vous décidez...* » Cette phrase m'ouvre un monde.

Ce projet de journal, je l'avais, bien sûr. Mendès France, par son intuition, sa confiance, m'y conduit. Tout se met en place.

Voici le moyen et la fin : transformer la croisade solitaire de P.M.F. en travail d'équipe – faire d'un rêve un combat.

En quittant Mendès France, je pense à Françoise, à qui j'en ferai la confidence à notre rendez-vous du dimanche...

Denise, ma mère. La "femme de ma vie".

Dans son bureau, Émile, mon père, Français né à Paris, n'avait qu'une photo : celle de son propre père, né allemand, secrétaire particulier à Berlin du chancelier Bismarck. Refusant la guerre avec la France, mon grand-père démissionna, en 1870, et s'exila pour toujours à Paris.

A Grenoble, en 1942, pour le concours de Polytechnique.

A Paris, en 1945, avec ma sœur Brigitte.

Mon avion de guerre, le P 47 Thunderbolt.
Dans l'armée américaine, des escadrilles gaullistes (1943).

Celle que j'ai choisie : Madeleine Chapsal, ma première femme et ma compagne vers l'aventure.
Nous ne nous quitterons jamais.

Le biplace Courlis, au Brésil. Fabriqué en France par Chausson, il fut monté sur les plateaux au-dessus de Rio ; je l'ai piloté pour son vol d'essai, accompagné de Madeleine.

Déjeuner à L'Express, avec, de droite à gauche, Françoise Giroud, Françoi. Mauriac, Madeleine Chapsal, JJSS e Pierre Viansson-Ponté.

L'EXPRESS

LES ÉCHOS DU SAMEDI

16 MAI 1953   30 FRANCS. — N° 1

- ■ MÉCANIQUE DE LA DIPLOMATIE RUSSE

- ■ LE SENS DES GRÈVES

- ■ L'ARTICLE 13 CONTRE RENÉ MAYER

- ■ LE PLAN DE CHURCHILL

INTERVIEW : Pierre Mendès-France

DOCUMENT : L'Afrique, Far-West de l'Europe

CETTE SEMAINE

ATMOSPHERE POLITIQUE. — Le Gouvernement se présente dans des conditions assez difficiles devant l'Assemblée. En principe, René Mayer devrait déposer un grand projet économique et financier, un plan à long terme, des réformes profondes, puis demander des pouvoirs spéciaux. En fait, il propose seulement quelques mesures partielles, quelques améliorations de gestion provisoire. Il demande tout de même le maintien des délégation de pouvoirs. La réaction parlementaire n'est pas bonne. Difficultés supplémentaires : le M.R.P., soldat de M. Letourneau, a très mal accueilli les dernières mesures prises pour l'Indochine; le groupe R.P.F. reste, pour l'instant, homogène.

LA PAIX. — Le discours de Winston Churchill est un événement considérable. Il propose la réunion d'une conférence avec les Soviets sans pour aucune condition préalable. L'entre-deux qu'il adopte la position russe (exprimée par la Pravda il y a 10 jours) et se décidément ouvertement de la position américaine.
Quelle sera l'attitude de la France?

LE QUAI D'ORSAY. — Le ministre des Affaires Etrangères français est parti pour Athènes.
La dernière fois que le chef de la diplomatie française a exprimé sa politique (la

la Tour Eiffel le 23 avril), il a dit : d'abord, que les communautés arrêtent la guerre d'Indochine; ensuite, qu'ils apaisent un plus grand de réarmement; alors, on pourra parler de l'Allemagne.
Depuis, sa position, première en point, s'est modifiée: aucune réparation sur l'Allemagne avant le réarmement.

INDOCHINE. — Le Gouvernement a renoncé à demander l'internationalisation, mais il continue sans à repousser le principe d'une négociation. Donc, même politique que depuis six ans.
La décision de déclarer les pauvres mesures nécessaires, ne peut être qu'une mesure de détail, une prélude à des réformes importantes. Le rapport parlementaire sur l'Indochine, remis à MM. Vincent Auriol, Mayer et Herriot, et closed : secret d'Etat s, sera le point de départ d'un grand débat à l'Assemblée si les parlementaires pour qui il a été rédigé, sont le droit de le lire.

LA POSITION ALLEMANDE. — Le chancelier Adenauer a dîné à Paris avec René Mayer et Georges Bidault. Il leur a confirmé qu'il ne pouvait accepter aucun compromis sur la faire avant les élections allemandes (août). Donc le traité d'armée européenne ne sera probablement pas perçu par le parlement français avant l'été. M. Adenauer

est allé à Londres. La proposition de Churchill implique que les plans de réarmement de l'Allemagne ne soient pas, pour le moment, poussés très loin.

LES GRÈVES. — Le chômage partiel empêche, pour le moment, les mouvements de grève de prendre de l'extension. Le lock-out et le ralentissement individuelle servent de frein. Tout dépendra maintenant de l'évolution économique. Les grèves pourraient alors avoir des conséquences politiques.

ULTIMATUM DE NEGUIB. — L'évolution soudaine et violente de la situation en Egypte (justificative à Suez) et très curieusement produite le lendemain du passage au Caire du secrétaire d'Etat américain Foster Dulles. Les Anglais auraient fait savoir, par une note à Washington, qu'ils craignaient ce raidissement.

PARIS EN PARLE. — Encore un prix littéraire, décerné à Henri Bosco, pour l'ensemble de son œuvre. Pas d'événement théâtral, mais, pour la première fois, la ballets nationaux américains à Chaillot. Neuf et intéressant. Et le spectacle aux pièces du Sanga Menta. Accueil tiède. Un événement musical : l'Opéra de Vienne. Les films présentés à Cannes sortent l'un après l'autre. Dans l'ensemble, déception.

Le début de l'aventure. Le premier numéro de L'Express (16 mai 1953). Il ouvre sur un long entretien avec Pierre Mendès France, qui résume les objectifs de combat du journal: décolonisation (Indochine, Afrique du Nord), redressement économique (priorité à l'investissement). Mendès France est appelé comme président du Conseil et échouera, la première fois, de quelques voix.

Avec François Mauriac, au "marbre" de L'Express. Il aimait venir à l'atelier pour relire son "Bloc-notes" et respirer l'odeur de l'imprimerie.

Mai 1954 : premier anniversaire de L'Express. Un banquet réunit, autour des leaders du journal, une centaine de personnalités et de journalistes. Ici, avec François Mauriac, Pierre Mendès France et Françoise Giroud.

16 juillet 1954 : à Genève, conférence pour la paix en Indochine. Pierre Mendès France finira par imposer ses vues à l'intraitable ministre des Affaires étrangères soviétique, Viatcheslav Molotov.

Séance de travail : préparation de l'allocution hebdomadaire à la radio avec PMF, Simon Nora et Léone Georges-Picot.

Novembre 1954 : Mendès France se rend à New York pour proposer devant les Nations unies un plan contre la course aux armements nucléaires. Il est accueilli par le vice-président, Richard Nixon, et par le secrétaire d'Etat, John Foster Dulles.

Avec Bourguiba, au cours d'une mission que m'a confiée Mendès France. Le leader tunisien, encore en résidence surveillée, sera libéré après le discours de Carthage.

Françoise Giroud, telle que je l'ai rencontrée. Directrice de la Rédaction de Elle, elle accepte de tout quitter pour se lancer, avec moi, dans l'aventure de L'Express. Pendant ma guerre en Algérie, elle sera seule aux commandes. Elle me présente François Mitterrand et sera ministre de Giscard d'Estaing.

L'aventure des commandos nomades. Lieutenant en Algérie, j'organise les "commandos noirs", qui vivent et dorment avec les habitants des mechtas du Sud-Algérois.

Le général Jacques Paris de Bollardière. Compagnon de la Libération, grand officier de la Légion d'honneur, Bollardière désavouera publiquement la torture et quittera l'Algérie.

Le 8 mars 1957 commence la publication en feuilleton dans L'Express *de mon livre* Lieutenant en Algérie. *Le 21 mars, je suis inculpé pour "atteinte au moral de l'armée". Le tribunal militaire finira par prononcer un non-lieu.*

1961 : manifestation contre la guerre d'Algérie, au métro Charonne, avec Françoise Giroud, JJSS, François Mitterrand, Pierre Mendès France et Charles Hernu.

David, mon premier fils. David naît en 1961 : une vie s'achève, une autre commence. L'ère de l'intelligence va éclore pour la fin du siècle. David et ses frères doivent contribuer à la relève.

C'est un soir à dîner, quelques années plus tôt, que j'ai rencontré Françoise Giroud, alors rédactrice en chef du magazine *Elle*. Nous avons aussitôt appris à ne perdre de temps en rien...

Ainsi, avant la fin du repas, je lui fais passer une petite note pliée, l'invitant, en quittant la table, « à venir danser ailleurs ».

Je l'observe de loin. Elle réfléchit un bref instant, puis griffonne sur le billet et demande qu'on me le rapporte. Elle a écrit simplement : « Quand vous voudrez. F. G. »

Tout est dit.

Cette nuit-là, que nous passons ensemble, nous discutons aussi d'un journal à créer, celui que je souhaite. Projet né, en somme, au cœur d'une nuit tendre, avec une femelle de jungle. Un torse puissant, des jambes minces... une panthère. Plus tard, je choisirai, comme emblème de ce que nous ferons, la *panthère*.

Celui à qui j'en parle ensuite est un des esprits les plus brillants, à ma connaissance, de la jeune génération : c'est Simon Nora, inspecteur des Finances, conseiller économique de Mendès France, secrétaire de la Commission des comptes de la nation.

Simon, dans ces années-là (1950-1953), n'a pas encore trente-cinq ans. Il est déjà considéré comme l'un des techniciens les plus doués de la relève. Il n'est pas attiré par la politique pure, au sens électoral et parlementaire. Il exerce une grande influence, ayant accès à tous les centres de décision, à travers le ministère des Finances, dont il est une brillante étoile.

Je vois Simon de plus en plus régulièrement. Nous invitons ensemble d'autres partenaires, de son côté ou du mien, qui viennent élargir nos discussions. Un réseau se crée. Et tous, naturellement, ont à l'esprit le magistère de Mendès France.

Je n'ai aucune difficulté à obtenir l'adhésion de Nora, puis de tout notre cercle, au projet de créer un organe de presse visant l'avenir. Il est clair, dès le début, que les sujets ne manquent pas. Mais, pour qu'ils touchent un vrai public, tout reste à faire : former une équipe, réunir les moyens financiers et techniques, allier les meilleures têtes politiques et économiques aux meilleures plumes du journalisme.

L'univers de la pensée française se résume, pour l'essentiel, aux deux principaux quotidiens, *Le Figaro* et *Le Monde*.

Ils sont concurrents, bien que l'un paraisse le matin et l'autre le soir. Et ils sont aux deux pôles de la pensée politique : *Le Figaro*, organe de la bourgeoisie et de la droite éclairée; *Le Monde*, organe des intellectuels, des cadres et de la gauche à dominante marxiste.

C'est ce qui balise, au départ, la voie de notre entreprise.

L'Express sera un organe de gauche, hors du marxisme, dans la ligne des convictions que je partage avec Simon Nora. Plus près du *Monde* que du *Figaro*. Mais il amènera, par rapport au *Monde*, deux apports nouveaux : une forte section économique (animée par Nora), une volonté militante contre le colonialisme (mon domaine), options que le grand quotidien ne peut se permettre, sous peine de vite heurter l'opinion – qui n'est pas encore mûre –, de perdre des lecteurs, donc son indépendance.

Je vois une courte série d'hommes politiques prêts à participer et à nourrir l'entreprise. Nous allons les rencontrer dans le travail commun de préparation. Je repère, plus lentement, les quelques journalistes qui vont apporter à ces convictions communes, et neuves, le talent nécessaire.

Les grandes têtes politiques que nous réunissons pour discuter à fond du « manifeste du journal » sont peu nombreuses, mais dominantes, et, bien que venant d'horizons divers, se retrouvent sur les quelques réformes essentielles et urgentes qu'appelle l'état du pays.

J'ai parlé de Mendès France et de Jean Monnet – les deux piliers majeurs, si difficiles, hélas, à tenir assemblés... Il me faut trouver, au-delà, les autres membres de la future équipe du journal, son « conseil politique ».

Les trois principaux, qui se détachent et que nous parvenons à convaincre, sont Robert Schuman, déjà le prophète de l'Europe ; François Mitterrand, jeune, doué et ambitieux, spécialisé jusqu'ici dans les problèmes d'outre-mer ; enfin, Gaston Defferre, moins connu, grand provincial (il dirige à Marseille son quotidien, *Le Provençal*, et il est maire de la ville), qui représente, au Parti socialiste, l'aile moderne face à celle du patron du parti, Guy Mollet, député d'Arras, et des vieilles industries du Nord.

Je les ai interrogés, chacun à plusieurs reprises, dans le cadre de mon travail pour *Le Monde*.

Avec ces hommes politiques, quels journalistes pour *écrire* le journal ?

Au départ, deux femmes.

Françoise Giroud, ma brillante rencontre, qui a acquis sa grande réputation professionnelle à la tête de l'hebdomadaire féminin *Elle*. Madeleine Chapsal, qui s'est précocement avérée un authentique écrivain, en qui j'ai toute confiance : elle va animer la partie culturelle.

Et deux hommes.

Pierre Viansson-Ponté, chef du service politique à l'Agence France-Presse, est tenté par l'aventure. Ainsi que Jean Daniel, réel écrivain, venu à la conscience politique par sa double appartenance, rude à vivre, à la communauté française et à la communauté algérienne, dont il est issu, comme Albert Camus, son ami.

Avant de décider que nous avons la « masse critique », il m'apparaît qu'il faut ajouter quelques bonnes plumes, qui ne seront pas des permanents du journal, mais pourront y écrire régulièrement.

Cette recherche, je la mène avec Françoise qui, connaissant le Tout-Paris mieux que moi, surtout en dehors de la politique et de l'économie, peut amener ceux que nous souhaitons.

Nous nous sommes arrêtés sur quatre noms vedettes, que nous allons réussir à convaincre et qui vont trouver là l'occasion de déployer leur talent. Deux collaborateurs du *Monde*, qui viennent se joindre à nous, sans quitter leur grand navire – comme moi d'ailleurs – : Jacques Fauvet, qui dirige la politique intérieure du quotidien, et Maurice Duverger, brillant universitaire, qui introduit une pensée neuve dans le débat public.

Enfin, deux esprits économiques féconds : Roger Priouret, collaborateur régulier de *France-Soir*, mais qui va mener, en parallèle et plus en profondeur, son travail d'économiste à *L'Express*, et Pierre Uri, très proche de Jean Monnet au commissariat au Plan, proche aussi de Robert Schuman sur l'Europe, et qui est avec Simon Nora à l'avant-garde économique.

Bonne moisson. Reste à les réunir assez régulièrement pour que se forge entre eux et nous une communauté d'équipe, une solidarité de travail. Ce n'est pas si simple, car ils sont tous déjà établis sur la place de Paris. Aucun d'entre eux ne peut lâcher son poste pour partir à l'aventure. D'où plusieurs mois de double collaboration et de travail écrasant pour chacun, jusqu'à ce que *L'Express* ait fait la preuve qu'il va pouvoir réussir et durer. Ma tâche.

Au milieu de cette activité de ruche, destinée à créer idées, événements, découverte et modernité, nous avons pu nous assurer, en plus de celle des « politiques », de l'expérience de Louis Armand (le grand ingénieur, père des chemins de fer) et d'Alfred Sauvy (l'inventeur de la science démographique en France). Grands atouts !

Ils sont de tout cœur avec nous, ou plutôt avec la campagne dont *L'Express* devient le véhicule.

Ils sont nos « aînés » et, face à l'avenir, notre caution.

Sous la poussée de la « nouvelle intelligence », en réaction contre le délabrement de la « politique » en Asie, en Afrique, en Europe et sur le front économique intérieur, nos décisions se prennent d'elles-mêmes.

Le phare est Mendès France. Dès le premier numéro, à ma demande, il affiche les objectifs prioritaires :

– mettre un terme aux guerres coloniales;
– hisser notre économie au niveau mondial.

Mendès France est le maître de l'avènement d'une génération. A la une, le 5 mai 1953, il en expose les idées essentielles. C'est le « manifeste » du journal, dont toute l'équipe est solidaire : *« La France peut supporter la vérité. »*

Nous ne devons dépendre d'aucun subside extérieur. Personne ne doit pouvoir, par sa participation financière, influer sur les décisions du journal. Grâce à la confiance de mon père, qui dirige son quotidien *Les Échos,* je m'organise au départ pour que *L'Express,* le temps des quelques mois cruciaux du lancement, soit un supplément hebdomadaire réservé aux abonnés de son journal, pour une modeste somme en sus de l'abonnement. Le reste suivra, avec la notoriété de nos combats – nous n'en doutons pas un instant.

Un épisode sympathique va faire le tour de Paris et contribuer à lancer notre réputation...

A un déjeuner au journal – toujours servi sur un plateau individuel d'avion et composé de salades et de sandwiches –, Marcel Bleustein, le grand créateur de Publicis, qui a accepté de réfléchir au lancement du journal, a amené son vieil et illustre ami Marcel

Dassault, le génie de l'aéronautique, l'homme aussi le plus riche de France. Ils sont à notre table (de travail et de repas), tous les deux.

Dassault, qui est aussi humain dans les rapports personnels qu'il peut se montrer dur et cynique dans les rapports d'affaires, exprime son espoir dans notre réussite. Il ajoute :

– J'aime la jeunesse. C'est vous qui allez la guider. Moi, je ne peux faire qu'une chose : vous aider. Venez me trouver si vous avez des difficultés. Et, pour vous témoigner ma sympathie, je vous ai apporté un premier petit chèque. Tenez, le voilà.

Et il me tend, de la main à la main, un chèque (signé Dassault sur la Banque Dassault) de cinq millions de francs.

L'intention est attendrissante. Comment pourrait-il se rendre compte que je ne peux absolument pas accepter ce genre d'appui ? Sans vouloir le froisser, je dois néanmoins couper court à tout malentendu... et à tout ragot.

– Monsieur Dassault, je suis très touché, comme toute mon équipe, par votre geste amical. Et je pense que nous irons vous demander souvent conseil, mais pas de chèque ! Je me permets de vous rendre celui-ci. Nous comptons sur nos propres efforts et nous ne serons pas des mendiants. Je souhaite que vous le compreniez, avec notre estime et notre amitié.

Dassault reprend son chèque, un peu triste... Je le réconforte et le raccompagne jusqu'à sa voiture, qui l'attend sur les Champs-Elysées, où l'on peut nous voir ensemble. Pour bien lui montrer que je n'ai aucune gêne à me trouver avec lui, nous restons sur l'avenue à bavarder de l'avenir, devant tout le monde. Dassault, avec son chapeau et ses grosses lunettes, est un génie authentique. Si nous ne sommes pas du même bord politique, je ne veux en aucun cas le blesser.

L'intérêt de lecture du journal, son audience, son avenir vont se jouer en *un mois,* celui du lancement : mai 1953.

Le succès est immédiat. *L'Express* se développe dans le public à une vitesse et avec une force que je n'avais qu'en partie prévues ! Il suffit de lancer une idée, de faire une proposition, pour qu'immédiatement elle soit reprise, avec vigueur, par un public jeune, enthousiaste et nombreux, ce qui transforme, en retour, la nature même du journal. Lui donne son poids et sa responsabilité.

Notre objectif initial était de tirer à cinquante mille exemplaires. *L'Express*, en plus de sa distribution en supplément des *Échos*, doit progressivement trouver son autonomie et ses recettes publicitaires, par la vente en kiosque. Pouvons-nous deviner que nous atteindrons bientôt deux cent mille exemplaires – et que nous grimperons jusqu'à sept cent mille ?

L'aventure est, en principe, difficile, astreignante,

aléatoire. Dans la réalité, c'est l'inverse : nous sommes jeunes, convaincus et décidés, solidaires les uns des autres, garantis par l'autorité morale de nos grands aînés, et rien ne nous paraît impossible.

Rien ne le sera.

Au départ, aucun de ceux qui écrivent dans *L'Express* ne signe : j'ai considéré que cela donnerait plus de force et de cohésion aux opinions défendues par notre journal. Elles ne doivent pas être celles d'un seul, mais de tous. Cette règle précieuse, longtemps respectée, forgera l' « âme du combat ». L' « ours », le générique du journal, n'a longtemps donné que trois noms : le mien, responsable, celui de Françoise, à côté, et celui de Pierre Viansson-Ponté.

Je marche avec Madeleine dans la rue. Je rêve à haute voix :

– J'aurai Mauriac, Sartre, Malraux et Camus.

– Tu es fou !

Je comprends ce qu'elle veut dire : nous avons à peine quelques semaines d'existence. Mais je sens que j'ai *besoin* d'eux dans le combat pour la rénovation de notre vieille France, qui est aussi le leur. Je vais découvrir, en allant les trouver, chacun, que c'était *eux* qui avaient besoin de nous – pour leurs propres espérances.

206

Je n'ai pas de vraie difficulté avec André Malraux, qui m'accueille chez lui comme un « camarade », avec un beau geste militaire à l'espagnole :

– Salut !

Il est étonnamment méthodique avec son grand tempérament romantique, et nous décidons ensemble les modes de collaboration qui le dérangeront le moins possible. Ce sera, choisit-il, d'enregistrer, entre lui et moi, selon la conjoncture mondiale, des entretiens sur les sujets qu'il déterminera. A partir de cette matière brute, il rédigera, en deux jours, le texte dans son style et dans sa longueur.

Cette « flexibilité », et plus encore l'idée de *parler* avant d'écrire, lui plaît. Sa collaboration commence aussitôt. Elle sera le plus agréable possible. Il est très « pro ». Quand il corrige une phrase ou un paragraphe, il met son amour-propre à le faire, comme on dit dans le jargon du métier, « place pour place » – en respectant *exactement* le volume initial pour ne pas déranger la mise en page. D'une minutie remarquable. Je l'avoue à voix basse : c'est mon préféré. Avec son imagination, son tempérament, son style, c'est lui, de longue date, mon héros de cœur et mon modèle. Je ne l'ai jamais dit à Mauriac. Il l'avait deviné néanmoins et, dans son affection, me « fit une scène » : « Au fond, votre style est inspiré de Malraux... *avouez-le !* »

Je n'aurai pas plus de difficulté, sauf géographique, avec Sartre, qui s'en fichait, tenait Malraux pour un fasciste et Mauriac pour un mondain.

C'est lui, Sartre, qui domine la scène intellectuelle française d'après-guerre et de toute cette époque. Il nous faut Sartre à *L'Express*.

L'affaire n'est pas simple. Il interdit de dire où il est. J'obtiens, par Simone de Beauvoir, un simple numéro de téléphone en Italie (sans savoir à quel endroit), où je lui laisse un message.

Quelques jours plus tard, il me rappelle. Il est sur une plage près de Rome. Il me donne son adresse. Il est prêt à m'accueillir pour évoquer sa collaboration éventuelle.

Ce qui le décide à me parler, c'est l'approche de l'un des référendums de de Gaulle sur la guerre d'Algérie. Il tient à faire campagne *contre*. Et *L'Express* lui paraît être une bonne tribune.

Je descends dans un petit hôtel de Rome. La jeune femme qui est, cet été-là, la « compagne » de Sartre m'y attend. Elle va me conduire à l'endroit, au bord de la mer, où il travaille dans la journée.

Jean-Paul Sartre en short, pieds nus, sous un grand parasol – il déteste le soleil –, un bloc de papier sur les genoux pour écrire, cela vaut le dérangement. Au surplus, il est extrêmement aimable et bientôt même « accommodant ». D'ailleurs, c'est connu, il a beaucoup de charme.

– Bon, alors, qu'est-ce que vous souhaitez que j'écrive ? Dites-moi la régularité, la longueur exacte, et je vous enverrai mon papier chaque semaine par courrier.

208

Je suis ravi.

– Monsieur, si c'est possible, je voudrais vous proposer un article par semaine, pour commencer, et sur deux pages du journal. Pendant les six semaines de la campagne. Ce qui implique que nous recevions votre article le mardi matin pour le composer avant le jeudi soir. Pour une parution, comme vous le savez, le samedi.

– Je comprends. Pas de difficulté. Mais dites-moi *exactement* combien de feuillets manuscrits représentent les deux pages du journal que vous me proposez ?

– A peu près sept feuillets par page. Donc quatorze à quinze feuillets pour la double page. Est-ce que ça vous suffit ?

– Oh, largement. C'est une bonne longueur. C'est entendu. Quand voulez-vous le premier papier ?

Je lui indique la date. Il n'a pas d'autre question. Et, pour être plus tranquille, maintenant qu'en somme tout est dit, il me fait une proposition :

– Pourquoi n'allez-vous pas profiter un peu de cette mer ? Allez-y avec ma copine, elle sera ravie. Elle a essayé dix fois de m'y entraîner. Mais, moi, je ne nage pas. Vous me rendriez service. Allez-y !

Je vais lui « rendre service »... La jeune femme n'est pas exactement mon « type », avec ses cheveux décolorés et ses seins généreux – mais elle n'est pas sans charme –, et visiblement « physique ». Au surplus, très douce. Nous allons nager. Ah, cette mer !

209

Enfin je respire, je nage, je ne suis plus en train de « négocier », et je vais m'amuser... Il y a si longtemps qu'on n'avait eu un été de paix. J'en profite. La copine est plus piquante qu'elle n'en a l'air. Elle sait provoquer et elle aime ce jeu. On dirait que Sartre l'a fait entraîner par un spécialiste – à moins que ce ne soit lui. L'érotisme est avant tout intellectuel, et Sartre s'y connaît. Je comprends, j'éprouve comment il peut passer plusieurs semaines avec elle... Puis nous retournons à la plage.

A déjeuner, sous trois parasols – il déteste vraiment le soleil –, nous achevons de parler des sujets et de la méthode de travail. Je dois dire que même mon illustre ami Mauriac n'est pas aussi accommodant que le « terrible » Sartre, que je trouve agréable, simple, sans prétention ni dogmatisme. Bref, très intelligent. J'aurais pu m'en douter. Mais les réputations... sait-on comment elles se fabriquent ? Sartre est bien différent de son mythe parisien.

Nous nous quittons. Je prends l'avion pour Paris et il me redit, au moment du départ :

– Vous aurez vos quinze premiers feuillets mardi de la semaine prochaine.

Arrive ce mardi et, à l'heure dite, le courrier de Rome. Je suis émerveillé... Jusqu'à ce que j'ouvre l'enveloppe : les feuillets, écrits ligne après ligne, sans aucun blanc, d'une écriture fine, sont au nombre de *soixante-quinze* !

210

Étonné, je pense qu'il a mis plusieurs articles l'un à la suite de l'autre. Je lis : c'est riche d'idées, brillant, du bon Sartre – mais c'est *un seul* article, interminable.

Que faire ? Soixante-quinze feuillets! Le soir, je téléphone à Sartre à son hôtel de Rome :

– Vous m'avez envoyé, monsieur, combien d'articles à la fois ?

– Mais un seul! C'est le premier. Le second viendra de la même manière, la semaine prochaine...

– Comment faire tenir soixante-quinze feuillets de votre écriture dans les deux pages prévues du numéro ? Voulez-vous, pour commencer, davantage de place ?

– Mon texte est trop long ? Eh bien, c'est très simple, vous appelez le Castor (il me donne le numéro de Simone de Beauvoir, restée à Paris; elle laisse chaque été Sartre s'amuser avec une jeune femme de son choix), et vous lui demandez de venir couper à la longueur que vous lui indiquerez. Je n'ai pas besoin de relire ensuite. Elle a l'habitude, et je lui fais toute confiance.

Simone de Beauvoir vient donc au journal. Sans un mot de politesse – elle déteste pêle-mêle *L'Express*, Mendès France et moi –, elle réclame une pièce tranquille et le nombre exact de feuillets auxquels il faut réduire le texte. Elle m'indique que ce sera fait dans deux heures... Elle s'enferme.

Deux heures après, elle a sabré partout les

211

soixante-quinze feuillets, écrit quelques raccords, et rend à l'hôtesse dans le hall, sans me revoir, le paquet de papier qui paraît un amas de ratures et de coupes. Je le fais dactylographier au propre : quinze feuillets pile. Bravo, madame!

Je les lis. C'est parfait. Je le lui dis au téléphone, la remercie et lui demande s'il faut prévenir Sartre des coupes faites.

– Pourquoi? Il vous l'a demandé?

– Non, je pensais simplement...

Elle m'interrompt :

– Si je suis venue, c'est pour faire son travail. Pas pour que vous le dérangiez à nouveau. Vous imprimez tel que. J'en prends la responsabilité.

Ainsi fut publié le premier article de combat de Sartre contre de Gaulle, recousu, ordonné par son Castor.

Il en sera de même pendant toutes les semaines suivantes. Sans que jamais, d'ailleurs, Simone de Beauvoir entame la moindre conversation. On n'est pas plus simple, ni plus dévouée, ni plus désagréable.

J'admire la confiance, et j'admire le savoir-faire. Beau couple.

Le premier numéro de *L'Express* avait douze pages. Celui du premier anniversaire, le 14 mai 1954, en a seize. En 1958, les numéros auront quarante pages, quarante-huit en 1960. Le volume du journal ne cessera plus de croître, le nombre des rubriques et des sujets non plus.

Je choisis de donner une ou deux pages, au centre du journal, à un forum où des personnalités viennent s'exprimer côte à côte, sur un sujet donné, toujours brûlant.

Dans ce forum on trouvera ensemble Mendès France, François Mitterrand, Gaston Defferre, Jacques Soustelle, Robert Schuman, André Monteil. Françoise Giroud les aide chacun à écrire leurs articles en termes clairs. Ce sont des orateurs plutôt que des écrivains – sauf Soustelle et Mitterrand.

Nos « hôtes » savent qu'il y a maintenant un lieu, privilégié, pour une pensée constructive et novatrice : *L'Express.*

Au début, je les sollicite, je leur téléphone, je vais les voir, je leur parle du sujet qui à ce moment-là les obsède et je leur offre une demi-page à une page du journal. Bientôt, ce sont eux qui nous appellent : les « sujets brûlants » ne cessent pas de se présenter. Nous n'avons pratiquement plus la place d'accueillir toutes ces voix neuves, inquiètes, informées de première main, qui ont toutes quelque chose à dire, et qui l'expriment franchement dans le journal.

Ce que représente *L'Express* dans ces années-là, encore sans télévision, c'est à la fois la nouveauté, la rapidité de l'information, mais aussi la sincérité et le courage de la vérité.

213

Nous sommes partiaux, je l'ai dit, entièrement convaincus de la justesse de la pensée de Mendès France qui représente, pour moi, *la chance d'avenir de la France.*

Une France nouvelle, moderne, rajeunie, au travail – nous découvrons très vite que nous ne sommes pas seuls, loin de là.

Un petit fait l'exprime : le journal est imprimé en milieu de semaine et mis en vente le samedi matin. Or, tard le soir, avant sa parution, des ballots d'*Express* nous sont apportés de l'imprimerie aux Champs-Élysées. Des lecteurs anonymes font la queue depuis des heures pour s'arracher le journal avant tout le monde, ne voulant pas attendre au lendemain.

Le fond de la pensée est neuf, la forme doit l'être aussi. Dès le départ, je demande, avec Françoise, le respect d'une règle : pas de « tourne »! Les articles doivent se lire d'une traite sur la même page. Le choix des titres est essentiel. Françoise élabore des propositions, et nous décidons ensemble. Les légendes aussi. J'attache une importance capitale à la photo, et nous constituons très rapidement un service photo composé de jeunes hommes, des reporters de premier ordre, devenus depuis de célèbres photographes.

Tout le monde fut vite convenablement payé. Au-dessus des tarifs pratiqués dans les autres journaux. J'avais une loi – que m'avait enseignée ma fréquentation de la grande presse américaine : un journaliste au travail ne doit jamais se sentir inférieur aux personnalités sur lesquelles il enquête ou avec qui il discute. Il doit pouvoir descendre dans les mêmes hôtels, être habillé aussi bien qu'eux, voyager comme eux, se sentir leur égal à tous égards. C'est ainsi qu'il se fait respecter, se respecte lui-même et ose éventuellement les contredire et s'opposer pour en tirer le meilleur, l'excellence.

Cette préoccupation ne me lâchera pas tout le temps que je dirigerai le journal – vingt années –, et le « contrat de travail » que *L'Express* offrait à ses journalistes comme à ses employés était le meilleur de toute la presse française. Nous attirions des collaborateurs et des collaboratrices d'un niveau exceptionnel.

La légende veut que *L'Express* ait été un « journal de femmes ». Il est vrai qu'il était, en grande partie, fait par des femmes. C'était mon goût, mon instinct.

Je n'avais pas *décidé* un jour que j'emploierais autant de femmes que d'hommes et dans tous les services. Je cherchais des personnes compétentes, passionnées par leur métier, prêtes à tout pour y réussir : il se trouve que ce fut, en majorité, des femmes. C'est ainsi que sont entrées à *L'Express,* dans le sillage et sous la conduite de Françoise : Michèle Cotta, Florence Malraux, Claudie de Surmont, Michèle Manceaux, Catherine Nay, Léone Georges-Picot, Christiane Collange, Claire Gallois. Elles y ont fait leurs débuts journalistiques, puis sont devenues de

215

grandes professionnelles, au côté de Madeleine. Il paraît que *L'Express* était en soi un lieu formateur. Le travail, même bien payé, y était très dur. Seules des personnes de grande capacité pouvant soutenir le rythme, l'exigence de qualité, y restaient et ont pu s'y développer. Les autres s'en allaient d'elles-mêmes.

On venait à *L'Express* – Jules Roy l'a très bien raconté – pour le plaisir des yeux, quand ce n'était pas pour flirter avec nos belles célibataires. Car les femmes de talent, je le savais, sont très souvent des femmes belles, qui prennent grand soin de leur physique, même au cœur d'un travail acharné.

Madeleine me fait souvenir de ces jeunes femmes entrées à *L'Express* comme hôtesses ou comme secrétaires, d'aspect plutôt terne, qui, en quelques semaines, quelques mois, gagnées par l'émulation, devenaient des « beautés ». Je crois que, si ces femmes s'épanouissaient si vite, c'est qu'elles se sentaient au cœur d'un monde en formation continuelle. La pensée nouvelle, dans tous les domaines – littérature, cinéma, art, mode, secteurs sous l'autorité de Françoise –, prenait naissance à *L'Express,* ou y trouvait un écho.

On me demande quelle est l'origine de la réussite de *L'Express.*

216

D'abord, rien ne nous empêchait de travailler...

A l'époque, le seul souci des journalistes était la qualité du journal. Aucune autre espèce de préoccupation n'entrait en ligne de compte.

Les lecteurs n'étaient pas rebutés par le haut niveau des informations et des débats. Au contraire, ils étaient les premiers à exiger la vérité, à se réjouir de la qualité des articles et de leur présentation claire et simple.

Une scène, souvent renouvelée, me reste en mémoire.

Il est plus de minuit, je retrouve Françoise au marbre, au cinquième étage de l'immeuble où se fait le journal.

En principe, tout est fini, il n'y a plus que quelques problèmes de mise en page, des détails; or, Françoise s'escrime encore à couper les articles en tâchant de ne retirer qu'un mot, ou de trouver des équivalences plus courtes, afin de grignoter les quelques lignes exigées par les typos sans rien retirer au papier!

Travail patient, minutieux, respectueux du texte, mais qui, en dehors d'elle, n'intéresse personne, surtout à cette heure-là. Elle me regarde.

– Jean-Jacques, il y a encore quelque chose qui ne va pas dans le numéro!

Elle a décelé une faiblesse dans un titre, la présentation générale, ou des contradictions entre deux papiers, un manque de clarté qui, à cette heure tranquille, viennent de lui sauter aux yeux. Or le journal est terminé. N'importe qui « laisserait tomber ».

Pas Françoise.

Elle saisit le stylo, qui ne la quitte jamais quand elle n'est pas près de sa machine à écrire, rature, récrit, répare. Et utilise tout son charme – il en faut – pour que les protes consentent à changer la composition prête pour l'impression.

Rien ne partira aux rotatives sans qu'elle soit satisfaite de son cousu main. Cette exigence, cette opiniâtreté dans le détail, ces changements à la fois minuscules et décisifs de « riens », de mots, de mises en forme, c'est aussi son merveilleux apport.

On explique à juste titre sa réussite par son talent. On ignore ce qui l'a fortifié et amené à l'excellence, cette persévérance, ce travail solitaire, cette concentration au cœur de la nuit, parmi les ouvriers de l'imprimerie. Le lendemain, je la trouvais au combat, prête pour le numéro suivant...

Françoise a été, brillamment et courageusement, la « chance » de *L'Express*.

On ne voyait passer ni les semaines ni les mois. La politique était perpétuellement présente, harcelante, guerre d'Indochine, guerre d'Algérie, 13 mai 58, essais nucléaires... Nous n'arrêtions pas d'être pris à la gorge. On m'a reproché de n'avoir qu'un mot à la bouche, singeant Clemenceau :

– Je n'ai pas le temps de m'occuper de ça, *je fais la guerre !*

C'était, d'une certaine manière, vrai.

A tout instant, les rédacteurs du journal pouvaient venir me trouver pour une décision, me soumettre un article, un projet de dessin, de mise en pages, m'interroger sur un sujet en cours. Vie d'équipe, infernale, qui ne se calmait que tard le soir, au cinquième étage, devant les morasses.

Les grands invités – nous en avions presque chaque jour à l'heure du déjeuner (Mauriac, Camus, Mendès France, Schuman, Merleau-Ponty, Mitterrand, Jules Roy, Bleustein-Blanchet, Louis Armand) – partageaient notre repas frugal, servi sur les plateaux commandés à Air France. Le rythme où nous vivions ne permettait ni les repas copieux ni les digestions interminables.

Encore moins les conversations de convenance : chaque déjeuner était en réalité une conférence de rédaction. Le papier journal, et jusqu'à son odeur, régnait en maître.

Une obsession nous animait tous : faire le journal le plus vivant – sur le plan de l'information, de la pensée, du combat.

Je ne rentrais chez moi que pour dormir – toujours en marchant, pour retrouver le calme intérieur et favoriser le sommeil.

En ce temps-là, nous avons été très souvent – trop, pour nos finances ! – saisis, interdits, menacés, au point d'être obligés de faire garder l'immeuble nuit et jour. *Un nouveau « pouvoir », en quelque sorte, grâce à notre indépendance, était né.*

De Gaulle a dit : « Il n'y a rien à faire avec la presse. Beuve-Méry et Servan-Schreiber sont les plus intéressants, mais ils sont toujours contre, et je n'aime pas qu'on soit contre. »

14

Un coup de bâton étoilé

Les événements nous rejoignent. Avant que *L'Express* ait un mois d'âge, le supplément d'âme qu'il semble apporter à la vie publique dissipe les derniers scrupules qui empêchaient le président de la République d'alors – le vieux Vincent Auriol – d'appeler Mendès France pour former le gouvernement.

Le 3 juin 1953, notre chef de file monte donc le perron de l'Élysée !

Quand il en sort, c'est pour annoncer qu'il est désigné pour se présenter devant l'Assemblée nationale comme président du Conseil pressenti pour former le gouvernement.

A la une de *L'Express*, nous publions ces quelques lignes :

« Un homme jeune, quarante-six ans, nouveau parce qu'il a refusé d'être ministre depuis sa retentissante démission en 1945, il y a déjà huit ans, estimé de tous pour sa conduite pendant la guerre et depuis, a dressé à haute voix, et à plusieurs reprises, le bilan des erreurs que nombre de députés établissaient depuis longtemps, mais tout bas. Il en a tiré des conclusions précises, prenant la forme d'un programme d'action. Car il a lié tous les problèmes ensemble. Il a donné une voix et une conscience à cette Assemblée. *Rien ne sera plus comme avant.* »

Mendès France éveille un profond écho dans le pays. Ce qui, bien sûr, n'est pas pour plaire à la classe politique. Par réflexe, le vote de l'Assemblée se prononce contre lui : *l'investiture lui est refusée.*

Mais le nombre de députés, saisis par la nouveauté du discours et sa logique d'espoir, qui ont voté pour lui dépasse de loin les pronostics sceptiques.

Chacun pressent, le lendemain, que les forces de paralysie et les serviteurs des grands intérêts n'ont obtenu qu'un sursis. Le visage de leur adversaire a été vu, sa voix entendue. La jeunesse aussi l'a vu et entendu : avec Mendès France, l'avenir a acquis une chance.

Quand ? Personne ne peut le dire. Pour le moment, l'essentiel se joue à des milliers de kilomètres, entre un corps expéditionnaire démoralisé (Mendès France me permet de prendre connaissance du courrier dont il est abreuvé, en provenance des officiers de notre armée en Indochine) et les bataillons, ardents et équipés, du général Giap, qui démontre son génie de stratège.

222

D'autre part, de graves événements se produisent au Maroc, à l'été 1953 : le parti « nationaliste » de l'Istiqlal commence à entrer en action contre le protectorat français. Nous en discutons à plusieurs reprises avec François Mitterrand. Nous connaissons ses convictions, en particulier sur la question coloniale et d'outre-mer, et nous connaissons son caractère. Il est bien l'homme de cette délicate, redoutable épreuve.

Pour le reste, Mitterrand n'est pas sur la même orbite que Mendès France, car il choisit de rester *à l'intérieur* des règles du jeu des partis, choix conscient, calculé. Ministre, il veut le demeurer le plus longtemps possible. Il sait que la place de « prophète », de guide, est prise : c'est Mendès France. Mais il s'est joint à lui et à nous, dans l'équipe de *L'Express*, très loyalement. Et finalement, avec un courage très exceptionnel à l'époque, il donne sa démission du gouvernement.

Il est immédiatement soutenu par François Mauriac, porte-parole et figure de proue du noble *Figaro*, puis par le général Catroux, dont la réputation est grande dans toute l'armée.

L'homme contre lequel Mitterrand et Mauriac se sont élevés est « l'homme d'ordre » par excellence : le maréchal Juin.

Juin, dernier maréchal de France, est reçu à l'Académie française, précisément à l'été de notre lancement, en juin 1953.

223

Dans son discours inaugural, il attaque directement François Mauriac :

« Des consciences chrétiennes ont été promptes à s'émouvoir sur de faux rapports et se sont montrées sensibles à l'excès à l'argument des affinités morales et spirituelles. Elles ont, en somme, pris fait et cause pour les nationalistes marocains, *adversaires de la France,* ceux de l'Istiqlal. »

Notre réaction est immédiate :

« Le maréchal Juin fait entrer la politique à l'Académie française en attaquant Mauriac à propos du Maroc. Mauriac fera entrer le maréchal en littérature en lui répondant. »

François Mauriac, dans un article magistral du *Figaro,* réplique au maréchal Juin, sous le titre :
« Un coup de bâton étoilé ».

« Ces ovations à l'ennemi mortel du sultan qui règne au Maroc sur la foi de traités que nous avons signés et qui en demeure le chef religieux, toute cette mise en scène scandaleuse ne pouvait se dérouler que sur ce vaisseau à la dérive qu'est devenue une métropole sans gouvernement. »

Les dés sont jetés.

La semaine du 15 août, par ailleurs, tout le pays se met en grève. Vagues déferlantes, sans revendications précises, expression d'un profond malaise.

L'éditorial de *L'Express* s'intitule : « Glissement vers la décadence ». J'en rédige, avec quelque raideur, la conclusion :

224

« Les hommes qui gouvernent notre pays, ceux qui ont eu à le gouverner les années précédentes – les mêmes –, ont pris l'habitude de ne plus croire qu'un effort sérieux puisse être entrepris... *Une relève s'impose.* »

Nous savons que celle que nous avons à l'esprit est prête.

Au cours d'une soirée à laquelle je compte donner un certain éclat en mettant au coude à coude nos grandes vedettes politiques et des autorités neuves issues de la jeunesse, le journal va fêter son premier anniversaire.

Je cherche l'occasion propice pour aller voir François Mauriac. Je lui écris d'abord une lettre au *Figaro*, respectueuse et sincère, pour lui indiquer, en termes précis, que, s'il veut s'exprimer plus librement, une tribune sur mesure (une page entière, la dernière du journal) sera à sa disposition, aux conditions qu'il fixera.

Un événement se produit, conséquence du climat de peur qui règne au sein d'une classe qui se croit encore dirigeante et craint de ne bientôt plus l'être.

Après le retentissant éditorial de Mauriac contre le maréchal Juin (« Un coup de bâton étoilé »), vingt-cinq lecteurs – 25 ! – du *Figaro* envoient une lettre de résiliation de leur abonnement au directeur du journal, Pierre Brisson.

Brisson reçoit son grand ami Mauriac et lui dit que, pour calmer les esprits, il serait peut-être bon de suspendre sa collaboration pour une courte durée, par exemple trois mois.

La réaction de François Mauriac est immédiate et simple : il m'invite à venir le voir le lendemain.

De sa voix étouffée, qui lui manque depuis une grave opération de la gorge, et qui a ajouté à sa célébrité, il me dit d'abord :

— Je n'ai pas répondu à votre lettre, qui m'invitait à écrire dans vos colonnes, mais j'y ai été sensible. Je ne pouvais pas quitter *Le Figaro*. Je ne voulais même pas y penser. Mais voici que *Le Figaro* me quitte! Pierre Brisson me met en congé! *Cela, je ne l'accepte pas.* Nous pouvons donc examiner votre proposition : dans quelles conditions envisagez-vous ma collaboration à *L'Express*?

Les conditions que je propose à Mauriac font l'objet d'une discussion très courte. Il est immédiatement d'accord. Très attiré, me confie-t-il, bien au-delà d'une rémunération honorable, par ce qui l'inspire le plus : le contact avec les nouvelles générations.

Son fameux *Bloc-notes,* c'est le nom que je lui propose, paraîtra pour la première fois dans deux semaines, le 10 avril 1954, un mois avant notre premier anniversaire.

Et François Mauriac me demande de venir déjeuner à *L'Express* avec Mendès France et Mitterrand. Je sais qu'il n'aime pas les femmes, aussi dois-je le prévenir :

– Françoise Giroud sera, bien sûr, des nôtres.

Il fait la moue, premier signe d'une longue « jalou-
sie », si j'ose dire, qui deviendra une étrange vérité.
Mais il accepte.

Mauriac s'avère le plus « jeune » de nous tous. Il
revit. Il est enfin libre ! Aucune convention à respecter. Plus il sera lui-même (dur, moqueur, imper-
tinent), plus il va séduire et éveiller notre jeune
public. En animal instinctif qu'il est, il le sent. Je me
souviens d'une interview dans laquelle Julien Green
dit : « J'ai succédé à François Mauriac à l'Académie
française. Je le connaissais très bien : il était *très gentil.* »

Mauriac est tout, sauf gentil. De là son grand
talent, redouté à juste titre.

Pour le moment, il est heureux de prendre la
parole à la soirée-débat de notre premier anniversaire. C'est l'événement. Et nous ne savons pas encore
à quel point !

Car, l'année de la naissance de *L'Express*, se
déroule un drame majeur : *la bataille de Diên Biên
Phû, qui va durer un an,* et sera le drame final.

Les Viets savent que, s'ils conduisent leur artillerie
sur les hauteurs autour de Diên Biên Phû, l'aviation
du corps expéditionnaire écrasera leurs batteries. Nos
chefs militaires, aussi. A l'abri de leur couverture
aérienne, ils dorment tranquilles.

Giap a l'idée secrète de creuser dans la montagne
des tunnels assez longs pour qu'il puisse y faire

227

traverser ses batteries d'artillerie. Elles ne seront dévoilées qu'au dernier moment, pour tirer à bout portant sur le camp retranché, tout en restant à l'abri des montagnes, inaccessibles à toute riposte aérienne.

Un matin, à la stupéfaction de tous les officiers du camp, les obus viets se mettent à pleuvoir, comme de nulle part, sur la garnison.

Après plusieurs jours de violent pilonnage, des soldats du Viêt-minh commencent à surgir pour livrer bataille derrière leur artillerie. C'est le duel au corps à corps – qu'il fallait à tout prix éviter.

A Paris, au gouvernement, le point est rapidement fait : si Diên Biên Phû est perdu, les répercussions seront immenses. C'est inacceptable ! Il faut un miracle...

Une première réunion se tient entre le chef du gouvernement (Joseph Laniel), le ministre de la Défense (René Pleven), le ministre des Affaires étrangères (Georges Bidault) et le général en chef (le général Ély). Elle débouche sur une décision plus que grave : demander aux Américains un *appui atomique* pour sauver Diên Biên Phû. « C'est tout l'Occident qui est en jeu. Les Américains le comprendront. » Le général Ély est dépêché, en secret, à Washington, où il prend les premiers contacts.

De là-bas, il donne le feu vert pour que les deux

ministres concernés, Pleven et Bidault, le rejoignent. Il reçoit instruction de demander audience, d'abord à l'illustre Foster Dulles, le croisé de l'Occident, ministre des Affaires étrangères, puis au commandant en chef américain, l'amiral Radford, pour préparer l'entretien ultime et décisif, avec le président Eisenhower.

J'étais à Washington pour *Le Monde;* informé de ce qui se déroule, naturellement j'y reste.

Les Français convainquent aisément Dulles et Radford de la gravité de l'enjeu et *obtiennent leur appui.* Tous ensemble, ils vont soutenir devant le président la demande d'intervention atomique.

Dans le bureau présidentiel, à la Maison-Blanche – le fameux bureau ovale –, se déroule, en peu de temps, un événement historique.

Eisenhower laisse d'abord parler les ministres français, puis son secrétaire d'État, puis son chef d'état-major.

Leur avis est unanime. Il les regarde alors tranquillement, avant de parler. Ils se sentent encouragés, me dira Georges Bidault, par le calme de son visage et le temps de réflexion qu'il se donne.

Puis c'est la foudre :

– *Are you all out of your mind ?* (Est-ce que vous avez tous perdu la tête ?) dit Eisenhower, sans élever la voix.

C'est tout.

Il les prie de se retirer et d'oublier l'idée folle de

vouloir utiliser la bombe atomique. La question est réglée. *Plus jamais elle ne sera évoquée.*

Même quand les Américains, plusieurs années plus tard, seront, à leur tour, sous le feu des batteries de Giap et se sentiront perdus, personne n'envisagera, pour une bataille lointaine, de déclencher le feu nucléaire aux conséquences mondiales, et illimitées.

Les derniers à « avoir perdu la tête » auront donc été les hauts représentants de la France. Je m'en souviendrai.

Je l'apprends de Washington, où la Maison-Blanche n'est pas hostile à l'idée de laisser filtrer l'information... Eisenhower a une conviction ferme, et s'y tiendra.

Personne à Paris ne s'en doute encore. Mais, puisque je le sais, l'ai vérifié, je considère de mon devoir de le dire, de le *publier,* avec tous les détails.

C'est beaucoup trop grave – trop fou – pour que je respecte la moindre règle de silence. Je n'ai aucun devoir, ni professionnel, ni moral, à l'égard d'hommes réputés responsables qui sont prêts à lancer la bombe infernale plutôt que de voir leurs erreurs exposées.

Faire connaître cet abus de confiance, ce mépris des hommes (au Viêt-nam) et de l'opinion (en France) me paraît impératif. Je n'ai pas d'hésitation. Je vais demander l'accord de Beuve-Méry pour exposer la vérité dans *Le Monde.*

– Si vous êtes sûr de vos informations, allez-y, me répond-il, comme toujours.

C'est ce que je fais, à la une du *Monde*.

C'est l'explosion. Le gouvernement débat non pas de la folie de l'intervention nucléaire, mais de... ma mise en accusation devant une cour martiale « pour divulgation de secrets militaires du plus haut niveau ».

La sagesse l'emporte : la majorité des ministres écarte cette proposition. Ils savent le gouvernement plus que moi menacé par les révélations sur sa « panique ». Mieux vaut ne pas réagir plutôt que le scandale d'un procès contre « la vérité ». Beuve reçoit les mêmes menaces, mais reçoit aussi les encouragements de plusieurs officiers supérieurs du corps expéditionnaire. Comme toujours, il tient.

La place forte de Diên Biên Phû tombe, le 7 mai 1954, devant la foudroyante avancée des bataillons de Giap.

Dans le numéro anniversaire, celui du 14 mai, j'écris en première page de *L'Express* :

« La cuvette monstrueuse, noyée, éventrée de Diên Biên Phû n'est plus aujourd'hui qu'un lieu de silence et de mort... Pour la France, c'est un désastre. »

Dans le même numéro, Jules Roy, qui s'est distingué comme officier de carrière, en particulier dans la guerre d'Indochine, jusqu'à obtenir, avant sa démission, le grade de colonel, écrit :

« Quant aux bataillons de Diên Biên Phû que la

stupidité de quelques hommes vient d'immoler, les larmes et l'indignation ne peuvent plus rien pour eux. Le seul recours est la vérité : rien n'y résistera. »

C'est dans ces conditions que se déroule le débat de notre soirée d'anniversaire. Sont présents, notamment : Pierre Mendès France, Robert Schuman, François Mitterrand, Louis Armand, François Mauriac et, dans la salle, les jeunes leaders des mouvements autonomistes de Tunisie, du Maroc et même (avec prudence) d'Algérie.

Comme hôte, j'ouvre brièvement la soirée :

– Nous avons dans les jours actuels le sentiment intense et déchirant de jouer notre avenir, ou plutôt que notre avenir est en train d'être joué pour nous. Nous croyons qu'un renouveau est possible si quelques hommes *parmi vous* découvrent à quel point le destin que le cours des événements prépare à la France nous *fait horreur*.

Dans les semaines qui suivent, en mai 1954, nous publions l'essentiel du rapport du général Salan, qu'il nous a communiqué, alors qu'il commandait en chef en Indochine, et en tirons la leçon.

« Les généraux Salan et Ély concluaient à la nécessité urgente d'envoyer en Indochine des formations du contingent, tellement la situation a été détériorée par les échecs de la politique militaire suivie jusqu'à présent. Cette conclusion place évidemment le ministre de la Défense dans une situation politique délicate. »

Le gouvernement donne l'ordre à la police de saisir tous les numéros de *L'Express.*

L'Express reparaît, aussitôt après, avec ce communiqué, au centre de la page blanche où a été censuré le rapport « interdit » :

« Vendredi 28 mai, à deux heures du matin, une vingtaine d'inspecteurs de la police judiciaire encerclaient l'immeuble de *L'Express* et mettaient les scellés sur nos bureaux en attendant l'heure légale de perquisition, qui est celle du lever du jour. A trois heures, la même nuit, le préfet de police envoyait des télégrammes chiffrés à tous les préfets, leur donnant l'ordre de faire saisir partout notre journal. A huit heures, les inspecteurs entraient dans les bureaux de la rédaction, enlevaient certains de nos documents et les remettaient sous scellés à la justice militaire.

« Samedi 29 mai, à trois heures de l'après-midi, je demandais une audience au chef du gouvernement. A cinq heures, j'étais dans son bureau de l'hôtel Matignon et j'avais l'honneur de l'entendre aimablement me confirmer que lui et son ministre de la Défense nationale n'en voulaient pas du tout à *L'Express*, mais étaient décidés à trouver les sources de nos informations.

« Le président du Conseil ne trouvait pas étrange, apparemment, que des mesures de police arbitraires soient décrétées à l'égard d'un journal contre lequel aucune information n'était ouverte, auquel on reprochait seulement d'avoir eu une source d'information gouvernementale.

« Les mesures contre *L'Express* sont l'occasion en vérité d'un règlement de comptes politique. Le gouvernement aux abois est à la recherche de n'importe quel moyen pour essayer de brouiller les cartes et éviter d'avoir un jour prochain à rendre des comptes au pays. »

Mauriac écrit dans son *Bloc-notes* : « La chance d'un journal bien dirigé, c'est la bêtise de ses adversaires. *L'Express* doit aux siens le bond en avant inespéré de notre journal. »

D'un coup, le poids de la guerre, qu'on appelle enfin par son nom – et vers laquelle on voudrait envoyer sans le dire les jeunes appelés du contingent! –, tombe comme une masse sur la politique française. La « logique de la crise » va bouleverser la ronde funeste des habitudes d'une République qui n'a rien su résoudre, rien su prévoir – comme en 1940.

15

La prise du pouvoir

Place du Trocadéro, où je passe pour aller, chez lui, retrouver Mendès France, à la devanture du kiosque central, au coin de l'avenue Kléber, plusieurs exemplaires de *France-Soir* sont largement étalés. Un énorme titre barre la première page sur huit colonnes : DIÊN BIÊN PHÛ EST TOMBÉ.

Ma première pensée n'est pas pour la soudaine et tragique tournure des événements – qui était prévue. Ni pour l'action politique qu'il va falloir maintenant entreprendre et sans commettre une seule faute. Elle va d'abord à un homme qui deviendra, pour moi comme pour tous ceux qui l'ont accompagné au combat, l'incarnation du héros : le colonel Marcel Bigeard.

Bigeard est, comme il dit, « un petit gars ». Un cas unique de simple soldat, engagé jeune, devenu sous-off, puis officier, pour atteindre le grade de général, sans éducation, sans concours, par sa simple excellence morale et physique. Et son extrême humanité :

l'amour de ses hommes, la décision de sauter, à chaque bataille, toujours *le premier* en parachute ; c'est ainsi qu'il a été porté au zénith, par la clameur de ses légions.

Son nom est devenu légendaire, personne ne peut plus jouer contre lui. *Il est, lui, vraiment la France.* Celle de Bayard, celle de Guynemer, celle de Leclerc, celle de nos rêves d'enfants.

Bigeard, avec son crâne rasé, son grand nez, ses oreilles décollées, sa « belle gueule », est déjà, avant Diên Biên Phû, le héros de la « sale guerre » d'Indochine.

Ce qu'il a fait, il y a trois semaines, contre l'avis du commandement, est inouï... La garnison continuant dans la boue et le sang à se battre sans espoir, sous le feu roulant des canons viets de Diên Biên Phû, il ne reste rien à sauver. Sauf une fin digne, et qui permette de négocier avec le redoutable adversaire que nos chefs militaires prennent enfin au sérieux, *avec sept ans de retard.*

Les quinze mille hommes – l'armée française – de la cuvette infernale ont l'ordre de tenir. Ils sont à bout de forces, sans ravitaillement, les antennes médicales disloquées, et le général de Castries, leur chef, invisible, enfermé par désespoir dans son P.C.

Chaque jour, à chaque heure, et sous les yeux des Viets, dont les jumelles sont braquées tout autour du camp, le risque est maintenant celui d'une panique, de l'affaissement, du sinistre drapeau blanc, qu'un officier du camp, sous la poussée irrésistible de la peur, hisserait pour arrêter le massacre. La capitulation.

Beaucoup y pensent. Et tous, à Paris, parmi les responsables – puisqu'il faut encore leur appliquer ce mot – , pressentent ce que signifierait cet événement pour la France dans le monde, pour le communisme en Asie.

Devant l'imminence de cette tragédie, un homme se décide, seul : Bigeard. Il a pris sur lui, étant à Hanoi, de sauter en parachute, avec son équipe de combat, sur le camp retranché, éventré, condamné. Il leur a demandé, à eux tous réunis autour de lui, au cours d'une longue veillée, de se prononcer un par un. C'est fait, et, maintenant, le message est parvenu au camp : « Bigeard arrive ! »

Par la puissance de son tempérament, l'exemple contagieux de son courage légendaire, il a, pour trois jours, « sauvé » Diên Biên Phû : non pas l'issue de la bataille, mais le moral des hommes. Il a sauvé la France de l'effondrement dans cette affreuse cuvette, symbole même de l'aveuglement et des mensonges.

Bigeard est allé partout, prenant chacun de ses repas dans sa gamelle avec les hommes. Tout le monde l'a vu. Tout le monde a pu lui parler. Lui présent, personne ne songe à abandonner, à déposer les armes. Ils tiendront. Il leur a promis, lui, Bigeard, qu'*il resterait avec eux quoi qu'il arrive* et que, si les Viets investissaient tout le camp, il se battrait jusqu'au bout avec eux, puis serait avec eux tout le long du calvaire atroce que chacun envisage maintenant : la longue marche pour les survivants sur les chemins du haut Viêt-nam, vers les camps de prisonniers du commandement communiste.

Ce « petit gars » aura été un Churchill pour le corps expéditionnaire français.

Les Viets, qui s'y connaissent, tiennent Bigeard pour un héros surnaturel. Ils ont mis sur pied une section spéciale de baroudeurs d'élite, chargée de partir à sa recherche pour le maîtriser ou l'abattre. A aucun prix il ne faut laisser Bigeard s'échapper. C'est une prise en or pour le Viêt-minh. Une victoire inouïe – car l'armée française protège Bigeard comme son talisman – dans cette guerre, qui pourrait être alors annoncée au monde comme gagnée. Si Bigeard est pris, quel espoir resterait aux Français ?

Le sort de la guerre, à cet instant, se joue là.

Bigeard est pris. La garnison a cessé le feu. En deux heures, les Viets ont détruit toutes les installations, poussé tous les hommes valides en colonnes pour une longue marche vers le Nord. Le camp est vide à la tombée de la nuit.

Quelle guerre d'Indochine après la chute de Diên Biên Phû et la fin de Bigeard ?

Le Sud, avec Saigon, est encore hors de portée de l'armée de Giap. Mais il n'y a plus aucune chance de

le conserver sans armistice. Si la bataille doit se poursuivre, sous l'impulsion des généraux de Giap, désormais maîtres de Diên Biên Phû, alors, dans les mois
ou les semaines qui viennent, le Sud sera à son tour
emporté.

A Paris, où cette fin brutale a paru incroyable, stupéfiante, le gouvernement, l'armée n'ont plus d'illusions. La guerre est perdue. Il n'y a plus qu'à s'incliner devant l'évidence, rapatrier, si les canons viets le
permettent, le corps expéditionnaire, abandonner ces
millions de catholiques du Sud qui, depuis un siècle,
ont ensemencé et fait fructifier cette terre féconde
pour la France.

Il n'y a plus qu'à les abandonner aux féroces vainqueurs d'Hô Chi Minh – qui n'ont pas oublié les
canons de marine de l'amiral d'Argenlieu, tirant à
bout portant sur Saigon, détruisant des quartiers
entiers, à l'heure où Hô Chi Minh lui-même, avec
toute son équipe gouvernementale, était à Fontainebleau en train de négocier avec nos gouvernants un
accord de paix, du moins le croyait-il. Pas oublié non
plus les trafiquants de piastres, tous ceux, financiers
français et profiteurs vietnamiens réunis, qui ont su
exploiter les spéculations rapides qu'offre toute
guerre à ceux qui savent être initiés à temps.

Il y a sept ans... Une autre époque.

Tant d'années d'aveuglement, de faux calculs –
quel crime!

Les gouvernements successifs, ces hommes que

nous avons subis comme dirigeants, ont perdu à la fois en Indochine et pour la France. Là-bas, au profit de l'Empire soviétique d'Asie. En faveur de l'hégémonie allemande en Europe.

Tout cela était si présent pour moi depuis tant de mois, des années... Ma première réaction n'est pas de détester les hommes « qui nous ont fait tant de mal », comme disait pauvrement Pétain. C'est une humiliation plus personnelle que je ressens.

Ayant pressenti, puis prévu – et je l'ai décrit à plusieurs reprises dans *Le Monde,* puis dans *L'Express* –, que nous en arriverions là, comment est-il possible que je n'aie rien pu changer ?

C'est avec ces questions en tête, et la passion de renverser ce lamentable cours, que je me dirige, sans me presser pour prendre le temps de réfléchir encore, vers le domicile de Mendès France. Il est six heures et demie du soir.

Il doit être là.

Je monte au cinquième étage et sonne à sa porte. Mendès vient ouvrir. Il est en robe de chambre, comme d'habitude. Il travaille, ces jours-ci, sans discontinuer.

Surpris de me voir débarquer pour une fois sans préavis, alors que je lui téléphone toujours pour m'informer de l'heure à sa convenance, il a ce petit plissement de son large front qui lui écarquille les yeux, et il me dit :

240

– Eh bien, Jean-Jacques, que se passe-t-il donc ?

Je lui tends la une de *France-Soir*.

– Voilà !

Il jette un coup d'œil. Après un bref silence, pour chasser toute émotion inutile, il prononce simplement deux mots :

– Et alors ?

Sachant, de toute évidence, ce qui doit découler, pour l'histoire de notre pays et celle du monde, de la confrontation entre le désastre retentissant de Diên Biên Phû et le grand homme d'État qui l'avait annoncé et qui s'y est préparé, cet « Et alors ? » est admirable ! C'est tout lui !

Cette froideur ne m'impressionne pas. J'en ai l'habitude. C'est généralement bon signe.

– Et alors ? Eh bien vous serez le chef du gouvernement avant un mois. Je crois que nous n'avons pas de temps à perdre.

Pierre Mendès France répond en souriant qu'il n'y croit pas une seconde.

– Nos adversaires au Parlement, dit-il, se sont organisés depuis l'alerte de l'an dernier. Cette fois, si j'étais de nouveau désigné, nous aurions encore moins de voix, car l'effet de surprise ne jouerait même plus... Inutile, Jean-Jacques, de rêver.

« D'ailleurs, ajoute-t-il, je connais bien le président Coty, élu de Normandie, comme vous le savez. Devant un pareil drame, il va chercher une formule de gouvernement qui, avant tout, rencontre un large consensus. *N'importe qui, sauf moi.*

241

Je sais qu'il a raison.

Mais je suis résolu à tout tenter, même, comme on dit, l'impossible, car je sens que le moment est arrivé.

En venant, j'ai médité sur une stratégie simple, qui pourrait frayer la voie – jugée interdite – à la désignation et à l'investiture de Mendès France.

Avant d'agir, j'ai besoin de son approbation. Tout est devenu trop grave. C'est d'abord son sort à lui qui est en jeu; la décision lui appartient, à lui seul. Et puis, il est déjà, à mes yeux, en charge du pays.

– M'autorisez-vous, de ma propre initiative, sans votre caution, à aller voir Pierre-René Wolf à Rouen pour lui demander d'intervenir auprès du président Coty, qu'il connaît personnellement? Je suis sûr que Wolf acceptera. Je crois qu'il saura convaincre Coty de vous donner au moins une chance. Comment pourrait-il refuser? Plus personne n'a d'ailleurs le choix. Les événements ont été bien plus forts et rapides que toutes leurs prévisions. A vous de décider.

– Je n'en crois rien, répond Mendès France, mais je ne veux pas vous empêcher de parler à Wolf. J'ai confiance dans sa discrétion et dans son jugement. Je sais qu'il vous estime, et il vous écoutera. Il fera auprès de Coty ce qu'il jugera devoir faire.

C'est le feu vert. Je prends congé de Mendès France et pars aussitôt, seul, vers Rouen.

242

LA PRISE DU POUVOIR

Wolf, que je n'ai guère eu à convaincre, à qui j'ai pu confirmer que Mendès France était prêt, va remplir sa mission.

Il vient nous en rendre compte, avec modestie et précision. La nouvelle qu'il apporte s'inscrira dans l'histoire. Et Dieu sait qu'elle n'était pas acquise. Sa chaleureuse amitié pour Mendès France lui a donné des ailes. Il vient de mener à bien, par la grâce de son intégrité et sa fidélité à ses amitiés – envers celui qui était le sénateur Coty et envers Mendès France –, une opération délicate et capitale...

René Coty est un patriote de la vieille école, celle de 14-18, un modéré normand et catholique, hérissé par les communistes et leurs alliés. Premier magistrat du pays, il se considère comme le garant supérieur des intérêts français où qu'ils soient, en particulier dans toutes les parties de la Communauté, nouveau nom de l'Empire colonial.

Il sait aussi, sans l'avouer – il est fin politique –, que de Gaulle est aux aguets, observant ce Parlement impuissant, ce président sans pouvoir, ces gouvernements velléitaires. A la moindre faiblesse il entend « revenir aux affaires ». Déjà tous ses réseaux s'y emploient.

Proposer Pierre Mendès France comme chef du gouvernement, c'est, aux yeux de Coty, malgré son estime personnelle pour l'homme, comme trahir son mandat. Mendès France s'est fixé pour tâche supérieure, et plusieurs fois précisée publiquement, de faire la paix avec le Viêt-minh – le gouvernement communiste d'Hô Chi Minh –, qui a déjà conquis ou encerclé la moitié de l'Indochine. Lui, président de la République, se juge garant de tous ces territoires.

Tandis qu'il raisonne encore en ces termes constitutionnels, juridiques – et d'amour-propre tardif –, les nouvelles nous précisent, d'heure en heure, l'ampleur du désastre.

La garnison, commandée par le général de Castries, à laquelle est parvenu en renfort le corps d'élite de Bigeard – nous venons d'apprendre par l'annonce officielle du Viêt-minh que *notre Bigeard est pris lui aussi* –, tous ces Français, prisonniers, désarmés, sont maintenant dirigés à marche forcée vers le Nord, sous la conduite des officiers viets. Et le général Giap, n'ayant subi que peu de pertes, organise déjà ses prochaines percées pour continuer vers le Sud. La fièvre s'empare de Saigon.

Devant ces évidences cruelles, les calculs politiciens ne sont que rêveries et fumées. Le président Coty confie donc à son ami Wolf qu'il « admet l'idée » de faire appel à Pierre Mendès France, à la condition « qu'il ne prenne aucun communiste dans son gouvernement ».

Comme s'il en avait jamais été question !

244

A l'Assemblée nationale, où le pauvre gouvernement de Joseph Laniel vit ses dernières heures, le nom qui sent le soufre, celui de Mendès France, est murmuré avec crainte. Mais, hors de ces murs, il fait vibrer l'espoir.

Les gardiens du sérail, eux, sont sereins : ils jugent sa nouvelle tentative d'investiture, si l'Élysée confirme sa désignation, plus impossible encore qu'il y a un an.

Confier le pouvoir à Mendès France dans une heure pareille, ce serait, à leurs yeux, cautionner la victoire, là-bas, des ennemis de la France. Ce serait renier dix années de rudes combats, qui ont coûté au pays une *promotion entière d'officiers de Saint-Cyr par an.*

Si l'Assemblée attend Mendès France, c'est pour en finir avec lui... Il n'en doute d'ailleurs pas, ce qui renforce sa détermination. Il va livrer, pour son pays, *le combat de sa vie.* Il sait qu'ensuite, tôt ou tard, il sera sacrifié, renié. Il l'a toujours su. Il me l'a toujours dit. Ce n'est pas son problème. Il veut arrêter le massacre, pour dégager les voies de l'avenir.

Dès l'annonce officielle de sa désignation, Mendès est assiégé chez lui de parlementaires, d'émissaires, de chefs militaires. Chacun voulant « lui parler », il lui reste très peu de temps pour se mettre à l'œuvre sur l'essentiel : le moyen de retourner, par son

discours et dans les débats, le sentiment hostile, nettement affiché, de la grande majorité de l'Assemblée.

Il m'appelle. Son ton au téléphone, le contenu de
son message sont inhabituels : sa voix est comme assé-
chée, révélant la tension intérieure qui l'a saisi. Il me
demande de rester chez moi, car, chez lui, c'est déjà la
cohue, pour réfléchir à une méthode, *une stratégie,*
susceptible d'infléchir l'hostilité résolue du Parlement. Une fois au gouvernement, s'il y est, pour ce
qui est du plan de paix en Indochine, il voit clair et se
prépare.

Dans les heures qui suivent – le peu de temps qui
nous reste –, je pars marcher, comme d'habitude.
J'éprouve, curieusement, un grand sentiment de
confiance.

Je crois de tout cœur à la valeur, au courage, à la
force de caractère de Mendès France, que je juge au-
dessus de tous. Je sais bien sûr la volonté arrêtée de
l'Assemblée de lui refuser l'investiture. Reste une
seule question : par quel argument la contraindre ?
Aucune habileté, aucune sincérité, n'y suffiront. Il
faut, c'est clair, changer les données mêmes du problème – et, si je l'ai bien compris, c'est la tâche que
m'a confiée P.M.F. Je poursuis ma marche, cette fois
un peu plus longue.

Au retour, je rédige sur un seul feuillet, à l'intention de Mendès France, le schéma de ce qui me

paraît être une solution simple, raisonnable, que l'Assemblée pourra difficilement refuser.

« Ne pas demander l'investiture habituelle, mais proposer au vote un gouvernement pour une durée très limitée : deux semaines. » Et j'ajoute dans ma note d'une demi-page :

« Vous pouvez prendre l'engagement que si, dans quinze jours, vous n'avez pas conclu la négociation d'armistice *à vos conditions*, vous mettrez fin aux pourparlers et remettrez, sans autre débat, votre démission à l'Élysée. Je vois mal comment, sur de pareilles propositions, on peut refuser de vous donner une chance − pour quinze jours ! »

Mendès France ne parle à personne de ce message, sauf à son plus proche ami, son mentor de toujours, Georges Boris.

C'est Boris qui me reçoit lorsque j'arrive à l'appartement, devenu le centre de l'activité politique. Il me dit tout de suite qu'après réflexion Mendès a adopté en conscience ma suggestion avec, toutefois, une modification de prudence, quant à la durée : il fixera un mois, plutôt que deux semaines. Bien sûr, il a raison.

C'est donc un ultimatum à l'adversaire viêt-minh. Car si au bout d'un mois le cessez-le-feu aux conditions de la France (la protection de toute la moitié sud de l'Indochine et autour de Saigon) n'est pas adopté et signé, la guerre verra se déployer toute l'armée française.

247

Georges Boris ajoute, en baissant la voix :
— Il n'en a parlé qu'à moi. Il faut préparer maintenant la rédaction du discours. Il demande que nous
gardions le secret, jusqu'au moment où il prononcera
lui-même, à la tribune, le passage essentiel sur les
quatre semaines — qu'on n'introduira pas dans le
texte écrit —, sur lequel *tout sera gagné ou perdu.*

Je vais dicter un brouillon du texte à une sténo que
Mendès fait venir et installe dans sa chambre, pour
que personne ne puisse jeter un regard aux feuillets.
Après un temps de travail au calme, Boris vient me
dire :
— Pierre veut vous parler un instant.

Je rejoins Mendès France. Il est seul, avec ses
papiers et la secrétaire. Je ne l'ai jamais vu, je crois,
aussi maîtrisé, méthodique, « aux commandes ». Il me
regarde avec cette gentillesse qui me touche.
— Nous devons gagner, oui, je le crois, sur votre
proposition. Je tenais à vous le dire. Mettez-la bien
au point, et j'y travaillerai. Comment refuser quatre
semaines, s'il y a une chance de paix ? Donc, dépê-
chez-vous. Nous pourrons demain soir, si tout se
passe bien, commencer à réfléchir à l'étape qui suivra, la plus dure : comment faire plier, à Genève, les
trois joueurs gagnants et sans pitié que nous aurons
devant nous, Molotov, Chou En-lai et Pham Van
Dong. Je vous présenterai Pham (Viêt-minh). Il est
notre seul espoir, il faut compter sur lui, mais sans le
compromettre.

J'observe le visage de Mendès France, las, depuis quelques jours, marqué et gris. Il est méconnaissable. L'homme est passé à l'action, il y croit; on dirait qu'il est déjà investi, au pouvoir. Il en est encore si loin... Mais son intuition le porte.

Il attendait cette épreuve depuis 1945. Il ne pense plus qu'à l'ensemble de sa stratégie, à la force indispensable du discours; aux réponses qu'il aura à faire; à la manière de ne pas se laisser étreindre, étrangler par le groupe communiste.

Mais c'est pour demain. Voici ses derniers mots :
— Nous ne nous reverrons plus, Jean-Jacques, avant la séance. A l'interruption, venez me rejoindre dans la salle réservée, pour que nous examinions les réponses à faire aux questions posées après le discours. Il y aura peu de temps.

J'y serai. D'ici là, je vais aller dormir, l'esprit en repos. L'essentiel, je le connais, je viens de le voir : l'homme a la pleine maîtrise de lui-même, il a saisi à bras-le-corps l'événement, il est mobilisé. Il faut surtout le laisser à lui-même, à sa conscience, à son inspiration.

A quinze heures, les tribunes du public à l'Assemblée nationale sont bondées, et tous les députés sont à leurs bancs. Aucun d'entre nous n'a d'illusions sur ce succès d'affluence. C'est lorsqu'une corrida doit se terminer par une mise à mort que les arènes sont pleines.

Seul, au banc du gouvernement, Mendès France jette un dernier coup d'œil, stylo à la main, sur ses feuillets.

Appelé par le président de l'Assemblée, il monte à la tribune. Son pas est lent, comme fatigué. Mais, dès qu'il commence, il donne d'emblée l'impression contraire.

Le regard fixé droit sur l'hémicycle, la fermeté du propos, la clarté du ton forcent l'attention de l'Assemblée parlementaire.

Rien dans ce qu'il dit, pour le moment, sur un rythme fort, ne choque ni même n'étonne. Il connaît les règles de la séduction. On trouverait, pour un peu, que cet orateur reconnu est presque banal et n'apporte pas grande nouveauté. Jusqu'au temps d'arrêt qu'il marque. L'Assemblée retient alors son souffle.

Il boit un peu d'eau du verre placé sur la tribune, il toussote. On comprend, à la longueur de cette pause inhabituelle, que l'événement attendu approche. Il énonce, lentement, les quelques paragraphes qui vont devenir célèbres :

— Nous sommes ce soir le 17 juin ! Je me présenterai devant vous avant le 20 juillet et je vous rendrai compte des résultats obtenus.

« Si aucune solution satisfaisante n'a pu aboutir à

cette date, vous serez libérés du contrat qui nous a
liés, et mon gouvernement remettra sa démission à
monsieur le président de la République.

(Applaudissements prolongés sur tous les bancs.)

« Je ne demande donc la confiance de l'Assemblée
que pour un mois... Il va de soi que dans l'intervalle
– je veux dire *dès demain* – seront prises toutes les
mesures militaires nécessaires, aussi bien pour faire
face aux besoins immédiats que pour mettre le gouvernement qui devrait succéder au mien en état de
poursuivre le combat, si par malheur il avait à le
faire.

« La sécurité du corps expéditionnaire en Indochine et le maintien de sa force en vue de trouver une
solution honorable sont un devoir impérieux. Ni le
gouvernement ni le Parlement n'y failliront.

« C'est pourquoi celui qui est devant vous fait
appel à une majorité constituée par des hommes qui
n'ont jamais, directement ou indirectement, épousé la
cause de ceux qui nous combattent. D'hommes qui,
en conséquence, peuvent revendiquer la confiance de
nos soldats et négocier avec l'adversaire en toute indépendance.

De tous ceux qui se réjouissent de cette audace,
comme de tous ceux qui se voient débarrassés de lui
dans un mois, on ne saurait distinguer lesquels
applaudissent le plus fort et le plus longtemps. Mais
pour l'investiture, semble-t-il, c'est fait.

En vérité, rien n'est gagné. A la reprise de séance, les porte-parole des groupes parlementaires viennent s'exprimer les uns après les autres. Maintenant, c'est le tour de l'orateur communiste. Il félicite chaleureusement le président désigné et lui promet « *l'unanimité du vote communiste, pour la paix* ».

L'Assemblée se raidit, et se fige.

Il y a bien longtemps que le groupe communiste n'a pas voté une investiture. En agissant ainsi, et avec éclat, le P.C. compte faire fuir les voix des modérés. Mendès France a vu le piège. C'est là que son génie politique – le mot n'est pas trop fort – va intervenir.

Il remercie, l'un après l'autre, les orateurs qui lui ont apporté leur soutien. Il s'arrête, avant d'en arriver aux communistes, et déclare :

– Le Parti communiste s'est livré ici, ce soir, à une opération politique. Je vous pose cette question : permettrez-vous que cette opération réussisse ? Refuserez-vous l'investiture à un homme qui s'engage à rechercher une paix honorable dans un bref délai et dans des conditions que vous auriez approuvées si cette opération n'avait pas eu lieu ?

« Serons-nous les jouets du Parti communiste ? Et – je vous le demande – le pays, qui, demain, lira la déclaration d'investiture, le comprendrait-il ?

« C'est vous qui devez lui donner la réponse.

Silence total, stupéfaction : où trouvera-t-il alors une majorité ? Cris et injures jaillissent du côté communiste et de la part des groupes voisins. Ils se sentent écartés de la représentation nationale et réellement insultés. Que vont-ils faire ?

Mendès France, sans aucune émotion apparente, reprend la parole – pour enfoncer la lame :

– Je répète, en tout cas, pour conclure sur ce point sans ambiguïté, que, si la majorité constitutionnelle est de 314 voix, j'entends, en ce qui me concerne, qu'elle soit composée des seuls députés auxquels j'ai fait appel dans ma déclaration d'investiture et que je ne la tiendrai pour acquise que dans ces conditions.

Silence, étonnement, colère et gêne : c'est le coup de théâtre.

Mendès France n'avait fait part à personne de cette stratégie d'une audace extrême. En écoutant les débats, il me dira avoir ressenti un vertige intérieur en pensant qu'il serait bientôt à Genève, face aux ministres de l'Union soviétique, de la Chine communiste, du Viêt-nam – et qu'il risquerait d'avoir, à leurs yeux, une faiblesse fatale : celle de tenir son pouvoir, comme négociateur de la France, du soutien des communistes.

Ayant vu en un éclair ce que ce drame signifierait pour sa liberté de manœuvre et sa capacité à l'emporter là-bas, à Genève, il a choisi de prendre le risque dès maintenant, ici, à l'Assemblée.

Suspension de séance.

Deux heures plus tard, on en vient au vote.

En descendant derrière le banc du gouvernement, où Mendès France m'a prié de venir le rejoindre un instant, je passe à côté du président du groupe parlementaire communiste, Jacques Duclos, et l'entends dire à ses collègues, en désignant Mendès France :

– *Ce sale youpin, on va être obligés de voter pour lui !*

Admirable résumé de la situation...

La majorité pour l'investiture est largement acquise : les communistes n'ont pas osé s'abstenir. Ils ont voté la confiance. Ils ne pouvaient pas faire autrement. Le piège s'est refermé, mais sur eux. Mendès, lui, n'est le prisonnier de personne.

Il va pouvoir le montrer, d'audace en audace, à Genève, où nous allons le voir à l'œuvre. Jusqu'à ce qu'il ait transformé la défaite militaire en victoire politique en sauvant la liberté de tout le Viêt-nam du Sud, où les communautés catholiques sont installées de longue date.

Naturellement je ressens, au fond du cœur, une grande reconnaissance pour son admirable performance.

Déjà il semble que c'était il y a un siècle... L'avenir peut commencer. Moment précieux. Si rare.

16

Mitterrand face à l'ultime complot

Mendès France doit maintenant former un gouvernement. Il s'était entièrement mobilisé pour la conquête de l'incertaine victoire parlementaire. Il n'a pas eu une seconde pour réfléchir au choix des ministres, jugé secondaire. Le gouvernement, pour la paix, ce sera évidemment, naturellement, *lui*.

Il refuse encore, le soir, de discuter du gouvernement. Il confie à quelques collègues sûrs que ce sera pour demain après-midi, à son domicile. Il leur demande de venir avec des suggestions précises pour que tout aille vite et qu'il puisse choisir, parmi les candidats proposés, ceux qui lui paraîtront les meilleurs.

Le lendemain, cette réunion commence à trois heures. Il faut boucler la composition du gouvernement dans la nuit. P.M.F. a rendez-vous à l'Élysée pour la soumettre au président de la République le jour suivant, à midi.

J'arrive volontairement en retard au domicile de Mendès France : je ne veux pas risquer de heurter l'un ou l'autre de ces hommes fatigués et anxieux qu'irritent ma jeunesse et mon intimité avec celui qui est devenu leur chef. La première personne que je vois, seule dans un coin, c'est Lily, son épouse.

Je m'approche d'elle pour l'embrasser et la féliciter.

– C'est une très grande date, lui dis-je platement, pour vous comme pour Pierre!...

– Oh, Jean-Jacques, ne dites pas cela! Je suis heureuse, très heureuse, que Pierre se soit conduit comme il l'a fait cette nuit et qu'il ait gagné. Mais, depuis le réveil, ce matin, je ne pense qu'à la suite. Elle va être terrible. Il est seul, croyez-moi. Personne ne prévoit un succès à Genève. *Il va être l'homme de l'abandon* – voilà ce que chacun pense. Je le sens à tous les signes. Je le sens au ton sur lequel on me félicite : *un ton de condoléances.* Ils envoient Pierre à l'abattoir, et c'est bien pour cela qu'ils ont fini par voter pour lui. Ils le condamnent. Il sera le bouc émissaire. On oubliera bientôt que l'Indochine était perdue... Et le responsable sera celui qu'on envoie signer l'abandon. Ce sera Pierre.

« Jean-Jacques, voilà ce que je pense vraiment, et c'est affreux... tellement injuste... Sentez-vous cela, vous aussi ?

Lily m'impressionne toujours. Elle est singulièrement intelligente et sincère. Qu'elle connaisse peu « la politique » ne compte pas. Sa sensibilité, son humanité, vont au plus profond. Et puis, elle connaît admirablement son époux. J'écoute Lily avec le plus grand soin. Et je lui confie toujours la vérité telle que je la sens. Je la respecte profondément.

Un tel désespoir, que je comprends, me paraît tout de même déplacé (Pierre ne pouvait pas arriver au pouvoir en période ordinaire) et semble aussi excessif (je sais très bien que Genève sera une épreuve de caractère, mais c'est là qu'il dispose de ses meilleurs atouts). Je dis simplement à Lily :

– Je comprends votre angoisse. Mais vous savez comme moi qu'il va, pour la première fois, être à la place qui est celle de sa destinée, et qu'il doit à son caractère : la première.

« Que ce soit à l'occasion d'un drame n'est que très normal. Voyez Clemenceau, voyez Churchill – Pierre est de cette race. En plus jeune d'ailleurs. Sans l'occasion des drames qu'ils ont rencontrés et saisis, connaîtrions-nous même leurs noms ?... Et puis, Lily, les dés sont jetés. Il faut se projeter vers l'avant. Nous avons, vous le savez, très consciemment brûlé nos vaisseaux.

Mais pendant l'après-midi, après la nuit – si dure – à l'Assemblée, suivie de très peu de sommeil, puis tous les appels et toutes les visites, qui ont commencé tôt ce matin, Lily est au martyre. Toutefois parfaite : bien coiffée, bien habillée, en tenue sombre, avec ses yeux cernés, superbes et noirs, elle est – seule femme au milieu de tous ces hommes de pouvoir, dans son petit appartement transformé en mess d'armée en campagne – une grande figure émouvante et tragique... Tout ce que l'avenir va charrier est déjà en elle ; c'est ce qu'elle me fait pressentir.

Nous nous quittons pour le moment – je la retrouverai vers minuit –, elle va s'occuper de faire nourrir cette petite foule, les dévoués avec les ambitieux.

Je vais vérifier auprès de Mendès France qu'il n'a plus besoin de moi. Le choix des ministres, ce n'est pas mon affaire. Et ma simple présence, qui les irrite, peut le gêner. Ils connaissent tous, maintenant, mes liens intimes et mon travail quotidien avec Mendès. Ils lisent mes articles. Mais seul compte, et je le comprends, que je ne fais pas partie de leur « club » : le Parlement. Je ne suis pas élu, je n'ai d'ailleurs jamais été candidat. Il faut respecter leur noblesse – c'en est une, réelle –, celle du suffrage universel. Je le lui dis.

– Oui, répond-il, vous avez raison. Si je fais des erreurs qui blessent ou froissent l'un ou l'autre, ils seront trop contents de vous les imputer. Et ceux qui auront, cette nuit, des satisfactions les attribueront d'abord à leur propre valeur, un peu aussi à mon choix, mais sûrement pas à vous... Allez vous reposer, et voyons-nous demain matin, lorsque j'en aurai fini avec la composition de cette liste qui s'annonce rude. A demain.

Avant que j'aie fait trois pas vers la porte de l'appartement, il me rappelle :

— Dites-moi, *vous n'avez toujours pas vu Mitterrand ?* Où est-il ? Je n'arrive pas à le joindre! C'est toujours comme ça. Il a disparu, comme d'habitude. Et personne ne le trouve. C'est le moment où il aurait pu être de bon conseil! Il connaît, lui, le personnel parlementaire. Essayez de le contacter. Qu'il vienne dès que possible, car je veux lui parler des problèmes d'outre-mer, qui vont devenir, à son ministère, bien délicats dans les remous universels de la défaite en Indochine.

Je ne trouve pas François Mitterrand. Et je pars me coucher. Il est déjà minuit, et Mendès a raison : il faut avoir la tête claire demain, car c'est le début de l'immense et incertaine opération Genève.

Je la mesure : un milliard d'hommes et de femmes mobilisés par leur foi communiste, galvanisés par le triomphe de leurs frères indochinois contre une grande puissance occidentale – c'est la première fois. Et, en face, un homme seul, Mendès France. Les Américains nous ont confirmé, dans la nuit, qu'ils ne pourraient pas participer à Genève... On pouvait le prévoir : dans la défaite, la France est seule. Et, à la tête de cette France seule, un homme seul en France – au « pouvoir » pour ce qui reste de son modeste délai.

Rentré chez moi, je note sur une fiche pour le lendemain : « Nous n'avons pas parlé du ministère de l'Intérieur. » Or, à partir du moment où le président du Conseil va être hors de France, en négociation à Genève, tous les complots de ses adversaires de toujours, des mercenaires du « patriotisme », financés par les fortunes des trafiquants et des colons, vont se multiplier. Quel ministre de l'Intérieur saurait les surveiller et les mater ? D'abord dormir.

Je suis réveillé par le téléphone : au bout du fil, François Mitterrand. Il est trois heures du matin, mais pour lui cela n'a jamais posé de problème.

— Savez-vous, Jean-Jacques, si Mendès France a choisi son ministre de l'Intérieur ?

— Pas encore, je crois.

— Parce que je pense qu'il va me proposer comme d'habitude la France d'outre-mer. Mais ce n'est pas le poste d'où je peux, dans les circonstances actuelles, l'aider vraiment à gagner. Tout va se jouer en un mois. Je voudrais vous demander un grand service, si vous êtes d'accord : lui suggérer de me confier le ministère de l'Intérieur. Je crois qu'il aura besoin de moi à ce poste. Et vous savez, *vous,* qu'il peut avoir confiance, mais lui ne le croit pas.

Talent de François Mitterrand... Il a attendu exprès et de sang-froid le moment ultime. C'est pourquoi il n'est pas apparu dans l'appartement au milieu de tous les autres. Il sait que la moindre discussion à plusieurs sur l'éventualité de sa nomination à l'Intérieur déclencherait des remous imprévisibles, mais certains.

Il sait aussi que son manque d'intimité réelle avec Mendès est, dans les heures actuelles, un rude handicap. Il a donc attendu; il avait décidé qu'il me choisirait pour tenter cette opération – dont il rêve.

Il a calculé juste. Car je suis convaincu. C'est vrai, j'ai confiance.

Les traits de caractère de Mitterrand ont long-temps entretenu mystère, équivoque et méfiance autour de lui. Moi je sais qu'une fois ministre de l'Intérieur son intelligence lui dictera son devoir : protéger Mendès France, soumis à tous les dangers, et l'aider à réussir. Je n'ai aucun doute. Je sais aussi qu'il ne sera pas simple d'obtenir ce qu'il me demande. Les deux hommes ne se sont jamais, jamais fait confiance, comme j'ai pu le vérifier à plusieurs reprises depuis trois ans. Problème redoutable. Il n'y a pas de temps à perdre.

Il est quatre heures. Je téléphone à Mendès France, qui continue de négocier, et lui demande de m'entretenir seul à seul avec lui un quart d'heure. Il accepte que je vienne.

J'expose au président du Conseil que, s'il n'a pas encore choisi son ministre de l'Intérieur, j'ai un candidat à lui proposer.

– Ça m'intéresse, dit-il. Lequel ?

– Mitterrand.

– *Ça, jamais!* Je ne me sentirais pas en confiance, et c'est le poste clé. Mitterrand joue pour lui. Croyez-moi. Il ne joue pas pour moi. *C'est non!*

Je lui réponds calmement et très sincèrement – il le sent et son attitude est moins crispée – pourquoi je pense le contraire.

– Mitterrand, j'en suis sûr (j'ajoute avec quelque prétention : « Je m'en porte garant »), aura l'occasion, comme ministre de l'Intérieur, de vous prouver son efficacité et sa loyauté.

Mendès France est silencieux. Il sait combien ce choix peut avoir de grandes conséquences, bonnes ou mauvaises. Il veut prendre le temps d'y réfléchir. Ce n'est plus le « non » brutal de tout à l'heure. Mais ce n'est pas, de loin, un « oui ».

J'ai appris l'immense difficulté de faire changer d'avis Mendès France quand il a une conviction arrêtée. C'est l'un de ses grands atouts dans le terrible jeu de la politique française. Il m'a donné, ce soir, l'impression d'être sur une bien mauvaise longueur d'onde en ce qui concerne Mitterrand; je pars sans grand espoir, après qu'il a prononcé, lentement, avec hésitation, une seule phrase :

– Je vous rappellerai demain matin, avant sept heures, et je vous dirai ma décision.

Le lendemain, à sept heures, Mendès France, de mauvaise humeur mais maître de lui, m'appelle au téléphone.

262

– Vous pouvez dire à *votre* Mitterrand (je n'aime pas ce ton, bien sûr, mais je sais aussi ce qu'il signifie : Mendès France, *contre* son sentiment initial, va se plier à la nécessité et faire un choix difficile mais efficace), vous pouvez lui dire que, s'il le souhaite, il est ministre de l'Intérieur. Je veux le voir avant mon entrevue à l'Élysée.

François Mitterrand, à qui je transmets le message, vient me rejoindre pour que nous allions marcher ensemble, comme d'habitude, pour réfléchir. Il est donc ministre de l'Intérieur.

A partir de ce jour, il me demandera plusieurs fois par semaine de venir le retrouver au ministère pour que nous allions, toujours en marchant, débattre amicalement – et comme il sait séduire dans le dialogue ! – les décisions à prendre.

L'absence de Mendès France qui, lui, à Genève, livre le combat de sa vie, rend mes entretiens avec François Mitterrand graves et instructifs. Je mesure, pour la première fois peut-être, combien il sait être méticuleux – et se montrer confiant. Je le lui dis. Ce ne sera pas inutile. Nous allons le constater.

Une « affaire » considérable éclate quelques jours avant que le chef du gouvernement parte pour

Genève, vers la bataille décisive qu'il doit livrer là-bas, seul.

C'est l'œuvre de François Mitterrand, déjà au travail. A l'Intérieur, il s'intéresse immédiatement au sort du personnage le plus important du ministère et de toutes les polices de France : Jean Baylot, l'inamovible préfet de police, qui règne sans partage depuis des années et dirige, par ailleurs, tout le réseau de la franc-maçonnerie, véritable pouvoir parallèle dans la faiblesse du régime.

Ce préfet s'est constitué un arsenal redoutable, et redouté, de dossiers sur les principaux leaders politiques. Ils le savent tous, et le craignent. Ils savent aussi que ces fameux dossiers sont en partie *fabriqués* par les officines spécialisées du préfet, mais qu'ils contiennent tous également, comme d'habitude, quelques pièces réelles, aisément exploitables.

Bref, personne n'oserait faire la moindre peine à Baylot.

On a connu une situation identique aux États-Unis, et même sous le président Roosevelt, avec le patron du fameux F.B.I., J. Edgar Hoover. Il « tenait » tout le monde, et jusqu'à sa mort.

L'instinct politique de François Mitterrand, dont il donnera des preuves fréquentes, le conduit donc à s'intéresser, dès sa prise de fonction, à ce préfet tout-puissant. Mitterrand tient à m'expliquer, au cours d'une de nos promenades de travail, pourquoi ce test est décisif : le ministre de l'Intérieur, ce sera lui, ou bien ce sera Baylot; l'un des deux doit s'en aller.

Ayant acquis assez d'éléments sur le réseau Baylot, François Mitterrand décide, après avis de quelques rares collaborateurs, qu'il faut avoir le courage, et sans attendre, de *limoger* Baylot.

Personne ne l'a osé jusqu'ici. Et, devant la décision à prendre, Mitterrand ne reçoit que des conseils de prudence. Sa décision est prise : il doit faire partir Baylot. Son unique démarche – comme c'est son devoir et la sagesse – est d'en informer Pierre Mendès France. Je suis venu le rejoindre. Je suis de près cette grave affaire : je me suis engagé, je ne l'oublie pas et lui non plus, à l'égard de Mendès sur la loyauté de Mitterrand.

Mendès France répond à Mitterrand :

– C'est votre responsabilité. Je pense, connaissant un peu cet homme et ses réseaux, que vous allez vous heurter à très forte partie. *Raison de plus pour agir.* Si vous vous décidez, vous avez mon soutien. Vous pouvez compter sur mon appui.

Mitterrand convoque le préfet de police le soir même. Il lui apprend, sans beaucoup d'égards, qu'il est remplacé sur-le-champ. Nous sommes le 9 juillet.

Le préfet Baylot se retire sans un mot. Il est résolu et calme. Il connaît ses appuis. Il ne lui vient pas à l'idée que ce jeune ministre, qui n'a jamais été à l'Intérieur, pourra tenir devant le réseau qui répond à la demande de Baylot chaque fois qu'il est nécessaire. Il le dit lui-même au directeur de cabinet de Mendès France, Pélabon, grand fonctionnaire qu'il connaît bien et qui est aussi républicain que Baylot est cagoulard. Pélabon en réfère à Mendès France, qui lui dit :

– Oui, je suis au courant. Ne bougez pas. *Laissez faire Mitterrand.*

La nuit tombe sur Paris. La mèche est allumée. L'ex-préfet de police, pour être plus sûr de l'emporter, informe ses amis aux différents postes de l'État et en leur demandant d'intervenir, *dès cette nuit,* directement auprès de Mendès France, par-dessus la tête du ministre de l'Intérieur, déclaré hors circuit.

A partir de minuit, Pierre Mendès France, qui venait de terminer la mise au point de ses dossiers pour Genève et qui se préparait à une nuit de repos, commence à recevoir des appels. Ils arrivent jusqu'à sa chambre, car le standardiste de nuit de la présidence ne peut pas refouler des personnages aussi importants que ceux qui s'annoncent : le président de l'Assemblée nationale, le président du Sénat, plusieurs ministres et, enfin, coup de fil le plus inattendu et le plus imparable : le président de la République !

Le président Coty met dans la balance – comme Mendès, chagriné, me le raconte le lendemain, à l'aube – à la fois son autorité (« Je me porte garant de l'intégrité du préfet Baylot ») et la « dette » de Mendès France à son égard (« Qui vous a nommé ? »).

De minuit à quatre heures du matin, Mendès France va de surprise en surprise : il n'ignorait pas, et c'est pourquoi il avait donné son accord à Mitterrand pour l'opération, l'étendue des réseaux Baylot. Mais il n'aurait jamais imaginé que c'était en réalité le « Tout-État » que Baylot avait patiemment, solidement, domestiqué par ses fameux et mystérieux dossiers.

Désormais, Mendès France est au clair, totalement. Il prend deux décisions, calmement, froidement, ainsi que je le vois, assis en face de lui. Il appelle François Mitterrand pour le *féliciter* – c'est la première fois – de sa décision, dont la justesse et l'urgence viennent ainsi d'être mises en pleine lumière ; il fait confirmer personnellement à l'ex-préfet Baylot, par son chef de cabinet Pélabon, que la décision prise par le ministre de l'Intérieur a l'aval complet du président du Conseil.

A l'aube, longtemps après que je l'ai quitté pour aller dormir chez moi, en vue du lendemain, il donne un dernier appel, qui n'était certes pas nécessaire, mais qui montre la profonde humanité de Mendès France : il tient à me faire savoir, malgré sa fatigue, qu'il n'oublie pas le jour, qui paraît déjà lointain, et pourtant si proche – c'était l'avant-veille ! –, où je suis venu lui dire combien François Mitterrand pourrait lui être précieux... Puis il me donne rendez-vous à Genève.

Veillée d'armes, que je savoure : pour la première

fois, Mendès France et Mitterrand ont été « au feu »
ensemble, comme dans un film du Far West, et ils ont
gagné contre toute la mafia. Ni l'un ni l'autre ne
l'oublieront. Cela, hélas, n'arrivera pas si souvent.

Avant l'immense partie qui va commencer, avec un
grand retard, à Genève, notons, pour en finir avec la
faune de basse police, que le limogeage de Baylot
trouve très vite sa justification finale avec ce qui va
être l'affaire Dides.

On apprend que des fuites répétées se sont produites au conseil de Défense nationale. A l'occasion
de l'arrestation du commissaire Dides, sur ordre de
François Mitterrand, et bientôt de deux membres du
secrétariat général de la Défense nationale, il apparaît que ces fuites se sont produites depuis longtemps,
alors que Mitterrand n'avait aucun accès à ces informations. Une véritable conspiration se monte néanmoins pour déconsidérer le ministre de l'Intérieur, le
responsable du limogeage de Baylot... et qui est
accusé d'avoir été l'auteur des fuites.

Lorsque est lancée contre François Mitterrand ce
qu'on appellera bientôt l' « affaire des fuites », j'écris
dans *L'Express* :

« On sait, aujourd'hui, à la lumière des événements
récents, que, si le changement brutal de préfet de
police, décidé par Mitterrand, n'était pas intervenu,
le gouvernement se trouverait désarmé devant les

accusations les plus graves d'atteinte à la sûreté de l'État. D'ailleurs, même après la mutation, un haut personnage politique déclare : " Il faudra faire passer Mendès France et Mitterrand en Haute Cour. "

« La manœuvre était centrée sur le ministre de l'Intérieur et avait pour arme un compte rendu analytique du comité de Défense nationale présenté à l'Intérieur d'un rapport de Jacques Duclos au bureau politique du Parti communiste. En même temps, un parlementaire important convoquait des journalistes choisis et leur exposait que, depuis que François Mitterrand était à l'Intérieur, les secrets de la Défense nationale étaient livrés au P.C. Le commissaire Dides communique lui-même une copie du rapport à un ministre du gouvernement en lui indiquant que le responsable des « fuites » est le ministre de l'Intérieur.

« Ces réseaux de la " nouvelle cagoule " sont constitués d'un rassemblement assez hétérogène d'hommes politiques qui ont un lourd passé du temps de l'occupation à se faire pardonner et d'intérêts financiers très précis ayant leurs racines en Afrique du Nord. »

Mendès France fait vérifier, très rapidement, l'essentiel de ces informations. Il décide, retardant encore son départ pour Genève, de faire préparer une vaste opération de « nettoyage » en Tunisie et au Maroc. Il ira ensuite lui-même parler de Carthage, en Tunisie, dès que la paix sera assurée en Indochine.

L'affaire des fuites, qui fait de graves remous, illustre combien Mitterrand est jalousé, voire détesté. Avant qu'il ait tracé sa voie, il demeure en permanence dans une sorte de halo, voire d'équivoque, qui, à maintes reprises, va lui attirer des difficultés. Ce mystère, il ne cherche pas à le dissiper. On dirait qu'il le cultive. Il tient à ce que personne n'ait prise sur lui. C'est un loup solitaire. Considéré tantôt comme un homme d'avenir, tantôt comme un aventurier, qui est-il exactement? Personne ne saurait le dire. Sauf Françoise, qui lui est toujours restée amicalement fidèle, et moi, par intuition, et sous l'impulsion de Françoise.

Chaque fois que, dans ces années difficiles, Mitterrand va se trouver être la cible de cabales, qui se renouvellent, jamais nous ne mettrons en doute sa sincérité.

Au pire moment, quand Mendès France qui, pour moi, reste évidemment au-dessus de tout, sera amené à s'interroger sur l'honnêteté de Mitterrand, je prendrai sa défense, personnellement, en conscience, en publiant un éditorial écrit *à la main* – pour mieux frapper les esprits – sur une page entière de *L'Express*. Si je l'ai voulu manuscrit, c'est pour tenter d'y mettre la même solennité – le talent en moins, mais avec la marque de la passion – que Zola dans son célèbre *J'accuse*, publié ainsi par *L'Aurore* de Clemenceau.

Le formidable bras de fer de la Conférence de Genève n'a pas même encore commencé, et il reste à Mendès France, en tout, pour gagner la paix... *dix jours!*

Il part pour Genève, où j'irai le rejoindre.

17

Genève : sans arme ni armure

Enfin, Mendès France arrive. Les intrigues poli-
cières parisiennes l'ont encore retardé de quelques
jours. Sur le peu de temps avant l'échéance, c'est trop.

Ici va se jouer la chance de la paix. Tous les autres
acteurs sont déjà installés, chacun dans sa villa, sur
les bords du fameux lac. Ils attendent.

Leur doyen est l'illustre ministre soviétique
Viatcheslav Molotov. Par ses émissaires, il nous a
déjà donné plusieurs signes d'irritation.

Ses messages ont été transmis à Paris, au chef du
gouvernement, qui, de son côté, était impatient aussi
de le rencontrer : quatre semaines, c'était déjà bien
court pour régler tant de problèmes délicats qui vont
surgir de la débâcle au Viêt-nam. Il n'en reste même
plus le tiers. Quel espoir de conclure dans les
délais ?

Le 10 juillet, quand Mendès France arrive à
Genève, ayant passé ses pouvoirs, à Paris, à Edgar
Faure, nous ne sommes même plus à deux semaines

de l'échéance, *mais à une*! On a peine à s'en rendre compte.

C'est pour le 18 juillet que Mendès France a pris l'engagement d'avoir conclu la paix ou de se démettre de son mandat devant l'Assemblée nationale. Et nous sommes le 10.

Molotov vient de déclarer à des visiteurs, qui nous le rapportent :

— S'il croit qu'il va nous forcer à tout bâcler en huit jours, il se fait des illusions ! Peut-être ne se rend-il pas compte que c'est l'armée de Giap, et non la sienne, qui a gagné la bataille. Je ne comprends pas son jeu. Il n'est sans doute pas le politicien exceptionnel qu'on a cru, mais... un autre Bidault.

Ces propos, qu'on nous rapporte aussitôt, nous nous gardons bien d'en parler à Mendès France, qui n'a nul besoin d'ajouter l'irritation à la fatigue. Maintenant, tout doit être « ordre, calme et beauté » dans la villa *Joli Port*, au bord du lac de la paix. Nous rêvons...

Dans le jardin de cette villa viennent donc s'asseoir à la table préparée pour la conférence, ce premier après-midi, les chefs de délégation : Molotov (U.R.S.S.), Chou En-lai (Chine populaire), Pham Van Dong (Viêt-nam).

Je vois Molotov pour la première fois. Bâti comme un obus, visage carré et inexpressif, mais avec deux yeux perçants, cet homme appartient déjà à l'histoire. Il y a vingt ans, il était le commissaire aux Affaires extérieures de Staline. Il y a quinze ans, c'est lui qui forgea et signa le pacte avec Hitler, détonateur de la guerre mondiale. C'est lui qui est maintenant en face de nous.

Son premier échange avec Mendès France vaut d'être rapporté – sans commentaire.

Molotov : Je voudrais commencer par l'essentiel : la ligne de démarcation de l'armistice. Je sais que vous vous êtes fixé le *dix-huitième parallèle.* Je comprends vos raisons et je tiens à vous dire que, si je suis ici, c'est pour montrer notre volonté d'aboutir. *Mais, le dix-huitième, ce n'est pas possible.* J'ai bien étudié cette question sur la carte avec nos alliés du Viêt-minh ; la ligne de séparation doit être celle du *seizième parallèle.*

Mendès France : Je tiens à vous rassurer tout de suite. Si j'ai fixé mon choix, et cela en accord avec les autres délégations, sur le dix-huitième parallèle, ce n'est nullement par souci de dosage. Ni sur le terrain ni dans la population. Le problème était, et demeure, de trouver la ligne qui soit la plus courte et surtout la plus propre à éviter les incidents qui pourraient devenir dangereux. M. Pham Van Dong lui-même en est publiquement convenu. Je ne vois pas ce qui justifierait qu'il revienne sur ses positions et que nous changions la ligne de démarcation. Le dix-huitième parallèle a été choisi avec le plus grand soin. Je ne peux pas croire, monsieur le ministre, que vous vouliez tout remettre en cause.

La réponse que va faire Molotov résume l'homme – et la situation.

– Oui, dit-il du même ton monocorde, c'est bien le *seizième parallèle* qui me paraît le seul raisonnable. Si on prenait votre formule, sur le dix-huitième, il faudrait imaginer de part et d'autre des enclaves spéciales en raison de la nature des populations. Cette formule me paraît dangereuse et serait inapplicable. Donc, je vous le confirme : *c'est le seizième parallèle*.

Ce « dialogue » va s'éterniser. Mendès France : dix-huitième parallèle... Molotov : seizième parallèle... Pendant deux heures.

Ce qui ajoute au caractère inouï de cet échange, c'est, à intervalles réguliers, la capacité du ministre soviétique à rester quelquefois près de vingt minutes sans prononcer un seul mot. Il crée ainsi, à sa guise, des entractes où plus rien ne se passe. Personne n'ose rompre le silence et reprendre le jeu. De peur de sa réaction : le départ de séance, une scène de rage froide, un *niet* définitif. Car il tient toute la Conférence sous son autorité légendaire de stalinien sans faille. Molotov est assurément terrifiant.

Que font donc ses « amis », les ministres vietnamiens et chinois ?

Ils ne bronchent pas.

Si les communistes chinois ont vaincu les armées de Tchang Kaï-chek, c'est grâce à l'appui soviétique. Si

276

Hô Chi Minh et ses maquisards sont parvenus à la victoire de Diên Biên Phû, c'est grâce au matériel soviétique. Molotov sait tout cela. Il sait combien ses alliés doivent coller à sa position. Ils sont si faibles encore à côté de la puissante U.R.S.S., vainqueur de Hitler, elle aussi désormais puissance nucléaire, seule force mondiale face à l'Occident.

Pham Van Dong, dans un moment sentimental à l'égard de Mendès France et sûr de sa discrétion, lui en avait fait la confidence : Molotov a un droit de veto. C'est lui qu'il faut fléchir. Mendès France est prévenu.

Il ne perdra pas de vue ce terrible impératif.

Je regarde plus attentivement Pham Van Dong. Je l'avais aperçu quand il était venu à Fontainebleau avec son chef, Hô Chi Minh, avant le « coup de sang » de l'amiral d'Argenlieu. Comme il a changé!

Son fin visage est ravagé – par la maladie, les privations, les fièvres. Ses yeux brûlants se sont enfoncés dans leurs orbites. Son exceptionnelle intelligence, la qualité superbe de son français – appris au lycée de Hanoi – transforment sa physionomie lorsqu'il entre dans le dialogue. Mais, à le voir, on imagine ce que ces années de guerre ont dû représenter pour tous les combattants des maquis, puis pour les légions du Viêt-minh.

Quand on dit que le Viêt-minh est dans une réelle

277

impatience de traiter, ne fait preuve d'aucun triom-
phalisme, que son ravitaillement est de plus en plus
difficile, que ses troupes sont au bord de la famine, il
suffit de considérer le ministre qui les représente, qui
est là, en face de nous, pour imaginer, en effet, l'état
des combattants. De purs héros... A nous de
comprendre, à nous la responsabilité première.

Pourquoi faut-il que la France officielle, celle
d'hier, ait si aveuglément fait de ces hommes exceptionnels des ennemis mortels ? Comme Leclerc avait
raison ! Et de Gaulle tort...

Un pays n'est pas un morceau de géographie, c'est
un peuple. Celui-ci est l'un des plus raffinés que l'on
puisse trouver dans tout l'Empire français. Ne pou-
vait-on que le massacrer ?

Enfin, c'était hier. Naturellement, ce peut être
aussi demain, si nous ne trouvons pas – ici et maintenant – le moyen d'en finir.

Mendès France se penche vers moi.

– Regardez bien Pham Van Dong. C'est sur lui
que tout reposera. Molotov, c'est le patron. Et Pham
lui laisse ce rôle de leader. Mais les vrais décisions
seront prises, j'en suis sûr, par ceux qui se battent : le
Viêt-minh. Vous verrez...

Je regarde Pham Van Dong. Il est ravagé de
fatigue. Je regarde Molotov : il est de marbre. Le
soleil est maintenant sur le point de se coucher, se
reflétant sur la surface lisse du lac Léman. Pour ne
pas interrompre la discussion, on fait apporter des

278

lampes sur la large table ronde, à la demande de Mendès France, pour que chacun puisse continuer à prendre des notes et à consulter ses documents.

Alors, l'inévitable arrive...

D'énormes et nombreux moustiques.

Mendès France a horreur des moustiques. Il se trouve que la peau de son visage, peut-être aussi sa crème après-rasage, les attire. Je le vois taper, régulièrement et rageusement, sur ses joues, son cou, pour échapper aux piqûres, faire fuir les insectes.

Mais ils reviennent sans cesse à la charge et ne lui laissent aucun répit.

Bientôt, d'ailleurs, chacun autour de la table est obligé, comme lui, de se gifler pour éviter d'être encore plus rouge et boursouflé. *Sauf Molotov.*

A notre surprise et à notre admiration, Molotov ne bronche pas. Malgré plusieurs moustiques en permanence sur son visage, il continue de suivre, impassible, la discussion et répète régulièrement son fameux *niet.*

Cet homme est hors d'atteinte – des arguments comme des moustiques. Pour ce qui est des arguments, on a le temps de voir. Pour ce qui est des piqûres, elles deviennent insupportables. Mais lui ne manifeste toujours rien.

Mendès France me dit à voix basse :

– Il faut que je tienne aussi longtemps que lui.

Décision rude, qui n'est pas gratuite, mais évidemment politique. Toute cette rencontre, cette

279

« négociation » n'est qu'une épreuve de caractères. Sur tous les plans. C'est d'ailleurs pourquoi je suis, intimement, confiant. Mais les moustiques, je ne l'avais pas prévu...

Au bout d'une heure, chaque visage n'est qu'une boursouflure. Molotov, assis directement en face de nous, finit par murmurer une phrase brève en russe à son interprète, qui demande la parole :

– Le ministre soviétique propose à ses collègues que la discussion se poursuive maintenant à l'intérieur de la villa.

Soulagement inespéré... Alors Mendès France, à notre surprise, est saisi par son intuition de grand négociateur.

– Je remercie, répond-il, notre collègue, monsieur le ministre Molotov, de sa très aimable suggestion. Mais, au point où nous sommes déjà parvenus, je crois que nous avons intérêt à poursuivre. Il est inutile de nous déplacer. Les petits inconvénients que nous subissons ne sont rien face au dénouement qui est en vue ce soir. Je propose de continuer ici.

De quoi parle-t-il? Nous ne sommes parvenus nulle part. Il n'est pas question d'un dénouement ce soir. Rien n'a avancé. A chaque proposition, Molotov n'a su répondre que *niet*.

Mendès vise à montrer physiquement, les yeux dans les yeux, à Molotov qu'il peut être plus fort que lui. En endurant les moustiques maintenant, il fait comprendre qu'à l'heure du marchandage final il ne cédera pas davantage.

280

Molotov a saisi le message. Il déclare qu'il a besoin de conférer à part, avec ses collègues chinois et vietnamiens. Il demande donc que la réunion soit suspendue et reprenne demain.

Mendès France respire : il avait lancé un défi, il a gagné. Cet homme aime aussi les épreuves pour elles-mêmes et pour éprouver sa maîtrise. Là est sa ressource.

Il respire fort, il sent, comme doivent le sentir les grands fauves dans les combats de la jungle, qu'il vient de fléchir l'adversaire. Il en jouit, il l'a mérité. Il reprend courage.

Il me demande – il est maintenant au-delà de minuit – de venir travailler à la villa.

Rapide passage d'une crème adoucissante sur le visage, puis, sans consacrer une minute à des commentaires inutiles sur la pénible épreuve de cette fin de journée, Mendès France décide de tenir, dans la foulée, une réunion de travail.

C'est un autre sujet : la causerie hebdomadaire qu'il prononce à la radio, chaque samedi, depuis la fin juin, pour tenir l'opinion française au courant, à mesure, du déroulement de la Conférence de Genève. Pour qu'elle se sente partie prenante de cette négociation où se joue son avenir. *Samedi, c'est demain.*

Nous ne sommes plus qu'à trois jours de la date fatidique fixée par Mendès France lui-même devant

281

le Parlement, devant l'adversaire, devant l'armée française, devant toute l'opinion.

Trois jours.

Si, dans trois jours, la négociation n'a pas abouti – elle en est si loin que cela paraît impossible –, Mendès France rentrera à Paris remettre sa démission au président de la République. Défaite pour la France, mais suprême espoir de tous ceux qui, depuis maintenant huit ans, ont engouffré les ressources et les vies françaises pour garder l'Indochine, devenue *leur cause sacrée.*

Une négociation de paix avec l'adversaire a été décrétée par eux « impossible » depuis le début : d'où la guerre. C'est leur profession de foi. La paix serait un désaveu cinglant. Et, en plus, obtenue par Mendès France, leur procureur! Tout sauf cela!

Il leur serait d'ailleurs insupportable que par une sorte de miracle ou, plus probablement, un « marchandage secret », comme ils disent, Mendès France aboutisse, alors que sur le terrain, en Indochine, l'adversaire n'a jamais été aussi fort.

– Il faut profiter, me dit Mendès France, dans la nuit silencieuse et devenue douce de la villa, de cette dernière émission à la radio pour couper court à toute équivoque. Il faut renforcer notre détermination et convaincre l'adversaire qu'il n'y aura pas de sursis. *Nous devons confirmer l'échéance, sans esprit de retour.* Ce sera sans regret. Prolonger ce supplice n'aurait aucun sens. Si nous cédons d'un pouce, et surtout sur le délai, ils deviendront plus intraitables encore. Alors, nous perdrons tout. *C'est maintenant qu'il faut tenir.*

Il me demande de lui préparer un texte qu'il corrigera avant de parler pour la dernière fois – en direct comme toujours – à tous les auditeurs français, qui attendent.

Après avoir marché dans la nuit au bord du lac, je rédige un projet de thème pour son allocution : « Dans *trois jours* se termine le délai d'un mois que je m'étais fixé et que j'avais fixé à nos adversaires pour aboutir. Aujourd'hui, je tiens à le confirmer, et je vais vous dire le fond de ma pensée : si j'avais le choix de trois mois, trois semaines ou trois jours pour terminer cette négociation, c'est *trois jours* que je choisirais. C'est notre unique chance, et elle existe. Il faut réussir. »

Mendès France s'empare, au matin, de ce papier et se retire pour le remanier, y ajouter quelques notes. Les opérateurs de la radio arrivent ; il va improviser, comme toujours, à partir de ces notes. La France est à l'écoute.

– Je vous parle de cette villa, sur le lac de Genève, que la presse vous a décrite. En ce moment même, nos discussions se poursuivent dans la pièce voisine. J'ai demandé à mes interlocuteurs de bien vouloir m'excuser quelques minutes pour venir vous parler.

283

« Quel que soit le sort de cette conférence, chaque Français doit savoir quelles auront été les raisons de la réussite ou, par malheur, les causes de l'échec.

« Si *dans trois jours* nous avons réussi, il faudra bien connaître et retenir une à une, pour ainsi dire, les forces qui auront contribué au succès. Il faudra s'en servir de nouveau pour consolider et élargir la paix.

« Si *dans trois jours,* au contraire, nous n'avons pas pu atteindre notre but, vous connaissez déjà les grandes responsabilités auxquelles nous devrons faire face.

« *Si j'avais, aujourd'hui, à donner à cette conférence trois jours, trois semaines ou trois mois pour aboutir, c'est trois jours, je vous l'affirme, que je choisirais et sans hésiter.*

« Ce n'est plus tellement une question de travail, c'est une question de *volonté.* A ce sujet, je voudrais nommer l'ennemi, le plus grand ennemi, que je combats. Il s'appelle la « méfiance ». Entre les hommes qui, ici, cherchent ensemble la paix, on constate une méfiance profonde, douloureuse. C'est le poids le plus lourd qui pèse sur nos travaux, c'est la menace la plus grave, présente et future, pour la paix.

« C'est une méfiance maladive et presque paralysante, une tendance naturelle et presque irrésistible à ne rien croire, à ne rien admettre, et presque à ne plus espérer.

« Eh bien, non, nous n'avons pas le droit de nous résigner... Et j'en arrive à espérer le succès de cette Conférence de Genève non seulement pour rétablir la

284

paix en Indochine, mais aussi parce qu'il signifierait qu'une première brèche aurait été percée dans ce mur général de méfiance, épais, impressionnant et si menaçant pour l'avenir.

« Maintenant, je vais retourner dans la pièce qui est à côté de celle-ci, d'où je vous parle. Je vais y rejoindre mes interlocuteurs, qui ont ce soir, j'en suis sûr, comme moi, le sentiment intense d'être chargés de l'espoir des hommes.

« Quant à moi, d'être venu près de vous un instant à l'heure du dîner – qui vous réunit avec vos enfants autour de la table de famille après la semaine, ses travaux, ses soucis, ses inquiétudes –, oui, d'être venu ce soir près de vous, juste un instant, me donnera plus puissamment encore la conviction que je parle en votre nom à tous, dans l'ultime et, je vous l'assure, difficile effort qui me reste à fournir.

« Malgré les obstacles qui subsistent, j'espère de tout mon cœur, de toute mon énergie, de toute ma volonté, qu'*avant trois jours, la méfiance aura enfin été moins forte que la paix.*

Tout est dit. Après la diffusion, Pham Van Dong téléphone à Mendès pour l'approuver et le féliciter. Mais il ajoute qu'il n'est pas très optimiste sur Molotov. Celui-ci a une longue habitude de faire céder ses adversaires, et la France est si faible. D'autant plus que l'Amérique a montré à Genève, en n'engageant que des observateurs, qu'elle n'entendait pas être mêlée à l'affaire d'Indochine.

Les États-Unis se souviendront, bien plus tard, de ce que leur refus aura signifié. Trop tard...

L'allocution de Pierre Mendès France – « c'est trois jours... » – provoque un effet de choc sur l'opinion française. *L'homme est donc de parole.* Le suspense sur Genève dépasse les clivages politiques. Les messages, télégrammes, téléphones, etc., pleuvent sur la villa. Mais aucun n'atteint Mendès, qui a donné instruction qu'on le laisse absolument en paix pour cette journée finale.

Car *rien* n'a encore bougé.

Le matin du dernier jour, Pham Van Dong, épuisé, vient rendre une rapide visite à Mendès pour lui dire que l'attitude négative de Molotov n'a pas varié tout au long de leurs discussions de la nuit.

Pham Van Dong conclut :

– Molotov n'a pas changé. Il se dit convaincu qu'un homme politique français dans votre situation, risquant de perdre le pouvoir, va céder. Il rappelle toutes ses expériences de la fin de la guerre mondiale face à Roosevelt lui-même... Il ne se laissera pas intimider.

Mendès France lui confirme qu'il fait venir de Paris les avions du gouvernement qui doivent le ramener. Il autorise Pham Van Dong à le dire à Chou En-lai et à Molotov.

286

A quatre heures de l'après-midi atterrissent donc à Genève les cinq avions des services officiels (le Glam). Les militaires de service commencent ostensiblement à déménager cette villa – qui aura été la capitale de l'espoir.

Pierre Mendès France, en ce moment écrasant, montre un visage serein. On dirait qu'il ne réfléchit plus à rien. Tout a été dit, tout a été tenté. C'est l'impression qu'il me donne.

Je vais lui demander ce qu'il prépare pour le retour à Paris et la séance au Parlement, à qui il doit rendre compte, demain après-midi, *avant de remettre sa démission à l'Élysée.*

Il me regarde avec étonnement :

– Mais, Jean-Jacques, vous n'y êtes pas. Vous aussi vous croyez que je joue tout sur un pari ! Pas du tout. Je suis convaincu, depuis le début, et plus encore depuis les huit derniers jours ici, que *nous allons aboutir.* Ils ne peuvent pas prendre le risque de me laisser partir ! A partir du moment où ils seront convaincus – et c'est peut-être fait à l'heure qu'il est – que je pars, ce qu'il n'ont jamais cru jusque-là, ils vont bouger. *Il faut tenir jusqu'au bout, tenir une minute de plus que l'autre...* Vous vous en souviendrez !

Le téléphone. Pham Van Dong nous annonce que les trois délégations sont réunies dans la villa du ministre soviétique, et qu'elles attendent Mendès France et ses collaborateurs, à six heures ce soir, si possible, pour rédiger le texte du cessez-le-feu.

Il ajoute que Mendès, s'il le désire, peut rendre cette information publique. Molotov lui a demandé de le lui faire savoir.

Mendès me saisit par le bras :

– Surtout pas! Rien de ce genre. Si j'annonçais qu'on va aboutir au cessez-le-feu ce soir, je serais piégé. Je devrais, devant notre opinion, et par ma faute, accepter leurs conditions... Pas un mot! Faites activer visiblement les préparatifs de départ, comme si je ne croyais plus rien de ce qu'ils disent. Après, nous verrons.

Commencée à six heures à la villa de Molotov, cette dernière négociation dure jusqu'à quatre heures du matin. Il est vrai que, pour un traité mettant un terme, sur une ligne délicate à tracer, à une guerre de tant d'années, on ne peut guère bâcler les textes. A trois heures du matin, Mendès France se lève.

– Maintenant, messieurs, il faut en finir. Je tiens à respecter ma parole. Je dois être à Paris tout à l'heure. Voici mes dernières propositions. Il reste une demi-heure pour parapher l'accord, si vous le souhaitez.

Ce qui fut accompli.

En sortant de la villa soviétique, où tout est resté grave et formel, un geste humain... Pham Van Dong,

chef militaire et diplomatique, avec Giap, de la rébellion armée contre la France, depuis 1946, depuis huit
ans, prend le président français par le bras et
l'entraîne dans un tour de jardin, où je les
accompagne. Il a les larmes aux yeux. Il veut dire sa
reconnaissance à celui qui est devenu son ami.

– Un jour, dit Pham Van Dong à Mendès, les
jeunes Français et les jeunes Vietnamiens travaille-
ront côte à côte à la construction de cette superbe
Indochine, ruinée par la guerre, et qui doit devenir,
avec la France, ses industries, ses ingénieurs et ses
savants, un pays moderne avant le siècle prochain.
Pour nos enfants...

Mendès France le prend dans ses bras.

– Avant cela, pour assurer l'avenir, je dois vous
donner un conseil, en confiance : à votre retour, il
faudra surveiller de près les réactions politiques et
militaires de Washington. Je pressens un danger. Ne
le sous-estimez pas, prenez les devants. Vous ne
pourriez soutenir une nouvelle guerre, même dans
plusieurs années, sans mettre en péril, cette fois, tout
votre avenir, en ruinant votre pays et en faisant tuer
les meilleurs de vos jeunes.

« J'ai appris, lorsqu'on prévoit de graves événements, qu'il faut agir avant qu'ils n'interviennent,
croyez-moi, et trouver les compromis qui évitent de
nouvelles effusions de sang.

« J'ai longuement, douloureusement, subi l'indifférence, l'ironie, parfois la haine, de mes

compatriotes. Demain, ils vont sans doute me faire un triomphe. Dans trois mois, dans six mois, ce sera oublié. Et, si intervient une nouvelle épreuve, ne croyez pas que j'aurai la partie plus facile; ce sera pire. Je ne serai sans doute d'ailleurs plus aux affaires. Au moins profitez de ce que je vous dis, de mon expérience, vous et votre peuple ardent et jeune, pour ne pas gâcher votre avenir.

Le 19 juillet, aux informations, à six heures du matin, la signature de l'accord de paix à Genève est rendue publique.

Au dernier moment, Mendès France me confie :

– Il faut rapidement s'occuper de l'Afrique du Nord. Je sais combien de sous-officiers tunisiens, marocains et algériens ont servi dans le corps expéditionnaire. Ils ont appris là une terrible leçon. Parmi eux, croyez-moi, il y a les futurs chefs d'un soulèvement armé. Il faut agir avant cette explosion. Reparlons-en.

L'un des grands besoins, presque physique, de Pierre Mendès France est de garder le contact avec l'opinion française, chaque fois qu'il le peut. Il sait qu'il n'en est que le mandataire, c'est toute sa foi démocratique : on pourrait dire sa religion humaine. Il ne s'est jamais pris pour la France; il la respecte trop. Son honneur est d'être son serviteur.

Il veut le faire sentir, et l'exprimer lui-même, une

dernière fois, en parlant à la radio, le lendemain du retour à Paris.

Dans l'auréole qui entoure cet homme revenu triomphant de la négociation « impossible », contre tous les pronostics, cette allocution est écoutée par le pays entier. Elle sera aussi la plus courte.

« L'accord de cessez-le-feu a été signé.

« Dans quelques heures, j'en exposerai le contenu à l'Assemblée nationale. Dès maintenant, vous en connaissez les clauses essentielles.

« En mon âme et conscience, j'ai la certitude que ces conditions sont les meilleures que nous pouvions espérer dans l'état présent des choses.

« Songeons ensemble à ceux qui, hélas! ne reviendront pas, à ceux qui demeurent meurtris dans leur chair ou dans leur cœur.

« Que notre pensée se tourne aussi vers ceux qui ont un être aimé sur le front ou prisonnier. Et vers les mères qui ont pu redouter, pendant ces dernières semaines, que leurs fils ne doivent partir à leur tour.

« C'est tout ce que je voulais vous dire ce soir. *Je n'ai pas besoin d'exprimer les sentiments que j'éprouve : ce sont les vôtres.*

De ce jour, il est et restera l'homme supérieur de notre époque. Sans arme ni armure, exemplaire.

18

La chance perdue

Dans les sables mouvants de sa fausse majorité parlementaire et le feu des volcans qui s'éveillent à travers l'Empire, Mendès France ne peut se maintenir et agir, il le sait, que s'il n'admet aucune pause. Une trêve de l'été, selon le rituel en usage, serait un non-sens. La tâche qu'il s'est fixée – assainir la France des abcès qui l'épuisent depuis tant d'années – ne peut attendre. Il ne pourra les opérer tous. Mais il est déterminé à aller jusqu'au bout du possible avant qu'on le paralyse, puis qu'on se débarrasse de lui. Il est sans illusion.

Au cours de l'été qui s'engage, deux objectifs s'imposent, l'un public, l'autre discret :

– la session plénière de l'O.N.U. ouverte en juillet : c'est le moment, et l'occasion – la dernière sans aucun doute – d'appeler à un arrêt général des essais nucléaires ;

– une négociation avec Bourguiba, leader des nationalistes tunisiens, pourrait désamorcer les explosions en chaîne qui s'annoncent en Afrique du Nord, après l'Indochine.

Je suis chargé par le chef du gouvernement d'aller prendre contact avec le « tigre tunisien », qui est « en résidence surveillée » à Chantilly.

Pour cet entretien, mal préparé, je demande un grand service à mon nouvel et illustre ami François Mauriac : celui de m'accompagner. Il n'hésite pas. Nous arrivons ensemble à la villa d'où Bourguiba ne sort jamais.

Courtois au début de l'entretien, impressionné par l'effort qu'a fait Mauriac, qu'il admire, Bourguiba commence à nous charmer par son intelligence et à nous éblouir par la force de son argumentation, la précision de sa pensée.

C'est alors qu'il se déchaîne – on reconnaît la stratégie du guerrier de jungle. Il nous assène le détail de toutes les souffrances qu'il endure. Il a de graves caries dentaires, par exemple, et la police française a interdit la visite de son dentiste... Toute une série, aussi, d'autres brimades, qui montrent brutalement que la police française, loin de le traiter comme un homme d'État et comme le négociateur dont le chef du gouvernement français va avoir besoin, le considère toujours comme un « bougnoule ». C'est à hurler...

Évidemment, Mendès France ignore tout de cela. C'est tellement contraire aux instructions qu'il a données pour un traitement humain, confortable et médicalement suivi du célèbre et précieux prisonnier!

Il a été trahi, là comme dans tout ce qui concerne les questions coloniales, pourries par l'argent. Lorsqu'il apprend, avec stupeur et colère, la situation de Bourguiba, que je lui rapporte, il donne immédiatement les ordres nécessaires, sur un ton qui ne permet plus à personne d'hésiter.

Sans attendre, et tout en veillant aux difficiles suites de la négociation de Genève, Mendès France fait préparer le retour de Bourguiba dans son pays sous la protection de détachements militaires français, *envoyés de métropole* pour plus de sécurité. En Tunisie, ils sont maintenant tous suspects.

Il décide aussi d'aller lui-même, en tant que chef du gouvernement, en Tunisie. C'est là qu'il donne le coup d'envoi, par son « discours de Carthage », annonçant sans équivoque la décolonisation de l'Afrique du Nord, en commençant par les protectorats : la Tunisie, le Maroc.

Dès son retour à Paris, sans attendre, il engage la négociation, avec Bourguiba et son parti, pour la composition du *premier gouvernement tunisien de la Tunisie.*

Mendès France n'est pas naïf. Il sait que toute affaire humaine, toute affaire d'État, exige vigilance, précision et force de caractère. Les bons sentiments ne sont que l'arrière-fond – indispensable. Mais, pour le reste, selon la formule simple et célèbre : « Tout est négociation. »

Avec Bourguiba et son parti, le Néo-Destour, cette négociation s'avère très dure. Bourguiba exige pour son parti – le plus nationaliste des clans tunisiens – la majorité des ministères, plus, évidemment, la présidence pour lui.

Mendès France me confie, avant de poursuivre avec Bourguiba au téléphone le grand marchandage, qu'*en aucun cas* il n'acceptera de donner la majorité, donc le pouvoir, au Néo-Destour. Si son partenaire (ou son adversaire ?) ne cède pas, ce sera la rupture... Comme toujours, comme avec de Gaulle, avec Molotov, comme à chaque épreuve, il y est prêt. C'est sa force. Cet homme n'a pas d'ambition personnelle – ce sera, plus tard, sa faiblesse.

Désormais, plus personne ne peut douter de la fermeté de ses intentions, de ses décisions, une fois qu'il les a arrêtées.

C'est surtout en cela – je ne cesse d'y réfléchir – qu'il sera irremplaçable quand il aura consommé son énergie et son crédit, bataille après bataille, sans répit.

Car ce caractère généreux et intraitable, que j'ai le privilège de voir au plus près, jour après jour, est tout à fait exceptionnel. Nous n'en avons pas eu d'autre exemple à ce niveau avant lui. En aurons-nous un après ? Faudra-t-il attendre qu'il entre dans les manuels d'histoire et que son exemple, dans l'esprit, la méthode et l'ambition du seul bien public, nourrisse les prochaines générations ?

Il m'a également demandé de m'informer avec précision de l'avancement des travaux, en France, de la chaîne nucléaire – avant toute explosion expérimentale – pour pouvoir proposer un plan à l'O.N.U. Il s'agit d'inventer avec précision une méthode raisonnable pour arrêter la « course folle ». Je dois construire le schéma du discours à l'O.N.U. pour cet été. Ce sera pour lui l'acte majeur. Et pour moi, *le plus cher à mon cœur,* un devoir sacré envers les prochaines générations.

Le moment est venu de la décision sur la constitution, ou non, de notre arsenal nucléaire. Si la France poursuit ses travaux, en accord avec le calendrier des scientifiques, elle deviendra, après les États-Unis et l'Union soviétique, la première nation à armements nucléaires.

Ce choix est-il raisonnable ? Et d'abord à quel prix ?

Le spécialiste français est un grand savant, Francis Perrin, haut commissaire à l'Énergie atomique, fils du célèbre Jean Perrin, prix Nobel français avant-guerre en physique nucléaire.

J'ai appris à connaître et à aimer Francis. Il est simple, modeste et direct. Il se trouve protégé de la tentation de la gloire par l'ombre de son prestigieux père, le grand Perrin, et n'en ressent aucune amertume. Il vénère son père, aujourd'hui disparu, et il aime rester dans sa filiation.

Francis Perrin est plutôt sec ; la barbichette

pointue, les yeux perçants, il donne en permanence l'impression d'être profondément intéressé par ce qui se passe ou se discute. Il travaille tout le temps.

A Janson, dans le secondaire, j'ai été l'élève en maths de sa tante, la sœur de Jean Perrin. Depuis que nous nous sommes rencontrés, Francis et moi, nous sommes toujours restés en liaison, et j'ai suivi de près l'évolution de sa pensée sur les deux sujets qui nous absorbent aujourd'hui l'un et l'autre :
— l'adhésion à Mendès France, oui ou non ?
— la bombe française, oui ou non ?

Rien ne nous sépare, nous le savons maintenant, dans l'approche de ces deux questions.

Mendès France connaît cette amitié. C'est pourquoi il me charge de préparer avec Perrin le texte de son intervention à l'assemblée générale des Nations unies.

Son projet est simple : proposer et faire adopter un *moratoire* sur les essais nucléaires – puisque scientifiquement c'est encore possible –, qui donnera à toutes les nations le temps de réfléchir.

Sur une résolution aussi grave, qui met en cause l'avenir, il s'agit, pour Mendès France, que tous les pays réunis s'engagent devant le tribunal mondial... Il veut proposer que la France donne l'exemple en *retardant* ses explosions en grandeur réelle qui sont prévues, pour bientôt, au Sahara, mais n'ont pas encore été décidées.

Francis Perrin se montre enthousiaste. Étant l'un des premiers savants du monde en science atomique, il sait, mieux que personne, ce que peut signifier la course incontrôlée à l'arme d'Hiroshima, multipliée bientôt par dix, cent, mille, dans la jungle universelle, et l'emprise, partout, de la guerre froide.

S'il existe provisoirement un secret atomique en technologie, d'ici à quelques années il n'y en aura évidemment plus. Les plans seront connus et l'argent ne sera plus un obstacle. Si les premières dépenses ont été considérables pour les nations qui ont frayé la voie, elles sont devenues de plus en plus abordables. Au moins vingt-cinq pays, m'apprend Francis Perrin, ont déjà les moyens de s'engager dans la fabrication de la bombe.

C'est avec la conviction passionnée de travailler pour le bien de l'humanité tout entière que Francis et moi préparons le texte – très documenté grâce à lui – sur lequel pourra se fonder l'appel de Mendès France devant les Nations unies.

Nous imaginons les diverses discussions, divergences, péripéties qui peuvent surgir, et préparons, pour Mendès France, les arguments de défense dont il aura besoin.

Le président du Conseil part enfin pour l'O.N.U. Il va habiter à New York à l'hôtel *Waldorf Astoria*. Il me communique le numéro de sa chambre et celui de la ligne directe qu'il a fait poser.

Pour une fois, il est enthousiaste. Il a trouvé là une

plaidoirie à sa mesure : débarrasser le monde de la menace, bien plus réelle qu'on ne veut l'admettre, du suicide nucléaire – avant, ou pendant, le siècle prochain.

Cette catastrophe, nous le pressentons, pourra intervenir à tout moment sous l'effet de l'escalade mécanique, fût-ce dans une guerre limitée au départ. Il suffit d'un accident, d'une erreur de calcul, d'une mauvaise transmission dans les chaînes du commandement ; et nous redoutons l'état des techniques de contrôle nucléaire des Soviets. Cette perspective apocalyptique, il est impossible de la négliger.

Mendès France, volontairement sceptique, comme toujours et par principe, part néanmoins, à cette occasion, passionnément convaincu de la grande cause qu'il s'est décidé à défendre.

Depuis qu'il s'est penché sur ce dossier – travail dans lequel je l'ai suivi, totalement mobilisé, pas à pas –, il s'est persuadé que, sauf volonté politique très résolue et très prochaine, on verrait s'annoncer des conflits dérivant, peu à peu, vers un holocauste nucléaire.

Aucun homme d'État ne peut y rester indifférent, aucune mission n'est plus haute. Il le vit intensément. Il me fait penser à Albert Einstein, mais je me garde de le lui dire.

L'affaire est d'une autre ampleur que les bourbiers du colonialisme dont il a fallu s'extirper, et il est obsédé par la responsabilité sans précédent de *nos générations* envers toutes celles qui vont suivre, sur la décision des armes nucléaires.

300

Je dois rester à Paris, hélas, car je suis fiché par le F.B.I. comme « sympathisant communiste » depuis mon rôle dans la négociation de Genève. Ma présence pourrait gêner le chef du gouvernement.

La voix de Mendès France, appelant de New York en pleine nuit, est méconnaissable. Il est épuisé, me dit-il, après deux jours et deux nuits de discussions intenses avec une série d'hommes influents, *et tous hostiles* à son projet : Henri Bonnet, notre ambassadeur, « tenu » par le département d'État ; le fameux Foster Dulles, ministre américain des Affaires étrangères, le « croisé » de l'anticommunisme ; l'amiral Radford et les autres chefs d'état-major américains des trois armes ; plus leurs conseillers en matière atomique. Oui, tous hostiles, sans exception.

Ils ont fait son siège nuit et jour en se relayant. Lui est seul, ils en profitent. Ils sont, à l'exemple de Foster Dulles, des croisés.

Leur thème : « Vous ne pouvez pas interrompre, surtout pas maintenant, nos progrès vers l'achèvement des prochains engins, thermonucléaires. Il nous manque un an pour parvenir au seuil critique qui nous donnera alors une avance décisive, irrattrapable, sur les Soviétiques. Il nous faut cette année.

« Votre proposition, qui risque évidemment d'être adoptée par une immense majorité à l'O.N.U., dont l'Union soviétique, nous couperait les jarrets. C'est au nom de l'alliance et du président Eisenhower que nous vous demandons instamment de remettre votre appel à l'année prochaine. »

Toujours le même vieil argument : encore un peu de temps et nous aurons atteint le seuil critique. C'est l'enchaînement classique, les politiques n'osant pas s'imposer aux techniciens.

— Voilà où j'en suis, conclut Mendès au téléphone.

Je me sens saisi par une glaciale appréhension. J'avais encore un espoir, en raison de la haute autorité que représente Francis Perrin.

— Qu'a répondu Francis ?

— Il m'a complètement lâché! Je crois qu'il a été surpris et assommé, je le comprends d'ailleurs, par le feu roulant des discours et la passion qu'y mettaient nos interlocuteurs. Vous me demandez ce qu'il a dit ? C'est simple : rien! Je suis donc de nouveau tout à fait seul...

Je sais qu'il en a l'habitude. Ça n'est pas, d'ordinaire, pour l'impressionner. D'ailleurs, sa voix reprend du mordant.

— Jean-Jacques, si je vous appelle, c'est pour que vous réfléchissiez – vous êtes au calme – à la situation telle qu'elle se présente maintenant. Face aux autorités américaines civiles et militaires, toutes hostiles, mes deux principaux collaborateurs – Perrin et Bonnet – insistent pour que je ne prenne pas le risque d'une rupture avec les Américains, déjà très nerveux

302

depuis notre accord avec le Viêt-minh en présence de Molotov et de Chou En-lai. C'est donc une « grosse affaire »...

« Parlez-en, confidentiellement, à trois membres du gouvernement. *Si possible dans la journée.* Voyez-les à leur domicile pour plus de discrétion : Edgar Faure, Mitterrand et Chaban. Voyez quelle idée ils se font de la situation et quels conseils ils donnent. Faites une note de synthèse, qui me sera transmise par mon cabinet militaire en code chiffré. Je l'aurai au consulat général à New York.

Il s'arrête bruquement, comme si quelqu'un entrait et venait de l'interrompre. J'entends seulement le bruit d'une porte qui se ferme.

Il ne rappellera plus. Devant l'insupportable pression, le discours est, sur place, supprimé. Il y a trop d'intérêts – de fortunes et d'industries – liés à la course aux armements, pour qu'un modeste homme d'État français, se fiant à son propre instinct, soit laissé libre d'enrayer le système... Mendès, paralysé, le remplace par un texte lyrique, une sorte d'hymne à la paix, ne traitant d'aucune question concrète.

Sa décision est prise là-bas : il ne veut pas courir le risque d'une rupture avec les Américains. Les conséquences sur la situation internationale, comme d'ailleurs sur la politique française, n'en seraient pas, a-t-il jugé, maîtrisables.

C'est aussi l'avis de François Mitterrand et d'Edgar Faure, que j'ai mis au courant, à sa demande.

Ma conviction – mais comment pèserait-elle ? – est inverse : en disciple d'Einstein, je suis convaincu que le risque que nous ne devons courir sous aucun prétexte, c'est celui de la course, bientôt incontrôlable, à l'armement nucléaire.

Je ne me pardonnerai jamais de ne pas être allé rejoindre et aider Mendès France là-bas, envers et contre tout. Ce n'est pas aussi naïf et prétentieux qu'il y paraît. J'ai une intimité de longue date avec les militaires américains, je sais comment discuter avec eux, du moins je le crois. De plus, et surtout, j'en ai maintenant l'expérience, rien ne remplace un tête-à-tête avec Mendès pour une décision difficile.

Pourquoi n'y suis-je pas allé ?

Excès de prudence, pour une fois ? De modestie ? Excès de confiance dans les convictions du président lorsqu'il est parti ? Peut-être, aussi, pure fatigue, lassitude. Ce n'est pas brillant. *J'ai eu tort. Cette occasion ne se retrouvera pas.*

La blessure qui maintenant m'est propre ne se refermera pas. Je suis convaincu, depuis l'origine, depuis Hiroshima, depuis la lecture des notes d'Einstein,

les admirables complaintes des poètes japonais mar-
tyrs, les effrayants rapports des médecins américains,
que la guerre nucléaire est une idée folle. Un abomi-
nable fantasme, une maladie de l'esprit. Elle n'aurait
aucun sens. Après le lancement simultané de trois
bombes thermonucléaires, la vie s'éteindrait sur la
planète. L'arme thermonucléaire est impossible à utiliser. Elle doit être radicalement supprimée de l'arsenal comme de nos esprits. Sans compromis.

La preuve de son inutilité, nous l'avons eue, en
vraie grandeur, dans la réalité des conflits, d'une
manière répétée : chaque fois qu'une occasion décisive s'est présentée d'utiliser la bombe pour ceux qui
étaient acculés à la défaite, jamais ils ne l'ont saisie!
Ni les Israéliens dans la guerre du Kippour. Ni les
Américains au moment de leur défaite au Viêt-nam.
Ni les Russes embourbés en Afghanistan. Personne,
jamais, n'a utilisé la bombe, ni même sa menace. *Elle
est inutilisable*. Alors ? Elle permet, simplement, sou-
verainement, de réclamer aux budgets de l'État, pour
toutes les industries concernées, des milliards, et couverts par le secret. *Le hold-up du siècle*.

Je pars pour la montagne. Je ne peux pas être au
retour de Mendès France à Paris. Pour la première
fois, je suis en désaccord *moral* avec lui. Je ne veux
pas aborder ce divorce menaçant en ce moment, c'est
trop grave.

En réalité, j'ai commencé à pressentir la fin de notre belle et féconde aventure, la fin de cette épopée d'une France dirigée par un « juste », entraînant par sa vision le reste du monde pour instituer un ordre humain fondé non pas sur l'équilibre de la peur, mais sur l'éducation et l'intelligence créatrice. Peut-être était-il trop tôt. Cela viendra sans doute plus tard... Je commence à me fixer sur la relève des générations. Pour moi, une vie s'achève.

C'est seul en montagne que je fais ce retour sur moi-même. J'ai trente ans. L'élan qui n'avait cessé de me porter depuis mon départ du lycée pour la France libre, je le sens maintenant épuisé.

Je retrouverai un sens à l'existence bien plus tard. Dans une autre vie.

Je n'ai pas le loisir de m'appesantir sur les occasions perdues... Le temps de la révolte en Algérie est devenu *le temps de la guerre*. Je suis entraîné déjà, malgré moi, au cœur d'une nouvelle bataille perdue.

19

« L'Algérie, c'est la France ! »

Dans les hautes montagnes du Sud-Algérois, les
Aurès, la révolte des maquisards a maintenant pris
feu. Comme l'avait clairement pressenti Mendès
France, vers la fin de notre séjour à Genève, il n'a
même pas fallu six mois pour que l'exemple vietnamien se transmette, véhiculé chez eux par les meilleurs des soldats et sous-officiers algériens, devenus
« anciens d'Indochine ». Nous y sommes.

Ainsi la « guerre française », drame du colonialisme, continue de progresser. Quand tenterons-nous
de prendre de vitesse la gangrène ?

François Mitterrand, inquiet, nous a proposé un
déjeuner amical avec quelques responsables du journal – Françoise Giroud, Pierre Viansson-Ponté, Jean
Daniel, Madeleine – dans la petite salle à manger de
L'Express. Malgré les sentiments anciens et profonds
qui nous rassemblent, le souvenir de tant de luttes en
commun, l'atmosphère, dans cette pièce, est tendue.

Mitterrand, notre ami, est demeuré ministre dans

le gouvernement formé après le départ de Mendès France. Le nouveau président du Conseil est Guy Mollet, leader du Parti socialiste. Mitterrand est son ministre de la Justice. Qu'il soit à l'Intérieur ou à la Justice, il se sent maintenant responsable des « départements » qui forment *la France* sur l'autre rive de la Méditerranée : l'Algérie..

De ce « dogme » va naître un grand drame. Nous le pressentons tous, et Mitterrand est venu tenter une conciliation. Il le fait avec conviction et amitié.

Il redoute que notre équipe et, autour du journal, les militants mendésistes dans le pays ne prennent bientôt parti sur le fait algérien. Il pressent le risque d'un divorce.

— Ici, avec vous, je ne parle pas au nom d'un gouvernement, d'un parti, ni d'une idéologie. Je vous parle en conscience et *je vous parle en ami*. Aussi gravement et sincèrement que je le peux, je vous dis ma conviction : *l'Algérie, c'est la France.*

« L'Algérie, c'est la France », nous ne connaissons que trop ce terrible slogan. Depuis les premiers incidents là-bas, tout le monde à Paris, le président de la République le premier et tout le gouvernement Mollet, en a fait le test du patriotisme.

Ce qu'a opéré Mendès France en Indochine, ce qu'il a engagé en Tunisie – l'autonomie interne en accord avec Bourguiba – ne doit *en aucun cas*

constituer un exemple pour les *départements français*
d'Algérie. Le suggérer est le début de la trahison –
telle est la doctrine « française ».

François Mitterrand me regarde dans les yeux :
– Jean-Jacques, cette fois c'est le « pré carré ».
Nous devons nous défendre jusqu'au sang.

Il a vu, il a senti, au plus près, le souffle de haine
qui a entouré Mendès France après qu'il eut quitté le
pouvoir, souffle entretenu, attisé, par les légions de
parlementaires qui vivent des subsides du riche lobby
des colons d'Algérie.

La vérité sur « l'Algérie, c'est la France » est maintenant claire pour moi : l'Algérie *tient* la France.

Cette Algérie qui a colonisé le pouvoir en France, ça
n'est pas rien. Ce sont les plus grandes fortunes françaises : celles des propriétaires des grandes plaines fer-
tiles, superbes, immenses de la côte méditerranéenne :
Borgeaud, Schiaffino, Blachette, etc., tous milliar-
daires et surtout sans contrôle, sans limites à leur pouvoir. Cette « Algérie française », c'est le Far West, le
Texas, c'est l'argent roi et les milices privées. Leurs
moyens financiers font les députés et les sénateurs dont
l'élection est entre leurs mains et qui détiennent un
levier sur toute majorité. *La France, c'est l'Algérie.*
Voilà, plus exactement, la vérité.

Maître comme toujours de sa parole, François
Mitterrand, à notre repas, ne l'est plus tout à fait de
son expression, ce qui est à son honneur : il ne peut
pas, il ne veut pas, tricher avec nous. Il sait ce qui

nous sépare, il ne fera pas semblant de trouver négligeable le risque d'une cassure dans notre équipe, qui a travaillé si intimement sous Mendès France et qui a fait naître la confiance dans la jeunesse.

En nous regardant, il sent notre peine. Il veut s'expliquer davantage :

— L'Algérie n'est pas une colonie. Elle est constituée de départements — français depuis toujours — qui font partie de *la même communauté* que la métropole elle-même. L'idée que la France pourrait envisager de s'amputer de ses départements algériens est un non-sens. *Seuls les ennemis de la France peuvent y songer.*

Il va trop loin. Dans sa passion de nous convaincre, il se laisse emporter par sa propre dialectique. A ce moment-là, j'aperçois le vrai risque que se creuse le schisme. Mitterrand ne s'arrête plus.

— L'Algérie française, c'est le cri du cœur de tout le pays. C'est la politique que poursuit sans réserve le gouvernement, tout le gouvernement, c'est le respect sacré du passé et de tous les Français qui ont agrandi notre pays de l'autre côté de la Méditerranée, qui y sont enterrés, génération après génération, et qui ont fait sa prospérité, à force de travail et de foi. Toute esquisse de parallèle entre l'Indochine et l'Algérie est une maladie de l'esprit, un jeu intellectuel funeste.

Il hésite un instant — et cet instant, je ne l'oublierai pas — avant de conclure :

— Funeste et, je dois vous le dire, *condamnable.*

Tout est dit. La « guerre d'Algérie » devient, en somme, et déjà, la guerre civile en France. Nous savons qu'elle sera longue et dramatique. Une logique implacable est en marche. Elle va déchirer la France, ses politiques, ses intellectuels, ses institutions, son armée.

Les incidents ont commencé dans les Aurès, dirigés par un sergent algérien de l'armée française qui s'est brillamment conduit en Indochine, qui a reçu la *médaille militaire* des mains du général de Gaulle : Ahmed Ben Bella, le porte-drapeau, bientôt, du nationalisme algérien.

Nous avons écouté Mitterrand. Il a montré sa science des affaires publiques au ministère de l'Intérieur pendant les négociations pour la paix de Genève. Nous voulons le comprendre, de toute notre amitié. Mais il a maintenant le visage fermé que je lui connais quand il sait qu'il n'a pas convaincu. Allons-nous vers un risque de rupture ?

Qui eût pu l'imaginer quand nous avons, tous ensemble, créé le journal, il y a maintenant trois ans, et, ensemble encore, fait étroitement équipe pour tirer une paix française de l'ornière et pour cultiver la grande intuition qui nous a réunis : la décolonisation, condition de toute paix extérieure et de santé économique intérieure ? Qui est François Mitterrand ? J'ai éprouvé, je l'ai dit et publié, sa lucidité, son honnêteté intellectuelle ; je ne connais pas sa foi intime.

L'épreuve de force entre le pouvoir français, le gouvernement Guy Mollet, à Paris, et le pouvoir algérien, celui des colons, est inévitable, mais n'a pas encore eu lieu. Elle interviendra, mais sous quelle forme ?

Guy Mollet prend une heureuse décision, inspirée par François Mitterrand, soutenue par Mendès France : celle de nommer le général Catroux, l'un des chefs historiques de la France libre, homme intègre, incontestable pour les patriotes, incontestable pour les libéraux, au poste, neuf, de haut commissaire de la République en Algérie. A ce titre, il est membre du gouvernement au côté du président du Conseil.

Pierre Mendès France a jugé de son devoir de rester au gouvernement comme ministre d'État (sans portefeuille), pour ne pas donner l'impression de désavouer les quelques hommes qu'il estime, en particulier Defferre, Mitterrand et maintenant Catroux. Malgré son réel scepticisme, connaissant Guy Mollet, il joue loyalement le jeu au gouvernement pour aborder l'immense chantier des réformes en Algérie. Il soutient la mission Catroux.

Guy Mollet décide qu'*il va se rendre lui-même à Alger*, pour y installer le général Catroux. Chacun a à l'esprit le mot célèbre d'Eisenhower, l'Amérique étant encore embourbée dans la guerre de Corée. Aussitôt élu, il a déclaré :

– J'irai moi-même en Corée !

C'était pour arrêter la guerre. Il l'arrêta.

312

Guy Mollet est décidé à aller en Algérie s'adresser directement aux Algériens, tous ensemble, leur montrer qu'il est avec eux. Il espère sincèrement arrêter la dérive vers la guerre.

La veille de ce grand départ, je reçois une visite extraordinaire : celle d'un haut fonctionnaire, célèbre résistant, patriote respecté, le directeur général de la Sûreté, Jean Mairey. Il a été requis par Guy Mollet pour l'accompagner à Alger. Cette fois, c'est à moi plutôt qu'au responsable de *L'Express* qu'il est venu parler, en confiance.

— Au nom de notre amitié, je veux vous charger d'une mission très personnelle. Il s'agit d'un document, le voici (Jean Mairey me tend une enveloppe fermée). En raison des circonstances, que je prévois depuis ma tournée d'inspection en Algérie pour le chef du gouvernement, j'ai tenu à l'écrire avant le voyage : *c'est mon testament.*

Ai-je bien compris ? Le visage de cet homme, dont le courage et la maîtrise sont reconnus, me paraît, à cet instant, ravagé par la fatigue et, si j'ai bien saisi, par un pressentiment.

— Votre testament ?...

Le mot est d'une violence ! Je mets un instant en doute l'équilibre psychique de Mairey. J'ai tort.

— Je ne peux pas empêcher, reprend calmement Mairey, le président du Conseil d'aller à Alger comme il l'a, bien imprudemment, annoncé. Je ne peux pas non plus, je n'y songe pas, refuser de

313

l'accompagner. Mais je viens de voir là-bas, à Alger, les commissaires que je connais, et en qui j'ai confiance, ainsi que quelques amis sûrs. Tous m'ont dit la même chose : ce sera l'émeute. Je suis effrayé quand j'imagine comment va tourner ce voyage. D'ici, Guy Mollet ne veut pas s'en rendre compte!

— Que craignez-vous?

— Alger va se soulever! Le gouvernement actuel, surtout depuis la nomination de Catroux, est considéré comme résolu à engager un processus de décolonisation, on dit là-bas « à la Mendès », vous imaginez comment ils l'entendent!

« La communauté dite française, celle des colons, est chauffée à blanc. Elle est résolue à bloquer cette politique dès le départ. Il n'y aura même pas de dialogue.

« Je serai naturellement aux côtés de Guy Mollet dans les rues d'Alger, mais je ne suis pas sûr de pouvoir le protéger jusqu'au bout. Je ne peux pas assurer que nous en revenions. Je connais les meneurs et je connais les payeurs. C'est tout cela que j'ai consigné, en détail, dans l'enveloppe que je vous remets. Si soulèvement, crime il y a contre l'autorité de l'État et ses dirigeants, les auteurs doivent en être connus. Leurs noms et les preuves sont consignés ici, avec précision. Si je ne reviens pas, vous ouvrirez cette enveloppe. Je vous demande d'en parler alors à Mendès France, et vous déciderez ensemble ce qu'il y a lieu de faire, par la suite, avec le gouvernement. Ainsi, je pars l'esprit en repos.

314

Venant du responsable de tous les services français de police, c'est une confidence inouïe. A cet instant précis, devant cet homme de courage et de résolution, mais apparemment impuissant face aux ordres, je vois fondre sur nous, sur la République, sur la France, ce qui va devenir, c'est vrai, un cauchemar : « la guerre d'Algérie ». Où sont nos espoirs de la paix de Genève ?

Mairey est un haut fonctionnaire, et il fait son devoir. Il doit, pour sa part, garder le silence. Une autre question me hante : *mon* devoir ? Je ne peux pas faire semblant d'oublier ce que je viens d'apprendre – et par qui! – sur le danger que comporte le voyage de Guy Mollet à Alger.

Face à ce drame si proche – demain –, je dois tout tenter. Mais quoi ?

Guy Mollet est le chef légal du gouvernement. Il dirige une équipe qui a été composée en partie avec Mendès France. Si Mollet n'est pas un homme d'autorité, il n'est pas lâche, comme il l'a montré dans la Résistance, puis dans sa lutte contre les communistes. Il n'y a pas d'autre choix que de l'aider, si c'est encore possible.

Un problème m'arrête, qui est délicat : le temps. Il n'en reste pas. *C'est cette nuit ou pas du tout.*

Mendès France, que je consulte, et qui n'ira pas là-bas, me déconseille d'intervenir. Il a fait auprès de Guy Mollet, me dit-il, tout ce qui était possible pour le dissuader d'entreprendre ce voyage. En vain.

Nous sommes à la veille du départ pour Alger. Tout le monde maintenant est au courant, surtout en Algérie. Le secret n'a même pas été préservé.

Après réflexion, à tête reposée, j'appelle directement le président du Conseil à son appartement, dont Jean Mairey m'a donné le numéro, à toutes fins utiles.

Un peu surpris, à cette heure tardive, mais très courtois, le chef du gouvernement accepte de me recevoir sur-le-champ, comme je l'en prie. Il s'excuse, me dit-il, d'être en robe de chambre, car il était sur le point de se coucher en vue de la journée de demain.

J'arrive chez lui. Il n'est plus en robe de chambre, il est en chemise de nuit. Il y a là toute la sympathique simplicité de ce militant socialiste du Nord, réelle et sincère. C'est un signe de confiance, comme le ton de son accueil.

— Alors ? Je sais que Mairey est allé vous voir. Il me l'a fait savoir, très correctement. Mais je ne sais rien de plus. Je pense que vous voulez m'éclairer sur ce que je dois attendre à Alger ?

La suite de notre entretien est banale, car Mollet n'est pas en état de changer d'avis. Sans jamais d'éclat, et même dans une commune appréhension, diffuse – c'est un dialogue pour rien.

Je fais néanmoins ce que je peux pour le dissuader : l'enjeu est immense, et rien n'est encore perdu ! Je lui dis que *l'émeute est à peu près certaine* – à moins qu'il ne déplace la date de son voyage. Il m'assure que les mesures de sécurité sont prises et que « la nomination du général Catroux va être un premier pas décisif vers le dénouement de la crise » – crise qui s'aggrave rapidement, me dit-il, entre la métropole et Alger.

Je me permets alors de lui demander une chose, une seule : qu'il ne cède en aucun cas sur le choix qu'il a fait de Catroux. Perdre cette épreuve serait le début de la fin.

J'ajoute qu'il le sent certainement mieux que moi, puisque le choix de Catroux est le sien, comme il va lui-même l'expliquer à la foule d'Alger.

Le lendemain, à Alger, c'est le 6 février ! Date sanglante déjà, depuis l'émeute à Paris le 6 février 34, date bientôt historique, bien davantage : funeste...

Une fois que les ministres et hauts fonctionnaires qui l'accompagnent se retrouvent sur la Grand-Place d'Alger, Guy Mollet s'apprête à entamer son discours. Le drame éclate.

La foule emporte les premiers barrages. Le président du Conseil garde son sang-froid et donne l'ordre essentiel :

– Ne tirez à aucun prix ! Je ne veux pas de bain de sang...

Après avoir attendu plus d'une demi-heure, espérant que les hurlements – « Algérie française! Algérie française! » – vont s'estomper, le chef du gouvernement doit constater que la houle, au contraire, grossit et s'amplifie.

On craint maintenant un coup de sang de cette foule déchaînée. Mairey presse Guy Mollet de retourner au bâtiment du gouvernement général, le fameux G.G. Là, il pourra réunir un conseil de crise, prendre les décisions qui lui paraîtront s'imposer, et parler alors à la foule d'Alger et de toute l'Algérie par la radio, depuis le G.G.

C'est ce que fait Guy Mollet. Il se retire avec sang-froid avant l'explosion fatale.

Une réunion de crise commence dans les bureaux du G.G., devenu le cœur d'un « gouvernement en mission ». La décision urgente concerne le général Catroux.

Catroux, de Paris, remet lui-même sa nomination à la disposition du chef du gouvernement. Ce qui s'est produit lui a suffi pour comprendre : il ne sera pas accepté, et deviendra inutile. En retirant sa nomination, il permet au gouvernement de profiter d'un court moment de grâce pour décider, enfin, des premières réformes.

Personne ne peut s'opposer à ce que dit un homme de l'autorité et de l'expérience du général Catroux. Guy Mollet le lui confirme et demande l'autorisation d'annoncer son retrait dès ce soir, et d'ici.

La décision est prise. *Première, inévitable, capitulation.*

Le soir, à la radio, on apprend, de la bouche même du chef du gouvernement, que « la voix de l'Algérie a été entendue et que le gouvernement prend les mesures qui s'imposent ».

Le général Catroux est remplacé par un ministre du gouvernement, à la réputation d'autorité, au passé de syndicaliste, qui représente les hautes sphères socialistes : Robert Lacoste. Il sera à Alger dans deux jours.

Guy Mollet et sa suite rentrent à Paris. Nous sommes en février 1956. « L'Algérie française » l'a emporté.

On ne veut pas voir que, derrière ce drame politique *entre Français,* montent les flammes de l'incendie véritable, encore à peine mentionné : sur tout le territoire des « départements français d'outre-mer » se constituent des foyers de militants *nationalistes* algériens résolus à extirper *l'autorité française elle-même.*

Il faudra six années encore, des monceaux de cadavres, le déchirement de générations de jeunes Français, l'effondrement de l'État, à Paris même, pour que le constat emporte toute illusion. Si peu de temps après l'Indochine !...

Dans ce combat, *L'Express* monte, sans hésitation, en première ligne, où il va longtemps se trouver seul. La guerre commence, avec ses bâillons et ses tribunaux.

A Paris, le gouvernement décide l'envoi des soldats du contingent et, pour les encadrer, le rappel des officiers de réserve nécessaires.

Le ministre de la Défense nationale, Bourgès-Maunoury, un « ami politique », comme on dit, de Mendès France, me fait savoir que je figure parmi les officiers rappelables. La nouvelle ne me surprend pas : le cabinet de Bourgès m'en avait menacé si je poursuivais ma campagne dans *L'Express*... Je ne songe pas à m'y soustraire, mais je me heurte à un obstacle de taille : la fureur de Mendès France.

En dehors de François Mitterrand, avec qui les rapports se sont provisoirement un peu tendus sur la question algérienne, mes deux compagnons politiques les plus intimes sont Pierre Mendès France et Gaston Defferre.

L'un et l'autre me font savoir qu'ils trouvent cette mesure, prise par le ministre de la Défense nationale, exorbitante et qu'elle a manifestement un but politique : me faire taire. Ils veulent intervenir.

Je vais les voir, l'un et l'autre, pour les convaincre que toute action tendant à faire annuler, comme ils s'y préparent, mon ordre de mobilisation ne ferait que nous porter le plus grand tort. Qui comprendrait ce qui serait présenté par mes adversaires – je n'en manque pas – comme une complaisance spéciale pour m'épargner le sort des autres jeunes Français ?

Je n'admets pas cette tentative, et j'en suis seul juge. Pour toutes les campagnes que je serai amené à

320

conduire, ma bonne foi, ma «crédibilité», comme on dit, exigent évidemment que j'obéisse à l'ordre de rappel. C'est mon intention ferme, et je m'y tiendrai, naturellement.

Mendès France, à qui j'en fais part, est hors de lui :

— Mais vous ne les connaissez pas! Tous les mercenaires de l'Algérie française aux ordres des colons, qui recrutent leurs tueurs en France, à prix d'or, sont là-bas, incrustés dans l'armée. Ils ne vous laisseront pas revenir. Vous serez tué sur place!

«Il faut me croire, Jean-Jacques. Votre devoir est ici, en France. Dans le débat public. Là est le vrai courage. A quoi bon vous retrouver dans l'armée, impuissant *et muet*? Incorporé, en plus, dans les légions de la répression, et contre les Algériens! Si ce n'est pas la mort, ce sera le déshonneur. Comment pouvez-vous, Jean-Jacques, ne pas comprendre?

Mendès France plaidant de toute sa conviction, on le sent passer, si j'ose dire... Mais il oublie que j'ai été formé par lui. Je vais donc confirmer au ministère que j'obéirai à l'ordre de mobilisation et que je me présenterai au camp d'incorporation — à Mourmelon — à la date indiquée.

Madeleine m'y conduit, ce jour-là, tandis que je dors tranquillement sur la banquette arrière.

Je refuse de servir dans l'aviation, comme on me le

propose. Je n'imagine pas de participer aux bombardements des villages algériens, au mitraillage des
maquisards, qui n'ont, eux, à l'heure qu'il est, que de
simples fusils. Je serai donc fantassin, avec les appelés de vingt ans et comme eux.

Je vais ainsi apprendre parmi eux ce que sera la
France de demain – la leur.

20

La France, c'est l'Algérie!

L'accueil que me font, au début, les officiers français est glacial. Il faudra quatre à cinq semaines d'opérations militaires, que je multiplie, pour qu'ils admettent qu'une fois sous l'uniforme je fais mon métier d'officier, un point c'est tout. Je m'efforce néanmoins d'innover constamment, de rendre la prétendue « pacification » plus humaine, plus efficace. Alors que certains d'entre eux se laissent aller à la routine ou calculent surtout leurs chances de promotion. C'est leur vie, je n'ai pas à les juger.

Je n'engage *jamais* de discussion politique. D'ailleurs, à quoi bon ?

Il y a un mois maintenant que nous sommes en opération, aux confins nord du Sahara, dans le Sud algérois. Parmi les officiers du bataillon, il y en a un qui m'intrigue et m'attire : le capitaine Louis Fournier. Le voici qui vient vers moi.

Sous-lieutenant de l'armée de de Lattre à la Libération, il était pendant les opérations du débarquement sur les côtes du Midi. Sur la plage où il rassemblait les jeunes recrues qu'il commandait, une grenade est tombée au milieu d'eux. Pour éviter un massacre, Louis Fournier s'est jeté dessus. La grenade a explosé sous lui. Aucun de ses hommes n'a donc été blessé. Sept mois d'hôpital, puis il est retourné au combat...

Il me montre vite qu'il est très au fait de la politique. Ingénieur des Arts et métiers, inscrit à la C.G.T., militant syndicaliste, il se situe nettement plus à gauche que moi. Il me le précise franchement.

Fournier déteste cette guerre. Elle va, à ses yeux, ravager l'Algérie, puis la France, avant d'être, de plus, perdue. S'il s'est porté volontaire, c'est pour vivre parmi les appelés et essayer de saisir ce qui va se passer : nous sommes bien « frères d'armes ». Grand et fort, avec une figure ronde très sympathique, des cheveux grisonnants en brosse, Fournier a une immense culture.

C'est l'un des hommes que les hasards de la mobilisation m'ont offert la chance de rencontrer. Il va devenir, et restera, pour toujours, un ami intime, jusqu'à son suicide, bien plus tard, à l'hôpital de Toulon, torturé par ses blessures physiques et morales. Peu d'êtres humains me sont apparus aussi « purs ».

La guerre, tous ceux qui l'ont faite le savent, n'est qu'un présent perpétuel. Plus de passé, plus d'avenir.

Cette guerre que j'ai vécue au jour le jour, comme lieutenant, je ne veux la rapporter qu'en évoquant les

LA FRANCE, C'EST L'ALGÉRIE!

épisodes *vécus* au jour le jour, ceux qui m'ont permis de mesurer sur le terrain – expérience irremplaçable – la réelle dimension des événements et des hommes.

Le premier a pour acteur, précisément, Louis Fournier

Depuis que le capitaine Fournier nous a rejoints, il est resté constamment silencieux, à l'écoute. Ce soir, il prend part pour la première fois à nos entretiens, fréquents, de « popote », au dîner dans le mess de campagne.

– En somme, dit Fournier, c'est partout pareil, *nous faisons de la pacification à rebours.* Nous transformons, de nos mains, la rébellion en guerre révolutionnaire. Derrière les communiqués quotidiens sur les dizaines de « fellagha abattus et fusils récupérés », le peuple arabe tout entier se soulève contre nous. Joli travail... N'y a-t-il aucun responsable, civil ou militaire, pour s'apercevoir que nous créons, jour après jour, les conditions classiques du désastre, sous les apparences du maintien de l'ordre ?

– Il y en a, dit le chef du bataillon voisin, le commandant Marcus. Plus qu'on ne l'imagine. Ce n'est pas la bêtise qui nous assassine, Fournier, c'est la lâcheté. Ils comprennent, mais ils ne bronchent pas. On ment, Fournier, on ment de haut en bas. On ment tellement qu'on ne le sait plus. Tu comprends : *on ment par devoir.*

« Le gouvernement raconte des blagues au pays ? Bon, mais les généraux et les préfets mentent au gouvernement, et ainsi de suite.

325

Le commandant Marcus commande le bataillon voisin du nôtre, unité avec chars légers, constamment sur la brèche. Il sera, ce soir, de nouveau sur la route. Il nous reste quelques minutes.

— Mon vieux, dit Louis Fournier, navré de prendre ton temps au moment où tu as des affaires urgentes à régler... mais je ne te reverrai sans doute plus. Je refuse d'être complice et je partirai demain pour la France. Ce que tu nous as dit, ton rapport, tout me confirme dans ma conviction : il n'y a rien à faire — sauf si l'on a le goût et la capacité de l'épopée individuelle. Comme toi. Mais, moi, la seule chose que je puisse préserver, c'est le refus d'être complice.

Marcus secoue lentement la tête.

— Tu ne dois pas partir, Fournier ! Je ressens profondément la nécessité absolue de rester ici de toutes nos forces, et avec le meilleur de nous-mêmes. Si tu veux : *la pacification, c'est fini.* Remarque bien, c'était concevable. *La passion des Arabes était dressée contre la colonisation; pas contre la France.* Il fallait que l'armée soit indépendante de la colonisation, qu'elle reste à l'écart de l'administration corrompue, des colons, des policiers, des maires, de tout ce qui a été depuis un siècle l'appareil colonial, qui s'effondre.

« L'armée pouvait le faire : elle pouvait être arbitre... *On a fait le contraire...* Tout se passe comme si cette armée, qui est maintenant la jeunesse française, n'était ici que pour sauvegarder la fortune, fondée sur l'esclavage, des maîtres de l'économie algérienne. Alors, elle devient raciste. La pacification, oui, trop tard.

Marcus parle avec une voix qui lui ressemble : inattendue et grave. Son visage, ses gestes forment avec cette voix une unité étrange, et nous éprouvons en l'écoutant une envie troublante de l'écouter toujours. Il continue sans aucune hâte, comme si rien d'autre ne comptait. Il a raison : rien d'autre ne compte. Il l'explique très bien.

– En manquant la pacification par une sottise accablante, *nous avons débouché sur une affaire immense.* Il n'est pas possible – écoutez-moi bien : *pas possible* – qu'une armée d'un demi-million de jeunes Français, la plus considérable qui ait jamais passé les mers, soutenue par l'effort de tout un pays, disposant de toutes ses ressources, soit le témoin impuissant de sa propre faillite. Non, cette fois, ce n'est plus un corps expéditionnaire, comme en Indochine – *cette fois, c'est la nation.* Il ne s'agit même plus de ce qui est devenu la guerre d'Algérie... *C'est maintenant la bataille de France.*

Marcus va nous quitter, pour aller commander une nouvelle opération. Il ne sait pas que ce sera la dernière. Mais il est étrangement songeur. Pressentiment ?

Le soir, nous allons dîner à l'hôtel *Saint-Georges*, qui surplombe admirablement Alger et sa rade.

327

– Qui est cette ravissante brune ? demande le colonel Barberot, situant la nature de ses préoccupations. Brune ou blonde, c'est du domaine de Barberot. On ne découvre pas immédiatement, en le regardant, la raison de son pouvoir sur les femmes ; mais on ne cesse de le constater. De taille moyenne, très large, il a le visage en pagaille : des cheveux noirs jamais peignés, des yeux verts éclatants, le nez épais, balafré et un peu de travers. Il est aussi facilement très beau que laid, selon les jours, et même d'une heure à l'autre. Reste qu'en présence d'une jolie femme Barberot est toujours beau ; il s'allume de l'intérieur – comme au combat.

L'emprise du colonel Barberot sur les femmes ne constitue pas, en principe, un sujet de grand intérêt, ni un facteur dans la situation ; mais il le devient par le *pouvoir* réel que cette séduction lui donne sur les hommes, sur tout le bataillon, et même sur l'état-major.

Dans cet univers animal qu'est l'armée, surtout en guerre, les rapports sont des rapports de *puissance*, et le physique y est prédominant. Le grade compte, certes, mais la hiérarchie vraie s'établit par degrés de virilité. La virilité sous toutes ses formes. D'abord la force : soit pour les explications à poings nus, soit pour tenir deux heures de plus en marche de nuit. Ensuite le corps et le visage, qui forcent l'attention et confèrent du poids aux gestes et aux paroles (c'est le « prestige physique » des notes militaires officielles).

Cet élément plus subtil enfin, moins remarqué, mais le plus pénétrant : emprise sur les autres hommes par l'intermédiaire des femmes.

L'épicière du village est une Algérienne noire, provocante, sûre d'elle. Deux de nos sous-officiers et trois officiers ont pris l'habitude d'aller faire les courses eux-mêmes, pour s'approcher du feu... Finalement, c'est un sergent de Montpellier qui « tombe » la belle épicière. Ses rapports avec les trois officiers en sont transformés : il les a possédés, il est devenu le maître.

On n'est pas obsédé, dans l'armée, par la peur de mourir, mais par celle d'être moins viril. On ne dit jamais : « Attention, tu vas te faire tuer », mais : « Fais gaffe, tu vas te faire couper les couilles... »

Pour Barberot, outre sa vive intelligence, c'est la source principale de son aisance dans la vie : il est le plus animal. Sa manière de sourire, avec toute la peau du visage, quand il parle aux femmes...

Jouissant de cet entracte dans un monde insolite, nous avons fini par oublier l'univers où nous sommes.

A travers les rangées de tables de ce bel endroit, en tenue camouflée, couvert de poussière, arrive vers nous le soldat Geronimo.

— Mon colonel, dit Geronimo au garde-à-vous, je viens vous chercher et les autres officiers aussi : nouvelle embuscade sur la route de Palestro.

— Il y a des tués ?

— Vingt morts, et des blessés; presque tout le convoi...

329

– Quelle unité ?
– Le régiment du commandant Marcus.
– Et Marcus ?
– Il est mort.

Il est près de deux heures du matin. L'ordre de départ, pour monter vers Palestro, où l'embuscade a eu lieu, est donné pour cinq heures. Peu de temps pour prendre du repos et des forces, après ce choc. Le brouhaha extérieur, atténué, s'apaise une fois les ordres donnés. Tout le monde, sauf les sentinelles de garde, est parti se coucher. Nous attendons avec impatience d'en faire autant. Cependant, le colonel Barberot, aveugle devant nos muettes sollicitations, marche de long en large dans la tente, les deux mains collées aux fesses dans les poches revolver, les épaules tirées en arrière, la tête penchée. Il ne peut se résoudre à en rester là.

A la déclaration de guerre, en 40, Roger Barberot était jeune officier de marine, déjà distingué par l'état-major pour son courage et sa capacité de commandement. Sa carrière était toute tracée. Mais, derrière une apparence rustique, il a un esprit fin et une profonde intuition. Après la signature de l'armistice avec Hitler, Barberot, officier de carrière dans la marine, n'a pas d'hésitation : son devoir sera, le plus tôt possible, de briser avec la « trahison » de Vichy et de trouver les moyens de rejoindre de Gaulle.

Ce n'est ni évident ni simple, car la marine française est un grand corps, fier de sa tradition, solidement tenu par l'amiral Darlan, farouchement antianglais. Pour Darlan, l'univers se résume à la compétition entre la France et l'Angleterre sur toutes les mers du globe. L'Allemagne est, à ses yeux, secondaire. L'ennemi, c'est le rival, le seul, de toujours : l'Angleterre.

Barberot va trouver l'occasion, qui deviendra célèbre, de choisir la liberté. Son cuirassé est au mouillage, avec une escadre de la flotte de Vichy, dans le port d'Alexandrie. De l'autre côté du large port, au mouillage également, des navires de l'escadre britannique de la Méditerranée orientale.

Barberot, athlétique et mû par sa passion, aperçoit sa chance. Il plonge du haut du pont de son navire et file à la nage vers la flotte britannique. Immédiatement repéré, il est la cible des mitrailleuses lourdes de la flotte de Vichy. Toute la rade, les yeux fixés sur lui, voit cet homme seul, en caleçon, plonger sous l'eau chaque fois qu'une rafale risque de l'atteindre, puis reparaître pour gagner du terrain à la nage. Cette chasse à l'homme rend spectaculaire la performance du jeune officier français. Sa légende de formidable baroudeur est née ; elle ne cessera de grandir, avec ses faits d'armes, tout au long de l'épopée gaulliste, dont il sortira avec gloire.

Né pour la bataille, il n'accepte pas l'avachissement de la France et, à partir d'Alexandrie, où il est recueilli par les navires de la France libre, il va faire toutes les campagnes d'Afrique et du Proche-Orient.

Quand il nous rejoint, à sa demande, en Algérie, il est compagnon de la Libération, grand officier de la Légion d'honneur, croix de guerre avec dix-sept citations, et colonel.

C'est lui qui va prendre le commandement, en attendant le général de Bollardière, son chef – et son ami.

Tel est Barberot. Je l'ai rencontré lorsqu'il m'a lui-même « incorporé » à son bataillon pour l'Algérie. Sa franchise brutale est calculée.

– Je suis heureux qu'un jeune de votre réputation nous rejoigne dans ce combat, et de vous avoir pour compagnon d'armes. Mais il faut que tout soit clair entre nous : je suis en complet désaccord politique avec vos positions dans *L'Express*, comme avec Mendès France. Je suis gaulliste en politique comme je l'ai été dans la guerre. Je ne vous en parlerai plus, nous en discuterons plus tard, après nos missions communes ici. Mais je tiens à ce qu'il n'y ait aucun malentendu.

Il n'est décidément pas ordinaire. Nous ne cesserons plus jamais d'être liés par une estime et une amitié réciproques, même lorsque je serai au premier rang des militants républicains contre le proconsulat du général de Gaulle, que sert avec passion Barberot, bientôt élevé au rang d'ambassadeur.

De ses yeux verts, devenus comme naïfs devant l'inconnu, Barberot fixe Louis Fournier.
— Qu'est-ce que vous dites de ça? Ils sont partis dormir! Ça vous paraît normal?
Fournier est épuisé. Mais Barberot n'est pas un homme négligeable. Une occasion d'explorer un peu l'avenir avec lui est toujours précieuse.

Levant sa grosse tête ronde, couverte d'une courte brosse grisonnante, et plissant le front pour mieux regarder le colonel, Fournier maintenant répond:
— Franchement, oui, c'est votre étonnement qui me surprend. Considérez leur situation. Ils n'ont jamais vécu qu'à l'intérieur de leur pays, sans se poser de questions. Pour la première fois, les voici dehors: ils regardent la France de l'extérieur... Vous voyez ce que je veux dire: un peu comme des garçons qu'on aurait retirés du ventre de leur mère et qui se mettraient à la regarder, leur mère, qu'ils n'auraient jamais vue. A quoi ça ressemble? Cette image de la France, c'est leur vie ici. C'est d'abord la pagaille (pas de baraques, l'argent qui ne vient pas, et le reste), ensuite les bougnoules, qui les dégoûtent et qu'on bousille comme du gibier, et les

« Français » d'ici, qui les ont reçus comme des chiens... Quelle idée, quel avenir – quelles raisons de dormir deux heures de moins ?

– Vous êtes en train de me dire que la France, ça n'existe pas !

– Non... Je dis que la France, c'est, concrètement, le visage qu'elle nous montre, vue d'ici. Vous le voyez comme moi. Au mieux, cela leur est indifférent, et ils n'y pensent plus, obsédés par les difficultés matérielles. C'est le cas général.

Fournier se lève de sa chaise et se rapproche du colonel Barberot, comme pour pouvoir parler plus bas.

– Et puis, il y a les autres... Ceux qui ont besoin, à cet âge, de se dévouer, de se donner à l'aventure – oui, ceux-là, vous savez ce qu'ils deviennent ? Les justiciers des salles de torture « patriotiques »...

– Régime pourri ! Un régime qui nous fiche une jeunesse pareille... C'est pas croyable !

– Considérez, mon colonel, que lorsque vous étiez au côté de Leclerc, remontant du Tchad, ces garçons n'avaient pas dix ans... Vous portez en vous l'image vivante d'une épopée, et vous la revivez chaque jour : elle brûle les déchets de la médiocrité quotidienne. Quel feu intérieur leur a-t-on donné, *à eux* ? Au nom de quoi encaisser les difficultés ; serrer les dents, en pensant à quoi ?

Le colonel Barberot, lentement, comme si ses gestes étaient douloureux, sort les mains de ses poches arrière et les porte à son visage, qu'il frotte plusieurs fois.

Tout le monde, dans la tente, se lève. Il ne reste même plus deux heures avant le départ... On éteint les lampes-tempête.

En sortant, le commandant Henry, qui a son idée sur les raisons de tout cela, répète à Fournier, avec conviction, une formule à la mode :

– Finalement, les appelés, c'est de la merde !

Louis Fournier ne prend pas la peine de répondre. *Non, bien sûr, les appelés, c'est la France.*

Fournier me confiera, pendant la longue marche de l'opération, qu'à la réflexion il va rester ici parmi les appelés et renonce à rentrer en France. « Car, dit-il, la France, c'est l'Algérie. » Pour lui, pour moi, *c'est ici et maintenant.*

21

« Tous des bougnoules... »

Barberot a une vraie nouvelle à nous annoncer : ce matin, son grand compagnon, qu'il vénère comme un saint (à juste titre, je vais le découvrir), l'un des héros les plus célèbres de l'épopée de la France libre, de la bataille de Narvik, dès 1940, puis de toutes les campagnes de Norvège, de Syrie, d'El Alamein, etc., vient prendre le commandement de notre secteur. C'est le plus jeune général de l'armée française. Il est grand officier de la Légion d'honneur, compagnon de la Libération. Breton célèbre, c'est Jacques Paris de Bollardière.

Barberot ajoute, en s'adressant à moi.

– « Bollo » veut vous voir dès cet après-midi. Il vous attendra à son P.C. de commandement, où l'on vous conduira.

J'arrive à la petite maison de bois. Il me fait accompagner jusqu'à sa chambre. Je le trouve étendu sur son lit, la chemise kaki ouverte, sans

337

décorations. Il lit les différents rapports sur les secteurs qu'il prend maintenant sous son commandement.

L'homme est d'une simplicité éblouissante. Il parle avec précision, il s'intéresse au détail. On a peine à croire qu'il est général tant il a l'air jeune, décontracté, avide d'écouter.

Ce dont il veut me parler d'abord, cet après-midi, c'est de la mise en route des équipes de « commandos noirs » que j'ai proposée, il y a quinze jours, dans un rapport dont Bollardière m'indique d'emblée qu'il a accepté le principe. Il me charge maintenant de mettre cette expérience en œuvre.

Que sont ces « commandos noirs » ?

Des équipes légères de sept ou huit volontaires spécialement entraînés, qui partiront, à pied, dans le djebel, dotés d'un poste de radio et de vivres de réserve.

Ils doivent vivre et coucher chez l'habitant, dans les douars et les mechtas les plus reculés, pour prendre contact, parler à la population, s'intéresser sur place à ses besoins. Certains de ces douars reculés n'ont pas vu de Français depuis des années.

Avant d'être admis dans ces patrouilles, les hommes doivent, à ma demande, signer ce texte : « Je m'engage à respecter les règles des commandos nomades ; tout musulman sera considéré par moi comme un ami, et non comme un suspect. Je mesure le risque supplémentaire que cette règle me fait courir et je l'accepte. »

338

Pour faciliter le contact avec la population, les hommes des commandos noirs doivent se nourrir chez l'habitant en payant à son prix le couscous ou le poulet, les fruits ou les galettes. Le café du matin, toutefois, est le plus souvent offert par l'hôte, qui, sur ce point, refuse toute rémunération. Nos visiteurs laisseront de menus cadeaux. Ainsi les hommes découvrent d'autres hommes. Les langues se délient. Un lien est rétabli. C'est renouer, modestement, avec la politique de Lyautey et ses officiers des affaires indigènes. Quels résultats ?

Une détente sensible. La baisse des attentats est indiscutable : sept tués, au total, pour les deux brigades. Le fait d'offrir du travail, de faire entrer de l'argent dans les familles, de soigner les malades n'incite pas la population à rejoindre le F.L.N.

Dans cette première période, nous pouvons mettre sur le terrain une vingtaine de commandos, chacun d'eux étant doublé d'une équipe de relève.

Nous n'avons pratiquement pas d'accidents. Les contacts avec la population arabe s'avèrent plus aisés que prévu et très humains : nos équipes passent leurs nuits chez les habitants, montrant ainsi la confiance qu'elles font à leurs hôtes. Cette confiance s'avère leur meilleure protection.

Avec ma propre équipe, les deux premiers mois, nous allons de village en village, couchant chaque nuit chez l'habitant. Je peux ressentir directement combien la confiance n'est pas une idée vague ou une doctrine, mais le sentiment réel qu'on peut éprouver au contact de ces paysans algériens, qui ne réclament aucunement la bataille et la guerre, mais de survivre décemment, eux et leur famille.

Au bout d'un certain temps, les nouvelles circulant très vite, les commandos noirs acquièrent une aura auprès des populations de notre secteur, nous rendant la tâche plus aisée, et fructueuse.

J'aurai plus tard des précisions étonnantes sur ces commandos noirs vus *de l'autre côté* – par le chef de la révolte algérienne lui-même, Ahmed Ben Bella. Projetons-nous un instant dans cet avenir.

La paix est revenue, l'Algérie est indépendante. Ben Bella, l'ancien sergent, le « terroriste », a gagné son pari fou, et il est le premier président de la République algérienne.

Sa présidence est installée dans le palais d'été, qui était le haut lieu des proconsuls français, du temps – encore si proche, aujourd'hui si disparu – où Alger, Constantine, Bône, etc., étaient des chefs-lieux de département, comme Orléans ou Nantes...

Je réponds à son invitation et vais lui rendre visite, avec une émotion trouble, à la présidence, à Alger.

Le déjeuner qu'il m'offre dans ce palais est dans le style du personnage. Il me conduit dans une petite pièce où, sur une modeste table ronde, sont mis trois couverts : pour lui, moi et une invitée bien choisie,

qui est venue m'aider à Alger dans ma tâche, qui
connaît toute l'Algérie nouvelle et qui apprécie Ben
Bella : Gisèle Halimi, l'avocate militante. Musclée,
brune, ravissante.

Ben Bella, lui, a une grande reconnaissance pour le
combat qu'elle n'a cessé de mener au service de tous
les militants algériens persécutés. Gisèle a déployé
son talent et utilisé comme une arme son éclatant
charme.

Un déjeuner pas ordinaire. Ben Bella veut faire le
service lui-même, il ne veut pas que quiconque puisse
écouter notre conversation sur l'avenir. Gisèle l'en
empêche : c'est elle qui va servir et s'occuper de tout.
Y compris d'établir un dialogue simple et constructif
entre Ben Bella et moi, qui ne nous sommes jamais
rencontrés.

Il m'apprend qu'il a connu à chaque instant l'itinéraire de nos commandos. Un colonel de l'armée de
libération était chargé par lui de nous couvrir, et lui
adressait un rapport régulièrement.

Il m'indique les tracas que je lui ai causés, avec
Bollardière – qu'il connaît et admire, l'ayant eu
comme chef en Indochine. Il a reçu rapport sur rapport indiquant que la population était sensible à
l'action confiante de nos commandos, et surtout au
fait que nous couchions chez l'habitant, *sans garde*,
dans les villages.

341

Ben Bella ajoute :

— Heureusement que le commandement, à Alger, n'a jamais voulu vous suivre, Bollardière et vous. Nous en aurions souffert. Mais je n'ai pas eu longtemps d'illusions sur une telle aptitude de votre hiérarchie militaire. Et puis, au moment où l'on pouvait encore craindre, après tout, un « miracle » pour vous, Bollardière a été contraint de quitter son commandement. Après, nous avons été tranquilles.

Il est saisissant d'entendre l'histoire, chaude, vivante, racontée si simplement par l'illustre, le modeste, Ben Bella, chef historique de la révolution algérienne.

Ben Bella nous confie, à Gisèle et à moi, que le colonel de son armée de libération qui nous a suivis à la trace va nous rejoindre pour le café.

Quelques minutes plus tard, cet homme jeune, maigre, aux yeux de feu, en uniforme, vient dans notre petite pièce. Il salue son président, puis se présente, sans amabilité excessive (la guerre n'est pas oubliée), à Gisèle et à moi.

Ce qui se dit ensuite là est peu de chose à côté de sa simple présence, de tous les souvenirs qui nous viennent ensemble à l'esprit : nous avons été, sans le savoir (en ce qui me concerne), à quelques minutes l'un de l'autre, dans les mechtas du Sud-Algérois, jour après jour, pendant des mois...

C'est l'appui direct, convaincu et ferme du général de Bollardière qui nous a permis de poursuivre. Le commandement militaire d'Alger craint ces équipes peu classiques qui ne rentrent pas dans le cadre des missions ordinaires de l'armée et dont il redoute qu'elles ne mettent en cause la stratégie officielle des états-majors d'Alger.

Mais on n'intimide pas Bollardière. On ne fait pas fléchir l'homme qui a quitté son petit port de Bretagne, *le 16 juin 1940*, à bord d'une barque, pour rejoindre l'Angleterre, n'apprenant qu'après son arrivée qu'un général français avait fait un appel — auquel il répond, à Londres, aussitôt.

Bollardière a une famille, qu'il adore : une femme merveilleuse, que je connaîtrai plus tard, quatre filles. Il les voit très peu, mais sa femme le suit partout où elle le peut, en Indochine et maintenant en Algérie... Bollardière est fait pour poursuivre éternellement la mission qu'il s'est fixée : redonner vie à la France, qu'il a dans son cœur. Catholique breton, il est français, ô combien, mais plus encore « soldat du Christ ».

Bollardière ne procède pas par ordres écrits ; il parle directement à ceux à qui il confie des missions. Il réunit autour de lui, le plus souvent possible, ceux qui ont des responsabilités, dans les différentes parties des secteurs.

Ce soir, après notre retour d'opération, nous sommes autour de lui, Barberot, son ami et adjoint, quelques autres et moi.

343

— Barberot, dit Bollardière, procédons par ordre. Il reste silencieux quelques minutes encore pour centrer sa réflexion. Puis il nous explique posément, avec ferveur :

— Il y a les choses les plus urgentes et il y a les choses les plus graves : ce ne sont pas forcément les mêmes. Le plus grave, c'est la jeunesse. Le plus urgent, c'est l'armée.

« Je vois bien, tous les jours, que le dénuement moral de nos jeunes garçons, déjà accablant à leur arrivée, risque d'être irréparable après leur expérience ici. A moins que nous ne trouvions une méthode pour les atteler à une tâche qui ait un sens. Pas facile — mais concevable. Nous en reparlerons.

« Le plus urgent : *l'armée est en train de basculer.*

« Par certains de ces éléments — hélas, les plus voyants, ceux qui déteignent sur tous les autres —, elle devient ici et là un élément actif du *contre-terrorisme.* Dans plusieurs bleds de ce secteur, des expéditions punitives sont lancées par les plus excités des Français locaux, dont je comprends la nervosité, mais elles ont lieu *avec la complicité de l'armée* — ce qui n'est pas tolérable et ne sera, dans mon secteur, plus toléré.

Bollardière se lève. Il continue de tracer ses petites lignes sur la terre battue de l'un des murs encore debout. Il poursuit :

— Ce matin, j'ai vu le maire du village de Ridj. Il m'a dit : " Je ne peux plus assurer la voirie. — Quelle voirie ? — Le ramassage des cadavres. "

« Sur sa commune, il lui arrive, le matin, de trouver – sans compter ceux qui sont cachés – entre six et dix cadavres de musulmans déposés dans les fossés... Le maire connaît très bien ceux de ses amis qui font ce travail nocturne, et jusqu'à présent il évitait ce sujet délicat. Mais, maintenant, il nous coince : certains de ces règlements de compte se font *à bord de nos véhicules.*

« Il a eu une manière de me laisser entendre : " Puisque vos hommes en sont, vous pourriez bien vous charger du ramassage des détritus " – qui m'a donné envie de l'étrangler sur place... Mais quoi ? Je n'avais rien à répondre. *Alors, attention : ça, c'est l'extrêmement urgent.* L'armée est tout ce qui nous reste de propre. Il n'y aurait plus rien à quoi s'accrocher.

En écoutant Bollardière, j'éprouve cette émotion saine que procure l'énoncé des évidences oubliées. C'est une joie, précieuse. Ceux qui, comme Bollardière, conservent à l'esprit les règles simples de l'honnêteté et de la justice sont une modeste élite. Et bien souvent, je le vois, des gaullistes de la France libre.

Il est difficile, lorsqu'on est habitué à regarder et à entendre ceux qui portent cette étiquette dans la vie politique, d'imaginer la physionomie des gaullistes à l'intérieur de cet autre monde qu'est l'armée. Ils n'admettent pas ce dont les autres, pour la plupart, ne fût-ce qu'en fermant les yeux, se rendent complices. Ils conservent, exigeante, à l'intérieur d'eux-mêmes, la vision qu'ils ont construite dans l'exil, loin de la France occupée.

Le général de Bollardière en est un grand exemple. Avec lui surgit pour nous un espoir, une chance de réagir.

Cet homme mince, à l'apparence si simple, ne ressemble guère au prototype du « héros ». Pourtant, depuis juin 1940, il a été de toutes les batailles, il a su assumer les risques et les responsabilités, du même front. C'est le moine soldat du Moyen Age.

Louis Fournier a rejoint maintenant notre groupe. Par son comportement, Fournier a aussitôt manifesté qu'il choisissait d'écouter Bollardière, de parler avec nous de ces graves affaires pour lesquelles Marcus s'était battu – et non pas de l'état de son cadavre, qu'il est allé chercher et qu'il a retrouvé.

Après tant de journées d'amertume, d'incertitude, d'incohérence et parfois de honte, tous ces hommes rassemblés là – les résignés, les révoltés, les conservateurs, les libéraux, les anciens de la France libre, les jeunes de la France d'aujourd'hui – éprouvent que cette nuit ne tombe pas seulement sur les ruines qui nous entourent, mais sur une période achevée de notre présence ici.

C'est alors que je vais rencontrer le ministre résident, celui qui gouverne la guerre « française » en Algérie, Robert Lacoste, député socialiste de la Dordogne, ami de Guy Mollet. Le colonel Barberot, qui a déjà vu Lacoste longuement, en est revenu enchanté, et nous en parle avec sa fougue habituelle.

– Le gars est très sympa ! Il est entièrement d'accord avec nous. Il trouve que la routine militaire actuelle, c'est de la connerie. Toutes ces grosses unités, les ratissages, les opérations bidon, les centaines de prétendus suspects dont on ne sait pas quoi foutre ou qu'on bousille, les généraux qui s'amusent à la guerre, tout ça, il le sait... Et il m'a dit que nos idées sur les commandos, c'était exactement ce qu'il souhaitait, que la « pacification », ça devrait être ça – et qu'il nous aiderait...

Barberot a demandé au ministre de manifester lui-même son appui en venant rendre visite à nos commandos sur place. D'où la séance d'aujourd'hui.

Robert Lacoste, que j'ai bien connu, présente pour moi deux images superposées. C'est le député socialiste que j'ai rencontré à Paris, avec Defferre, autour d'une table de travail : plein d'instinct, proche des masses, ancien syndicaliste, flairant souvent mieux que les autres le sentiment populaire, démolissant les phrases ronflantes d'abstractions politiques par des constatations de bon sens, des observations concrètes.

C'est aussi ce *proconsul* dont les journaux et la radio nous ont, depuis, forgé l'image inattendue.

Aussi assuré, imposant dans ses allures que l'autre était sobre. Aussi cocardier dans ses discours que l'autre était méfiant à l'égard de toute propagande.

Décidé, aussi militariste désormais que les généraux, aussi « présence française » que les ultras, le nouveau Lacoste paraît le contraire de l'autre. Effet classique de l'exercice soudain du commandement militaire chez des civils, surtout s'ils n'ont jamais été dans l'armée. Lacoste, bien que reniant ici tout son passé, est sincère. Je veux du moins le croire.

Le ministre, qui déjeune avec nous, ce jour-là, de quelques sandwiches sur un piton du Sud-Algérois, m'entraîne dans un coin de la tente, où tant d'uniformes importants circulent, et me confie, modeste, un peu embarrassé, ce qu'il a déjà dit à Barberot. Il souhaite *rompre avec l'engrenage* qui transforme notre armée, pour la plus grande satisfaction des extrémistes du F.L.N., *en troupe d'occupation* — mais comment en sortir ? Comment essayer de pénétrer dans la masse musulmane au lieu de la terroriser ?

Là, il est moins précis que le socialiste que j'ai connu. Les paysans, les ouvriers de son département, c'était, pour lui, une matière humaine qu'il savait apprécier, évaluer, traiter. Mais les Arabes restent aussi étrangers à l'univers de son palais d'été (le G.G.), à Alger, que s'ils étaient des Esquimaux du pôle Nord — à peine des hommes.

Une tentative telle que la nôtre, celle des *commandos*

noirs, lui apparaît comme une carte de valeur pour toucher la réalité. En me quittant, il demande que je vienne le voir à Alger pour qu'il puisse « aider notre effort » – avec les moyens dont il dispose.

A la demande de Bollardière, Barberot a convoqué ce matin les représentants de l'association, dite d'autodéfense, des colons.

Le colonel n'est pas diplomate ; c'est sa manière, et sa force. Il a jugé, une fois pour toutes dans son existence, que l'habileté suprême consiste, avec les gens habitués aux nuances et aux sous-entendus, à être simple et direct.

Il pratique cette stratégie, devenue sa nature, uniformément avec les femmes ou avec les ministres. Elle ne réussit que dans une minorité de cas : il enregistre seulement ceux-là, oublie les autres. Maintenant, il ouvre le feu, sans préavis.

– Messieurs, ce que j'ai à vous dire sera très court, et je ne pense pas que j'aurai besoin d'insister ni d'y revenir.

« Je sais depuis hier soir – de source très sûre, croyez-moi – que vos amis de la police, à la préfecture d'Alger, vous ont donné le feu vert pour liquider le capitaine Louis Fournier ici présent.

« Je n'aurai pas avec vous une discussion politique. Ce que je veux vous dire sera plus simple à comprendre : s'il arrive la moindre chose au capitaine

Fournier, que vous prenez pour un communiste
– c'est plus commode, hein ? – et que je considère
comme un officier faisant honneur à l'armée française...

Le colonel Barberot s'arrête un instant, sort son
revolver de l'étui de cuir, le pose sur la table de cuisine, qui lui sert de bureau, et pointe son index sur
chacun de ses hôtes, l'un après l'autre.

– Vous, vous, vous et vous, je vous descendrai moi-
même ! Et attention ! je ne prendrai pas une journée
ni une demi-journée à faire une enquête : je vous
rends *responsables*, vous m'avez compris, personnellement responsables de tout ce qui peut lui arriver. A
vous de vous arranger pour qu'il ne lui arrive rien.

D'où vient – je m'interroge – cette superbe fureur ?

Dans son courrier officiel, le colonel Barberot a
reçu la petite fiche colorée, fameuse dans l'armée, qui
indique, toujours laconique, qu'un officier est fiché
par la Sécurité militaire, la S.M. Jamais d'explication, seulement la fiche. Qui veut dire : « Suspect, à
écarter des missions de confiance et des responsabilités importantes ». Cette fois, c'était le capitaine
Fournier.

Barberot connaît Fournier depuis la fin de la
guerre et la Libération, depuis plus de quinze ans.
Estimant qu'il n'y a pas d'homme plus loyal, plus
solide, plus humain, il se confie à lui comme à

aucun autre. Sauf Bollardière, c'est le seul dont Barberot est prêt à jurer comme de lui-même. Il a donc confié à Fournier, avec mon plein accord et avec joie, la responsabilité des commandos noirs.

Louis Fournier, fiché à la S.M. ? Barberot se lance à l'assaut de la Sécurité militaire – impossible entreprise. Mais ses innombrables efforts ne sont pas entièrement perdus. Le général de Bollardière reçoit une lettre personnelle du chef d'état-major du ministre expliquant que « le capitaine Louis Fournier doit être considéré, sur la foi de renseignements précis, comme un *extrémiste dangereux* ». Dans le langage de la S.M. : un agent communiste.

Fournier, couvert alors par Bollardière, qui n'admet pas de plier, réussit à remonter la filière.

Il s'agit d'un incident récent. Au cours d'une grève décidée en commun dans un chantier sous contrôle militaire par les ouvriers indigènes et européens, la direction du chantier avait décidé le renvoi de tous les grévistes. Le délégué syndical européen avait alors entrepris une négociation avec la direction pour que, sous certaines conditions, *seuls les ouvriers musulmans soient licenciés*. Ce qui avait été fait.

Mais pas avant que Louis Fournier, qui était dans le secteur, ne fût intervenu avec une extrême brutalité, pour dire à la fois aux responsables du chantier et au délégué syndical qu'ils étaient « les derniers des salauds, des saboteurs de l'Algérie, des lâches », etc.

Le syndicaliste, d'autant plus exaspéré qu'il avait

bien conscience d'avoir vendu ses copains, résolut de se venger en envoyant à Paris un « rapport sur Louis Fournier, agent clandestin du Parti communiste ». Exactement ce dont se nourrissent, sans difficulté, la Sécurité militaire, les chefs d'état-major – et les ministres.

D'où, au courrier officiel, la petite fiche colorée, mystérieuse, sans appel.

D'ordinaire, ce poison fait son œuvre. Les officines de la S.M. ont bien des moyens de se faire obéir. Le principal étant le chantage, comme dans toutes les polices politiques du monde.

Seulement, cette fois, elles tombent sur l'imprévu : un homme qui n'a rien à craindre – le général de Bollardière. Il donne, tout simplement, sans élever la voix, l'ordre de déchirer la fiche empoisonnée. Devant Bollo, les petits assassins de l'ombre n'insistent pas.

Lors de son dernier voyage à Paris, le colonel Barberot avait dû se battre non pas, cette fois, pour Fournier, notre ami, mais sur un autre front, dans le propre bureau du ministre de la Défense.

Un « alors ?... » péremptoire, un geste sec – pardessus son imposant bureau – avaient marqué avec énergie le début de l'entretien. Puis le ministre tend à Barberot un rapport.

Le colonel découvre, stupéfait, que le ministre en

352

personne a reçu, et pris en considération, ce qui s'intitule un « rapport sur les agissements de Jean-Jacques Servan-Schreiber ».

De quoi s'agit-il ?

J'avais emmené dans mon équipe commando un jeune caporal sympathique, qui avait eu quelques ennuis avec la justice du côté de Clichy, filleul d'un universitaire parisien influent dans les milices politiques d'extrême droite. Ce jeune Franchi faisait bien son travail de commando. Il tenait avec les Arabes de longues conversations qui semblaient beaucoup le réjouir.

Un soir, le capitaine Jouve, colonialiste notoire et actif, après une liaison auprès de ses amis de la préfecture d'Alger, vint trouver Franchi et lui demanda, comme un devoir patriotique, de rédiger un rapport sur « la manière dont Jean-Jacques Servan-Schreiber, sous le prétexte de nomadiser chez les Arabes, préparait une négociation avec le F.L.N. »

Franchi avait aisément obéi, prenant goût à son petit roman à mesure qu'il l'écrivait et terminant sur l'indignation, naturelle à un « bon Français », devant cette trahison de mes devoirs. J'ai conservé ce texte, il rafraîchit ma mémoire.

Échantillon : « Nous étions avec des personnalités influentes du F.L.N. dans une mechta du djebel, alors Jean-Jacques Servan-Schreiber, qui ne se méfiait plus, dévoila son jeu et déclara : " Messieurs, je vous invite à Paris, pour venir négocier avec mes amis politiques. " Et, tous ensemble, moi y compris pour ne pas éveiller la suspicion, nous avons ouvert une bouteille de champagne à l'avenir de l'Algérie! J'étais écœuré devant une telle trahison de la part d'un officier et je résolus de continuer à le suivre pour pouvoir dénoncer ses agissements », etc.

L'exquis « rapport Franchi », tapé à six exemplaires par les soins du capitaine Jouve, avait été remis aux policiers d'Alger spécialisés et envoyé à l'universitaire militant. Et ainsi jusqu'au ministre.

L'ayant admis comme véridique, et bien conforme à ses soupçons, celui-ci convoqua le colonel Barberot — non pour l'interroger, mais pour exiger qu'il mette fin à cette « trahison ».

Barberot, aux yeux de qui les ministres n'avaient depuis longtemps que peu de prestige, mit les choses au point avec sa naturelle vigueur, exprimant sa stupéfaction de voir un personnage responsable en principe de tant d'affaires sérieuses (et qui tournaient si mal) donner son temps et son audience à de pareils enfantillages...

Mais la question était ailleurs, et Barberot l'avait senti : c'était bien un travail de démolition. Il me prévient et nous organisons, avec Bollardière et lui-même, un réseau d'alerte et de protection.

La guerre continue...
Les hélicoptères sont de belles machines

354

redoutables. Elles vous déposent, à l'aube, au milieu d'un lointain djebel. Il faut ensuite une journée de marche pour rentrer, tandis qu'elles sont parties ailleurs prendre d'autres hommes pour une autre mêlée – et évacuer les blessés.

Les opérations réclamant plus d'effectifs qu'avant, nous sommes souvent amenés à nous joindre à d'autres unités dans des secteurs voisins du nôtre.

Ce jour-là, nous sommes dans le secteur Est. Trop loin de nos cantonnements pour pouvoir les rejoindre avant le soir. Nous devons donc rentrer vers le P.C. du colonel Piau, qui commande l'Est. Chacun a sa toile de tente pour la nuit.

La journée a été pénible – ordinaire et pénible. J'étais, avec le commandant Henry, responsable d'une partie du dispositif.

Henry a demandé, ayant fait son temps, à être rapatrié en France : cette guerre est sans attrait. Mais sa requête a été refusée : manque de cadres. Officier de carrière, il continue.

Au début de l'après midi, à l'heure de la sieste – devenue l'heure propice aux assauts par surprise –, nous avons eu un « accrochage » avec un groupe de rebelles réfugiés dans une mechta.

A la fin du combat, sur le corps chaud et frémissant d'un fellagha en train de mourir, l'un de nos hommes, dont le camarade le plus intime venait d'être tué, a passé sa douleur et sa colère : arrachant à l'uniforme, pareil au nôtre, du rebelle les petits galons de laine rouge, il lui a craché à la figure.

Deux autres de ses camarades, heurtés par ce geste, l'ont rapporté à Henry. Celui-ci, toujours correct, a rassemblé les éléments de la petite unité, remis lui-même au sous-lieutenant rebelle ses galons aux épaules et fait présenter aux deux cadavres réunis, le Français et le musulman, les honneurs militaires.

Le retour sera, comme toujours, une marche interminable, et le repos de l'esprit.

Il y a autour de nous quelques vieilles connaissances et beaucoup de figures nouvelles. La relève nous a apporté de jeunes recrues, quelques cadres aussi, à mesure que nos appelés rentraient en France.

Nous arrivons au P.C. du régiment de dragons qui nous héberge. Nous avons tous une immense envie de nous coucher par terre et de dormir. Mais les officiers, avec Henry, sont convoqués chez le colonel Piau, dans une petite baraque éclairée où est installé son bureau.

Après huit heures dans les broussailles, ce bureau aux murs de bois nous paraît être un brillant salon. On y a dressé une table pour dîner, et nous découvrons des femmes. Pour une fois, des femmes!

Pour cette petite fête, les officiers ont fait venir d'Alger soit leur femme légitime, soit d'autres... Toutes ont fait un effort d'élégance. Elles ont l'impression, apparemment excitante, en venant chez nous, dans ce bled qui, d'Alger, paraît si lointain et mystérieux, d'approcher du cœur de la bataille. Comme tout est faux... Nous en profitons tout de même. On voit si peu de femmes dans nos djebels, pour ainsi dire jamais.

Pleines de couleurs dans leurs vêtements, avec des épaules de femme, parlant avec des voix de femme. Une soirée de fête! Le colonel Piau, important, très assuré, joue le maître de maison. Notre colonel Barberot aussi, qui n'a presque plus jamais, maintenant, envie de faire éclater ce rire sauvage de puissant animal, trop déçu dans ses espoirs d'épopée. Il est atteint par ce qu'il a découvert des forces méprisantes et organisées. Barberot, dans un coin de la pièce, un verre à la main, fait à l'une des jeunes femmes une cour distante et sans chaleur, par habitude.

Tout le monde passe à table pour un rapide repas froid, avant la séance de music-hall qui va nous être offerte dans la salle de cinéma du village voisin.

Le spectacle commence. Les chanteuses, les prestidigitateurs, les diseurs de bonnes histoires, les imitateurs, les équilibristes avec qui nous avons dîné viennent, chacun à leur tour, faire leur numéro. Et chaque fois le petit tour de piste de la jolie demoiselle de présentation en tutu provoque une ovation.

Je profite de l'entracte pour inviter à se promener sur la place du village une jeune assistante sociale de passage. Je suis curieux de son travail difficile – et d'écouter une voix féminine dans l'air de la nuit.

Elle connaît nos jeunes soldats d'une autre manière

que moi. Ils lui parlent plus librement – mieux. Et elle est dépositaire de tant de confessions, d'inquiétudes, de troubles et de difficultés... Elle, tout à l'heure si mondaine et courtoise, incarne, en me les racontant, la grâce d'une jeune femme ardente. Le théâtre a repris, mais je préfère notre promenade. La place, maintenant, est vide. De temps en temps seulement, une patrouille la traverse; et, quand elle s'éloigne, le soir est semblable à tous les soirs de paix.

De la salle de spectacle monte régulièrement une vague de bruits étouffés qui nous apporte les applaudissements et les rires – comme dans la rue principale d'une sous-préfecture du Midi. Sur les crêtes, quelques voiles de brume. La sérénité de la nuit. Les dimensions de la guerre, qui me paraissaient immenses tous ces mois à y être enfermé, prennent leur mesure plus vraie, relative, à côté des problèmes quotidiens, concrets et graves de la « condition humaine ».

D'une colline à l'autre, des signaux lumineux se répondent. Les nôtres? Ceux de l'adversaire? Les bouclages et les embuscades de demain se préparent ensemble, comme nos morts d'aujourd'hui et les leurs, côte à côte. La jeune femme m'invite maintenant à rentrer dans la salle.

Aujourd'hui, je n'ai pas vu Louis Fournier. Sur ces banquettes bourrées de monde, je tente, à la lumière diffuse venant de la scène, de retrouver sa grosse tête grise.

Je cherchais trop près. Là-bas, tout au bout, contre la scène, dans un coin et faisant face, dans l'ombre, à la salle, j'aperçois sa large silhouette, sa manière de croiser les bras sur la poitrine et sa tête un peu lourde contre le mur.

Nous allons le rejoindre.

– Qu'est-ce que vous faites là ?

Louis Fournier, taciturne ces dernières semaines, semble souvent ne pas entendre. Il ne répond qu'après un long moment en indiquant, avec son menton et ses yeux, toutes ces têtes, ces uniformes, ces jeunes garçons serrés les uns contre les autres, tendus vers le spectacle :

– Je les regarde...

La fraîcheur de cette jeunesse s'écoule dans cette salle, tirée par le plaisir. Puisée jusqu'au fond d'eux-mêmes, au-delà de l'impuissance et des craintes de chaque jour, elle semble traverser le mépris du monde organisé pour jeter vers l'avenir, plus fort que la servitude, plus profond que l'angoisse, plus permanent que la guerre, l'appel d'un autre destin.

– Bien sûr, dit lentement Fournier, ne parlant à personne, les bougnoules ne sont peut-être pas des hommes. *Mais nous sommes tous des bougnoules...*

Mon temps d'action comme officier rappelé en Algérie va s'achever. Je serai bientôt à Paris – une autre planète.

J'y pense régulièrement pour essayer d'imaginer comment je pourrai transmettre à quelques hommes en situation d'agir – et que je connais bien – mon sentiment clair et profond : ce qui se passe pour la France en Algérie est d'une gravité qui va bien au-delà de la guerre. Ici, la bataille sera perdue, et la gangrène va remonter jusqu'en France. Une honteuse faillite pour nos dirigeants politiques et militaires.

J'ai gardé le contact avec Paris. Pierre Mendès France et Gaston Defferre ne m'ont jamais perdu de vue, et nous savons que nous nous retrouverons. Mitterrand a joué dans son style à lui ; il ne veut pas se couper du pouvoir, il y prépare habilement, utilement, son avenir. Nous nous retrouverons aussi. Il sait qu'il ne pactisera pas avec de Gaulle.

L'Express, dont je dirige la ligne politique par de discrets messages transmis à Mendès France et à Françoise Giroud, reste clair et net : la poursuite de la guerre d'Algérie est absurde et nous ruine ; l'appel à de Gaulle, dont on parle, n'aboutirait, en Algérie, qu'à une alliance indéfendable avec les comploteurs.

Rien de tout cela n'est dit, mais personne n'est dupe. C'est dans ce climat que mon prochain retour en France n'apparaît pas « neutre » aux autorités.

360

Mon départ approche. Je suis convoqué au gouvernement général, à Alger, sous la forme d'une très courtoise invitation, par deux colonels du cabinet du ministre résident. Ils sont, tous les deux, des anciens d'Indochine, couverts de décorations. Ils me reçoivent avec une volonté manifeste de cordialité qui m'apparaît aussitôt factice. Le suspense ne va pas durer longtemps.

– Nous voulons vous remercier de l'exemple que vous avez donné ici, au long de votre séjour dans l'armée, et nous souhaitons que votre retour en France se fasse dans des conditions aussi nettes que votre conduite militaire l'a été ici.

Le chantage se profile. Le voici :

– Nous avons conservé, et personne n'en a connaissance à Paris – soyez sans crainte ! –, les dossiers concernant vos activités financières, si courantes d'ailleurs et bien banales, avec la chaîne de B.M.C. [1] de votre secteur, dont vous avez su garder le contrôle et les revenus.

« Nous sommes décidés à vous décharger de toute préoccupation, qui aliénerait votre liberté politique, en n'évoquant pas ce dossier. Personne n'en entendra parler.

Une pause, lourde. Je ne prononce pas un seul mot. Et ne suis étonné en rien.

– A une seule condition, dont vous admettrez

1. Bordels militaires de campagne.

certainement l'équité : que vous nous remettiez une attestation signée, qui restera dans nos archives, prenant l'engagement sur l'honneur que vous ne publierez rien concernant votre séjour en Algérie. Car vous risqueriez d'alimenter les campagnes de nos adversaires contre la présence française.

« Naturellement, votre liberté politique est entière, il ne s'agit pas de cela. Mais c'est la moralité de l'armée qui ne doit pas être mise en cause. Nous sommes certains que vous le comprendrez.

Silence. Ils attendent, inquiets peut-être, mais résolus, ma réponse au marchandage.

Je dévisage ces deux officiers, aux brillants états de service, anciens de la France libre, comme moi ; anciens d'Indochine ; encore jeunes et promis à de hautes responsabilités.

Je croyais avoir, comme on dit, tout vu de l'affreuse, inévitable corruption qu'entraîne toute guerre coloniale. Il me restait pourtant, mais je l'attendais avant la fin, à voir le pire : la victoire de l'adversaire par la destruction morale des hommes.

Ce sont les ravages ordinaires du colonialisme, surtout lorsqu'il atteint, comme nous le voyons en Algérie, le sommet du mépris de la part d'hommes tenus par l'appât du gain.

La dégradante guerre d'Indochine, qu'avait, si nettement, gravement, condamnée Bollardière après

Leclerc, n'était, en somme, qu'une modeste préface à cette affreuse gangrène que nous avons laissée, à partir de l'Algérie, gagner le corps français.

Comme je l'avais pressenti et écrit, avant même d'arriver ici, « L'Algérie c'est la France » signifie, plus précisément, désormais : « La France c'est l'Algérie ».

J'écourte notre détestable, et bien inutile, entretien.

– Messieurs, je vais vous faciliter la tâche. Le récit que je compte publier à mon retour, et c'est mon devoir, commencera par le simple compte rendu, sans commentaire, de cet entretien.

« Comme je n'ai aucun goût pour la délation, je ne citerai pas vos noms, ce serait d'ailleurs dérisoire. Pour moi, vous n'êtes pas des maîtres chanteurs à dénoncer. En vous désignant comme coupables je camouflerais le fond de l'escroquerie, *qui est la guerre elle-même*. Vous n'en êtes que les victimes, parmi tant d'autres. Vous faites ce que vous jugez être votre métier... Je ferai le mien.

Sans avoir l'hypocrisie paresseuse de prendre la main qu'ils me tendent, soudain inquiets – mais c'est trop tard –, je me retire.

J'ai du mal à réprimer le malaise dû à cette ultime – je me trompe – tentative pour me faire taire.

Il reste une dernière étape : je suis convoqué par le commandant en chef lui-même, en haut de son palais, pour, m'a-t-il fait savoir, un « entretien amical » avant mon départ. C'est le fameux général Salan, dernier responsable en Indochine après de Lattre. En 1955, il était venu me voir à mon bureau de Paris après l'armistice de Genève. Il m'a invité à venir déjeuner avec lui au palais d'Alger.

J'ai refusé ce repas, mais accepté de me présenter à lui dans les formes réglementaires, pour mon dernier jour sous l'uniforme.

Le général Raoul Salan, déjà célèbre, vieux baroudeur colonial, fin politicien et franc-maçon de haut rang, ne m'est donc pas inconnu, et je garde de lui le souvenir d'un homme intelligent, bien que profondément drogué depuis les fumeries de Saigon.

En me dirigeant vers son vaste bureau, je repense à sa visite à Paris, en 1955, quand il était venu m'apporter le manuscrit d'un livre qu'il avait rédigé à son retour d'Indochine et qu'il avait intitulé, modestement, *Le Viêt-minh, mon adversaire.*

Il m'avait alors proposé d'en publier des extraits dans *L'Express.* Ce que j'avais fait.

Il m'indique, aujourd'hui, qu'il n'a pas oublié. Il souhaite, me dit-il en venant s'asseoir près de moi devant sa cheminée monumentale, me parler « d'homme à homme ».

Il veut me confier, « pour qui de droit, un message simple et net », que voici :

— Qu'ils sachent bien à Paris, où règnent tant de funestes chimères, que l'armée de la France, qui est maintenant ici, sait qu'elle va gagner cette guerre. Il suffit de tenir, comme l'a si justement noté le résident général Robert Lacoste, « *le dernier quart d'heure* ». Il serait impardonnable de lâcher.

Il s'arrête un instant pour donner plus de solennité à sa confidence et à son message :

– *L'armée ne le permettra pas!* Le sort de la France se joue désormais non plus à Paris, mais à Alger. S'il y a conflit de volontés, c'est Paris qui devra plier, ça ne peut plus être Alger. Après tant de sacrifices, nous touchons au but. L'armée ne laissera personne – dites-le-leur clairement – lui voler sa victoire.

Je ne lui pose qu'une seule question :

– M'autorisez-vous à vous citer, dans les termes exacts que vous venez d'employer, auprès des responsables que je vais être amené à informer ?

Salan hésite un instant.

Il prend peut-être conscience de ce que peut signifier, dans le contexte fort différent de Paris, sa déclaration de guerre à l'autorité républicaine. Mais il a brûlé ses vaisseaux.

Il me donne son accord.

Je le quitte avec une certaine tristesse, car cet homme de valeur a été miné, détruit jusque dans ses fibres morales, comme dans son corps ravagé, par la longue habitude de la drogue, qu'il avait découverte à Saigon et qui ne l'a plus lâché.

En le regardant, je me demande seulement qui le fera comparaître devant un tribunal militaire, car c'est, inévitablement, son destin. Selon l'expression qui deviendra célèbre, « un soldat perdu ».

Telle est l'Algérie, où je viens de passer une vie entière. En pleine sédition, sans amarres, et geôlière, hélas, des centaines de milliers de jeunes soldats du contingent, qui resteront, pour la vie, marqués par la déchéance qu'ils auront traversée, malgré eux et sans défense.

Le dernier drame va être *la durée* de la pernicieuse agonie de cette navrante, inutile aventure. Lorsque que je quitte le port d'Alger, superbe, légendaire et qui va changer d'époque, je ne peux encore imaginer que le jeu raffiné, machiavélique du général de Gaulle, enfin maître d'un pouvoir qu'il a attendu, rongeant son frein, pendant douze ans, va laisser s'écouler *encore cinq années* avant qu'un terme soit mis à cette aventure terrible – qui laissera l'Algérie brisée et la France éreintée.

Je ne peux m'empêcher de songer à la décision saine, héroïque, du chef politique que la France avait découvert à l'heure suprême de la paix de Genève : quatre semaines pour signer, pas une de plus. *Le vrai patriotisme* était bien celui de Mendès France. Comme celui de Clemenceau : intransigeant, sans concession, vainqueur – et lui aussi, hélas, sans lendemain.

Le peuple aime les sauveurs, le temps d'être sauvé – puis il les sacrifie. C'est la loi de l'Histoire, de la politique, de la vie... Dieu n'admet pas de rivaux. Mendès France le savait.

D'où son tempérament messianique, et son fatalisme, qui m'attristait tant. C'était l'envers de son courage stoïcien dans les épreuves de la patrie, dont il fut le guide et resta la conscience.

22

Bollardière, Defferre, Kennedy...

Mon retour en France sera le plus simple possible.
Je ne veux pas me disperser.

Je suis conscient d'avoir eu le privilège, presque
unique pour un militant politique, de vivre *de l'intérieur* la tragédie française en Algérie. Son ampleur et
sa portée sur notre avenir sont, à l'évidence, telles
qu'elles m'interdisent les commodités factices du
bavardage mondain ou même amical. Je vais voir
seulement mes deux ou trois interlocuteurs politiques
privilégiés en raison de leur rôle et en raison de nos
liens : Mendès France, Mitterrand, Defferre.

Ils m'expliquent que mon devoir, au-delà même
de la mission politique que nous avons, tous
ensemble, face à de Gaulle et à l'armée, est de
témoigner publiquement. Je décide alors, avant tout,
d'écrire et publier mon premier livre, *Lieutenant en
Algérie*.

369

Je reçois un message, au premier abord étrange, du général de Bollardière. Il ne m'appelle pas d'Algérie. Il est rentré à Paris. Il me demande de passer le voir.

Bollardière m'apprend, chez lui, que, sans demander aucune autorisation, il a décidé, devant la tournure « crapuleuse » de la guerre, de quitter son commandement et d'en faire connaître publiquement les raisons, maintenant, en France.

Ainsi a-t-il rédigé, avant de me recevoir, une lettre, qu'il me montre, et qu'il va m'adresser à l'occasion de la publication de *Lieutenant en Algérie* dans *L'Express*, et qu'il me demande de faire paraître [1].

Il a dans l'esprit que ce sera dans *L'Express,* ce qui serait naturel. C'est moi qui l'en dissuade. Je ne veux pas que l'acte héroïque qu'il accomplit soit entaché de la moindre complaisance à l'égard d'un ami qui, de plus, a une position politique très marquée. Je lui propose donc plutôt *Le Monde.* Il s'en remet à moi et m'autorise à confier sa lettre à Beuve-Méry.

Le directeur du *Monde* mesure évidemment l'impact qu'aura un pareil témoignage sous une telle signature. C'est si grave qu'il me demande, très amicalement — et je dois dire : légitimement — de téléphoner, devant moi, au général de Bollardière, qu'il ne connaît que de réputation, pour bien s'assurer de sa volonté de publication et qu'il en mesure les conséquences probables.

L'échange téléphonique entre mes deux héros a

1. Voir le texte intégral en annexe.

donc lieu devant moi. Bollardière, comme toujours, est pur comme le cristal.

A Beuve-Méry, qui le met en garde sur les conséquences publiques d'un pareil message, Bollardière répond :

— Non seulement je vous confirme que j'en autorise la publication, comme Jean-Jacques vous l'a indiqué, mais je vous demande de lui donner la plus grande audience possible. Ne tenez aucun compte de mon sort personnel ; il faut que cette affreuse guerre d'Algérie s'arrête, et dans les plus brefs délais. Sinon, c'est toute la France qui sera bientôt contaminée par cette gangrène – à commencer par sa jeunesse. *Plus mon témoignage scandalisera, plus j'aurai fait mon devoir.*

C'est Bollardière qui, adjoint du général Koenig dans la bataille d'Afrique du Nord contre Rommel et l'Afrikakorps, devant le refus de Koenig de tenter une sortie avec sa garnison assiégée, est allé voir le général dans sa tente, accompagné de deux officiers chargés de témoigner, et l'a giflé en disant :

— Mon général, vous êtes un lâche !

Le soir même, sans autre échange, la sortie était décidée – et réussie.

A ce Bollardière-là on ne refuse pas la liberté de parole. Pas Beuve-Méry, en tout cas.

Il remercie Bollardière de sa confiance et lui indique que son texte sera publié à la une du *Monde*.

L'opinion apprend donc la vérité brute par l'une des voix patriotiques les plus incontestables, catholique breton de vieille souche, héros parmi les plus purs, caractère réputé.

Je n'ai pas à revenir sur les graves débats qui suivent cet éclat. Le pire se déroule au sein du gouvernement. Sous la craintive présidence de Guy Mollet, et à la demande, gravement exprimée, du ministre de la Guerre, Bourgès-Maunoury, une sanction exemplaire, la sanction la plus lourde à son rang, est réclamée contre Bollardière : deux mois d'arrêts de forteresse et un blâme public.

Au vote des ministres, cette proposition disciplinaire, scandaleuse, *recueille l'accord de tous*. Sauf un : Gaston Defferre.

Defferre va plus loin. Il déclare au Conseil :

– Non seulement je n'accepte pas cette décision contre un homme comme Bollardière, mais je vous annonce que, si malgré tout vous la prenez, je cesserai aussitôt d'appartenir au gouvernement. Et le ferai savoir.

Autour de la table du Conseil, plusieurs de ses collègues, dont beaucoup sont ses amis, sont glacés : Guy Mollet, Chaban-Delmas, Mitterrand, en particulier. Mais Defferre est de la même nature que Bollardière : s'il est en accord avec sa conscience – lui, le protestant huguenot –, il ne bronche plus. Chacun le sait. Le gouvernement est obligé de s'incliner. Non seulement Bollardière n'est pas blâmé ni embastillé (!), mais, à la demande supplémentaire de

Defferre, qui voit, comme d'habitude, fondre les caractères et qui, lui, va jusqu'au bout, Bollardière est nommé commandant supérieur des troupes françaises d'Afrique-Occidentale. Defferre est mandaté pour le lui faire savoir.

J'accompagne le général chez Gaston Defferre. Je suis ému, silencieux, en allant vers cette rencontre, la première, directe, intime, grave, entre ces deux grands caractères, patriotes intransigeants. C'est le début entre eux d'une amitié qui durera jusqu'à leur mort.

La suite est connue, elle fait partie de l'Histoire : l'affaissement du pouvoir, l'épreuve de force – prévue – entre Paris et Alger, le déroulement habilement mené de l'entreprise de reconquête du pouvoir par de Gaulle, s'appuyant sur le putsch militaire ; la fin de la IVe République, celle de la Libération. Quel gâchis ! Comment le comprendre ? De quoi donc est fait ce grand pays, le mien, acharné à s'abîmer ? Que prépare-t-on à notre jeunesse, si nécessaire au monde de demain ?

Pendant ce temps, je renoue mes liens avec l'Amérique. Un drame de même nature, mais d'une autre ampleur, menace déjà là-bas – où je suis invité, grâce à l'Algérie.

La dernière lettre reçue dans les Aurès, avant de rentrer, est venue de Washington, du Sénat, signée d'un nom que je ne connais pas encore : John F. Kennedy.

Le sénateur y joint le texte du discours qu'il vient de prononcer sur les dangers que la poursuite de la guerre en Algérie font courir à la France, *et à tout l'Occident*. Son texte sait démontrer comment l'engrenage des opérations de « pacification » mène inexorablement à des drames.

Ce qui me frappe dans sa lettre, c'est la modération, le respect affirmé de la diversité des cultures. Ce respect, écrit-il, doit empêcher l'Occident, sous le prétexte de l'anticommunisme, de prétendre à la direction du monde selon ses propres valeurs.

Il exprime son amitié pour la France et son souci sincère de l'aider à sortir de ce guêpier pour qu'elle puisse enfin jouer son rôle, développer ses propres ressources, *en particulier sa jeunesse* – au lieu de les engager à nouveau dans une guerre sans issue, si tôt après celle de l'Indochine.

Kennedy conclut en me demandant quand je peux me rendre à Washington, où il m'invite... « à partir de 1960 ». C'est-à-dire la date de la prochaine élection présidentielle, où il va maintenant se présenter contre Nixon, vice-président et héritier d'Eisenhower.

A la Maison-Blanche, où je peux enfin me rendre en 1962, John Kennedy vient avec élégance me chercher dans la salle du Conseil, pour me conduire lui-même à son bureau. Il s'assoit dans son fauteuil à bascule, qui ménage son dos blessé dans la guerre du Pacifique, quand sa vedette rapide *(P.T. Boat)*, épisode devenu célèbre, a été torpillée – et m'invite à prendre place en face de lui.

D'emblée, il se montre méthodique, précis et apparemment très concentré sur la discussion. Il ne perd pas de temps dans les approches. Il s'est tenu informé de mon activité politique en France – Indochine, Algérie, etc. – par son conseiller intime Arthur Schlesinger, un ami de Harvard que je connais depuis plusieurs années.

– Comme vous le savez, dit-il alors, il y a plusieurs problèmes majeurs à aborder. Je vais les énumérer. Vous me direz par lesquels vous souhaitez commencer aujourd'hui, puis nous continuerons demain. En voici la liste :

« la course aux missiles nucléaires avec l'Union soviétique ;

« comment associer l'Europe à sa propre défense ;

« le problème de Cuba et autres satellites soviétiques dans notre hémisphère ;

« le retard technologique de nos alliés européens et la méthode pour en faire des associés ;

« enfin, le grand problème du réarmement de l'Allemagne.

« Voilà cinq questions. Elles ne sont pas simples.

Je souhaiterais que vous me disiez laquelle vous paraît prioritaire.

Son beau visage est un peu gonflé, surtout à la mâchoire, par son traitement régulier, et connu, à la cortisone ; le regard bleu clair frappe et force l'attention. Il parle avec le fameux accent de l'aristocratie bostonienne – mais ce qui compte le plus, c'est l'intensité qu'il met dans son propos et le talent de faire ressentir à son interlocuteur qu'il le prend au sérieux – son don politique.

Il me suffit d'avoir compris qu'il tient sincèrement à ce que nous parlions à cœur ouvert d'affaires sérieuses. Je n'ai aucune hésitation à aller droit au but :

– Monsieur le président, je ne saurais gaspiller votre temps. Aussi dois-je vous dire en toute franchise qu'aucun des problèmes que vous avez énoncés ne me paraît prioritaire. Celui qui, à mes yeux, est prioritaire, et urgent, vous ne l'avez pas cité : *c'est le Viêt-nam...*

Étonnement vif, spontané et sincère de Kennedy.

– Le Viêt-nam ? Mais nous n'y songeons pas ! Je sais que mon prédécesseur y avait laissé quelques conseillers militaires à la disposition du gouvernement de Saigon. Mais, depuis que je suis à la Maison-Blanche, je ne veux plus en entendre parler. Je ne vois rien qui nous concerne là-bas. Rien en tout cas qui représente une menace. C'est une affaire entre Vietnamiens.

« Ce qui est arrivé, hélas, à l'armée française, et je

sais que nous sommes du même avis, est une leçon suffisante.

« D'après les rapports que j'ai reçus, les forces d'Hô Chi Minh et de Giap se sont encore beaucoup renforcées. Ce serait folie pour l'Amérique d'entreprendre une pareille expédition à l'autre bout du monde.

« Je ne tiens pas à recommencer les bêtises commises en Chine, qui nous ont coûté si cher. Sans aucun résultat, d'ailleurs, sauf de renforcer le pouvoir de Mao, qui fit de la lutte contre l' " impérialisme américain " son cheval de bataille... Ça suffit!

Est-il vraiment si mal informé? Nous savons, en France, que les militaires américains sont loin d'être inactifs au Viêt-nam. C'est ce qui nous inquiète, et c'est même la raison de ma présence ici. Mais Kennedy vient de le nier. Je ne peux pas, de front, mettre en doute la parole de ce président des États-Unis. Le dialogue tomberait dans l'impasse. Pourtant...

Kennedy reprend son exposé, naturellement préparé et charpenté. Et c'est sur *ses* priorités qu'il a programmé notre entretien. Je l'écoute avec intérêt et plaisir; il s'exprime clairement et avec conviction. C'est une occasion exceptionnelle pour moi.

– Croyez-moi, je ne pense pas à l'Asie à l'heure qu'il est. *Notre seule priorité est l'Europe.* C'est là que la disproportion des forces entre l'Empire soviétique et l'Alliance atlantique est préoccupante.

377

« Bien sûr, je sais qu'en matière nucléaire nous pouvons rétablir l'équilibre. Mais qui peut songer à une guerre nucléaire au point où en sont arrivés les armements ? Ce serait folie. Si on nous l'impose, on sait que nous ferons front. Mais jamais l'Amérique n'en prendra l'initiative. *Le sait-on assez en Europe ?*

Si j'entre dans ce débat-là, ce sera non seulement un échange inutile, mais, pour le président, irritant. Il ne l'oublierait pas, et nous ne progresserions en rien sur le sujet qui m'obsède : *le Viêt-nam.*

— Monsieur le président, je vous ai apporté un livre important, qui vient de paraître en France. Il est écrit par un brillant colonel de l'armée française, qui a participé aux combats d'Indochine, du Viêt-nam. Il s'appelle Jules Roy. Voici ce livre, il s'intitule simplement : *Diên Biên Phû.*

« L'auteur a travaillé deux ans sur place pour retracer en détail l'histoire extraordinaire des maquisards viets contre une armée moderne, équipée de gros canons, d'une force aérienne puissante et de l'appui des parachutistes. Comment avons-nous pu, nous, en Indochine depuis un siècle, ayant notre aviation et nos blindés, perdre la bataille décisive de Diên Biên Phû contre des maquisards paysans ? C'est la réponse à cette question décisive, et de nouveau à l'horizon, qui me paraît mériter votre attention.

— Malheureusement, dit Kennedy, je ne lis pas le français, et ce livre est bien gros...

— J'ai pensé que Mme Jacqueline Kennedy, qui

parle le français, pourrait vous en faire un résumé d'environ vingt-cinq pages. Cela, je crois, suffirait.

Le président appuie sur un interphone et demande à sa secrétaire de prier Jackie Kennedy de descendre nous rejoindre dans le bureau ovale. La voici. Je l'avais rencontrée à Paris. Souriante, pleine de charme, vêtue sobrement (elle a un bureau personnel de travail à la Maison-Blanche), elle se montre, comme toujours, très aimable.

Le président, apparemment décidé, au long de notre entretien, à prendre cette affaire au sérieux – il est surpris par la passion, *exclusive*, que j'y mets –, reprend la parole après avoir téléphoné deux fois du poste personnel qui est sur son bureau.

– Voilà. J'ai organisé deux rendez-vous qui vont nous faire gagner du temps. Demain, vous déjeunerez avec le ministre de la Défense, Bob McNamara. C'est lui qui connaît tout sur le Viêt-nam. Il pourra, mieux que moi, en discuter avec vous. N'hésitez pas à lui exposer vos inquiétudes. Il sait écouter et s'en servir. Il m'en rendra compte.

« Et puis, je tiens à ce que vous en entreteniez *aussi* mon frère Robert, qui est ministre de la Justice, comme vous le savez. C'est un très fin politique, qui, moins que quiconque, se laisse impressionner par les autorités établies – ce mal si fréquent à Washington. Ni dans la police, ni au F.B.I., ni dans l'armée – et c'est bien ce qui vous concerne –, personne ne peut intimider Bobby. C'est une lame.

« Ainsi, vous continuerez avec lui, d'après ce que vous aura appris McNamara. Je serai heureux de vous revoir ensuite pour envisager nos méthodes de liaison et de travail.

Kennedy, à ma surprise, me raccompagne. Passant devant sa secrétaire particulière, il lui indique que, lorsque je l'appellerai, elle le lui signale sur son écran de liaison. On ne saurait être plus aimable, un vrai « pro ». Ce qu'il a retenu d'utile, je n'en sais rien. Cela dépendra pour beaucoup de McNamara. C'est clair.

Robert McNamara est tenu pour le cerveau le plus rapide de Washington. Je l'ai déjà rencontré quand il était l'un des dirigeants de Ford. J'en ai gardé la nette impression d'une superbe machine, si j'ose dire, à enregistrer, moins à imaginer, et pas à dialoguer.

Dans la méthode, la rapidité de la réflexion, aucun doute, il est très fort. Dès qu'on parle sur le fond, il procède très vite par formules toutes faites, surtout rien qui remette en question ses certitudes.

Le déjeuner est préparé sur une petite table, nous ne serons pas dérangés. Il fait le point avec clarté :

— Le président, dit-il, m'a mis au courant de votre entretien. Il est inquiet. Il m'a demandé de poursuivre avec vous, avant la prochaine réunion du Conseil national de sécurité. Il s'agit d'un sujet qu'il prend très au sérieux.

« Pour gagner du temps, je vais d'abord vous donner les informations que nous possédons et que vous n'avez sans doute pas. J'essaierai de vous convaincre – comme j'en suis convaincu – que le parallèle entre la guerre française en Indochine et les opérations limitées que nous menons au Viêt-nam pour éviter la contagion communiste est un parallèle *fallacieux*.

« Nous n'avons jamais été une puissance coloniale. Aucune entreprise américaine n'a la moindre propriété au Viêt-nam. Notre flotte et notre aviation ont une mission bien définie : protéger le Sud-Viêt-nam contre toute agression pour donner au gouvernement Diêm le temps nécessaire – un ou deux ans peut-être – de prendre la situation bien en main et de ne plus avoir besoin d'appui. Nous sommes, je le crois, sur la bonne voie...

Écouter Robert McNamara n'est pas une expérience ordinaire. Il parle avec un calme, une confiance, une autorité qui écartent toute tentation de doute, toute tentative de discussion, comme vaines, presque enfantines. On n'a qu'une envie, celle d'être d'accord avec lui. Sinon il n'y a plus qu'à s'en aller. Dialogue, quel dialogue ?

Ce n'est pas pour cela que je suis venu à Washington. Ni ce que j'ai promis à Kennedy !

D'autant que je suis maintenant effrayé de voir cet homme, si travailleur, si dévoué à son pays et à son chef, entretenir et répandre avec une autorité inégalée ce que je sais, pour l'avoir vécu, n'être qu'une *funeste illusion* sur l'armée populaire de Giap.

381

Je prends mon souffle et m'efforce au plus grand calme. Ne pas me passionner : McNamara ne supporte pas les émotions, car il n'en éprouve pas! Je vais, lui dis-je, lui communiquer les enseignements de notre expérience, dont il aura, à travers Jackie Kennedy, avec qui il est intime, une confirmation d'ensemble par le résumé qu'elle est en train de faire du livre de Jules Roy.

En substance, c'est ce que je lui réponds. Sans m'étendre.

— Non, coupe McNamara. Je vais demander qu'on me fasse immédiatement une photocopie de *la totalité de cet ouvrage,* dont le président m'a en effet parlé. Je tiens à le lire entièrement. Je lis le français et j'aime avoir les informations non filtrées.

Excellente nouvelle! S'il lit vraiment le lumineux livre de Jules Roy, McNamara ne pourra pas éviter de réfléchir différemment. C'est peut-être l'ouverture... que je n'attendais pas de *lui.*

McNamara reprend la parole; sur un ton de réelle gentillesse, il m'explique ce qui lui paraît l'essentiel.

— Si les deux opérations en question n'ont aucun rapport, comme je vous le disais, c'est pour une raison technique simple. Nous avons autour du Viêt-nam, sur nos porte-avions, *autant d'hélicoptères de combat et de poursuite que nous le voulons. Nous pouvons en couvrir le ciel — là est la différence décisive.*

« En n'importe quel lieu du Viêt-nam, les guérilleros, au sol, n'ont aucune chance de nous échapper.

« C'est cela qui vous a manqué. Giap n'a jamais possédé d'aviation. Toute couverture aérienne, pour les Français, dans la phase des préparatifs viets à Diên Biên Phû, aurait bloqué les bataillons et l'artillerie du Viêt-minh. Cela n'arrivera pas en ce qui nous concerne. Nous avons ce qu'il faut.

Je pense aux tunnels creusés longuement dans les montagnes de la sinistre cuvette... Ce que je viens d'entendre, de la bouche même de l'homme dont Kennedy m'a dit qu'il avait toute sa confiance et le pouvoir de décision, va au-delà de ce que je craignais. Et cet homme remarquable est à l'évidence d'une seule pièce.

Que faire ?

Écourter l'entretien avec politesse et respect, et conserver mon énergie pour préparer l'entretien de demain, celui de la dernière chance, en somme, que je vais avoir avec le jeune frère, Robert Kennedy.

Cet entretien se révèle facile, précis – un soulagement, enfin. Rien ne nous sépare. Il a une saine peur, qu'il ne me cache pas, d'un dérapage au Viêt-nam ; il en est très conscient. Il veut veiller à assurer l'information du président sur ce secteur oublié, négligé.

Ses rapports avec Jackie sont, de notoriété publique, intimes. Il sera donc, me dit-il, tenu au courant de près du livre de Jules Roy. Enfin, il me propose un mode de liaison entre nous, rapide et discret, de Washington à Paris.

L' « alliance », si j'ose dire, est conclue. Elle durera jusqu'à sa mort, hélas trop proche...

En attendant, il s'occupe de surveiller Johnson, le vice-président, comme depuis le début.

Par son énergie, sa capacité de décision, sa brillante intelligence, la confiance que lui fait le président, Robert Kennedy a constamment ajouté à sa légende.

C'est lui qui, le soir où son frère John fut investi comme candidat des démocrates à la présidence, a été chargé d'aller voir le leader du Congrès (le sénateur du Texas Lyndon Johnson) avec mission de conclure une alliance. Les mandats du Texas pourraient, en effet, être décisifs, le jour de l'élection. Pas question de les perdre. Il est donc autorisé par son frère, désormais candidat, à proposer la vice-présidence à Lyndon Jonhson, pour satisfaire son amour-propre, immense, comme tout Washington le sait, et se l'attacher.

A leurs yeux, c'est sans risque. Johnson, qui espérait bien être le candidat en démontrant sa puissance face à ce « jeunot » de Kennedy, a fait savoir d'avance qu'il refuserait d'échanger son poste puissant de leader du Sénat contre celui, sans pouvoirs, de vice-président.

L'exemple de Truman n'a pas de valeur. Lorsque

Truman devint vice-président de Roosevelt, celui-ci était un homme usé, rongé, et sa disparition paraissait probable, sinon même prochaine. Rien de tel avec le jeune candidat qu'est John Kennedy. Son vice-président aura un rôle de figurant d'un bout à l'autre. Et Johnson n'aura pas la patience d'attendre huit ans – comme l'a fait Nixon sous Eisenhower. Et puis, si John Kennedy réussit, il y a un autre candidat tout choisi à sa succession : son frère Robert. La vice-présidence apparaîtra donc à Johnson comme un cul-de-sac; le risque qu'il accepte est inexistant.

Deux heures plus tard, revenant de sa visite à Johnson et rejoignant son frère à l'hôtel, Robert est un homme défait. Il dit simplement :

– Il a accepté.

C'est un désastre. Les deux hommes réalisent d'un coup qu'entre Johnson, mégalomane habile et sans scrupules, et la présidence il n'y a plus qu'un seul obstacle : la vie de John Kennedy.

On ne peut plus rien changer : retirer l'offre de la vice-présidence faite à Johnson serait une insulte insupportable qui, à coup sûr, ferait perdre les mandats du Texas, et même bien davantage, car tout le réseau conservateur des démocrates du Sud, au Sénat, a Johnson comme patron. L'élection présidentielle perdrait un atout majeur.

On prendra donc Johnson. En s'employant à le contrôler et à limiter les dégâts.

J'ai eu plusieurs occasions, dans les années qui ont suivi, de reparler avec Robert. Il m'a confié combien, dès cet instant, il avait eu de très graves pressentiments.

C'est ainsi que les deux frères, brillants, solidaires, efficaces, ont, au dernier moment, déraillé.

De cette erreur, ils ne se rétabliront jamais. Ni John, ni Robert – qui seront assassinés, l'un puis l'autre, par la mafia du Texas – , ni les démocrates, ni, pour longtemps, les États-Unis.

Robert Kennedy, qui sera d'abord élu sénateur de New York, a prévu le dérapage vietnamien. Il est le seul, durant mon séjour à Washington, à m'en parler longuement, lors de notre repas dans son bureau.

Il a senti venir de ce côté un danger redoutable. Il s'est juré, s'il est désigné, comme on en parle déjà, par la Convention de 1968 pour la présidence, de mettre fin à cette guerre – d'y mettre fin à tout prix, suivant l'exemple, qu'il a suivi et admiré, de Mendès France. On sait comment Robert, au moment de cette grande échéance, a été abattu – et par qui.

La guerre du Viêt-nam, qui deviendra, hélas, le cauchemar de l'Amérique – au-delà de ce que j'avais essayé de dépeindre à John Kennedy, sans le convaincre –, va briser l'élan des États-Unis, gaspiller les passions de leur jeunesse, nourrir la propagande communiste, briser tout rapprochement avec l'Asie, assécher les finances publiques, amputer les crédits à l'éducation et à la recherche et finir par donner, avant le tournant du siècle, au moment même de l'essor économique et technologique mondial, l'avantage au grand concurrent, maintenant redouté : le Japon.

Le désormais « héros et martyr » John F. Kennedy, charmeur, énergique, sportif, sachant séduire toutes les femmes (il y en a un peu trop, et cette débauche lui a joué quelques tours), a été surpris, à deux reprises, sans défense face à un adversaire majeur.

Avec Khrouchtchev d'abord. Désireux de connaître, de première main, le maître du Kremlin, Kennedy avait organisé une entrevue de deux jours à Vienne pour tenter de trouver un accord qui freinerait la course nucléaire.

A la fin de ce face-à-face demeuré historique, qui préfigure la confrontation de Cuba, Kennedy accorde un moment d'entretien amical au directeur politique du *New York Times*, James Reston, qui est son ami et que je vois régulièrement avec un immense profit.

L'article précis qu'écrira ensuite Reston, en grand journaliste, retentira dans toute l'Amérique.

Kennedy le reçoit étendu sur un canapé, la figure dissimulée sous un chapeau mou, l'air épuisé. Il en fait l'aveu avec une simplicité touchante :

— Qu'est-ce que j'ai pris ! Je n'ai pas pu placer un mot. Ce type est effrayant. L'avenir est plus sombre que je ne l'imaginais...

387

Il faut faire un effort pour se rappeler que cet homme effondré est le président des États-Unis! On dirait un étudiant qui vient de prendre une raclée! Il est clair que J. F. Kennedy est parvenu à sa redoutable fonction sans avoir eu le temps de réfléchir à autre chose qu'à la stratégie et à la tactique pour y accéder! Il va vite apprendre, certes. Mais bien des dégâts, dont quelques-uns majeurs, auront été commis. On en vient à évoquer le sang-froid et la sagesse d'Eisenhower... Qui l'eût cru!

Même expérience, même témoignage, dans la relation initiale entre de Gaulle et Kennedy.

Pour préparer leur première séance de travail – trois jours « serrés » à Paris –, le jeune président américain a envoyé en avant-garde une équipe de proches collaborateurs que dirige son excellent « conseiller spécial », d'une éminente culture européenne, Arthur Schlesinger.

Je connais Arthur du temps où il était professeur à Harvard, c'est un ami précieux. C'est à Harvard aussi que Kennedy l'avait rencontré, puis recruté.

Arthur débarque à Paris en avance, et nous organisons chez moi, pour lui, à la demande de Kennedy, un déjeuner avec Mendès France.

Arthur demande des exemples de ce qui pourrait se passer au Viêt-nam. Mendès, très éloquent – c'est son sujet! –, développe en détail un scénario de catastrophe pour le cas où Kennedy se laisserait, si peu que ce soit, entraîner là-bas. Mendès redoute que de Gaulle, machiavélique, ne trouve l'occasion d'une sorte de revanche. Il n'a pas digéré l'humiliation française en Indochine. Si la même aventure « mouchait », selon ses termes, la morgue militaire des États-Unis, le général n'en serait pas fâché.

Mendès a démonté de longue date cette psychologie et ce jeu, et les explique à Schlesinger : de Gaulle ne veut « appartenir » à aucun camp; il ne veut pas se retrouver sous tutelle américaine. Il veut utiliser l'affrontement des deux empires pour exploiter l'immense champ, laissé en friche, du tiers monde, où la France pourrait être alors la première!

Le jeu de Kennedy doit être à l'inverse d'une fallacieuse distribution des rôles. Seule une alliance étroite – économique, technologique, éducative – entre l'Amérique et toute l'Europe occidentale peut non seulement tenir face à l'impérialisme soviétique, mais, au-delà, et c'est le grand enjeu, amener l'immense tiers monde jusqu'au seuil de prospérité indispensable au « décollage ».

Mendès France, stratège, sait être clair, convaincant.

Rentré chez lui, Schlesinger, qui est historien, rédige avec précision ce qu'il vient d'entendre à l'intention de Kennedy. Il a la courtoisie de me le faire lire avant de l'envoyer, pour s'assurer que nous sommes bien d'accord. Nous le sommes.

Ce que je ne sais pas à ce moment-là, c'est combien Schlesinger est loin d'être dans l'axe de l'administration Kennedy, laquelle en est encore à vivre au cœur de la guerre froide.

Je m'en rendrai compte à Washington.

Pour le moment, Kennedy arrive. Il est important que tout se passe le moins mal possible avec de Gaulle. En tout cas, c'est la mission que nous nous sommes assignée.

Tout va se dérouler au plus mal. La différence d'âge entre les deux hommes est trop grande, la différence des tempéraments aussi. Et puis, le rêve historique du Général, celui qu'il nourrit au fond de son cœur, n'est pas du côté des États-Unis. Ce qu'il désire avec une conviction légitime, c'est l'union générale du continent européen – un troisième grand – « de l'Atlantique à l'Oural ». Il s'entend mieux avec l'Est – affinités culturelles – qu'avec le Texas ou la Californie.

Quelques années plus tard, après la débâcle américaine en Indochine et au cours d'une réception, pour la visite de Nixon cette fois, de Gaulle me dira :

– Alors, vous croyez toujours à l'avenir américain ?

Mendès France m'avait prévenu. Avec tristesse, en ce qui le concernait, car il vouait une profonde, ineffaçable reconnaissance à celui qui avait été son chef. Mais il y avait déjà longtemps que mes rares dialogues avec de Gaulle avaient cessé d'être sincères.

23

Une vie s'achève

Je suis allongé sur les galets de la petite plage entre Dieppe et Fécamp, où se trouve la maison de famille de mes parents.

La mer, d'un vert sombre, et le ciel bleu pastel ont pris les couleurs de la Manche, un après-midi de fin d'automne.

L'avenir a-t-il encore un sens qui vaille?

J'ai eu bien des chances et, pour la plupart, je ne crois pas les avoir laissé passer. J'ai trente-six ans, j'ai quitté ma famille à seize ans – j'ai donc eu, *en vingt ans*, une vie complète.

Satisfaisante? Je ne sais pas. J'ai fait face. Je n'ai pas eu de mérite : je n'avais jamais le choix.

Mon envie est d'arrêter là. Ce serait dans la nature des choses. Je suis heureux de ce qui a été accompli. J'ai eu ma part. C'est bien ainsi. Ça suffit.

Je me sens, en somme, apaisé. Derrière moi, d'ailleurs, la montée de la vie me rassure. Je viens d'avoir de ma jeune épouse, Sabine, un fils! C'est lui qui continuera, comme j'en rêvais. Il me semble déjà le connaître et l'aimer, si vivement. J'ai confiance, je ne doute pas. Il a en lui, dans ses yeux, les vertus d'un pionnier. Il s'appelle David.

Ce nom est aussi beau en anglais qu'en français. Et je pense que, lorsque David arrivera à la maîtrise de son art, il sera, sans doute, aussi Américain que Français.

Ma vie à moi, pilote de guerre américain et militant politique français, aura été une *préface* à ce monde futur que vont édifier la jeunesse et la science autour de ce nouveau pôle créateur de civilisation que devient l'Atlantique, succédant à la Méditerranée, lac de la préhistoire, et stimulé par la concurrence brillante du Pacifique. David saura.

Depuis mon passage des Pyrénées vers la France libre, j'ai traversé plus de *trente fois* l'Atlantique... En dehors de la France, c'est aux États-Unis que j'ai passé le plus de temps. J'ai vécu le moment où les mots, pour écrire ou pour parler, me venaient à l'esprit plus naturellement en anglais qu'en français... J'ai eu un mouvement de recul. Plus on connaît, plus on aime d'autres langues, plus il faut en préférer profondément *une*. Je l'expliquerai à David — avant de le lâcher « en solo », l'esprit en paix, et confiant.

Je marche vers la mer et entre dans l'eau. Elle est froide, comme toujours ici, mais j'ai aimé depuis ma jeunesse cet élément sauvage qui stimule ma réflexion. L'homme de la nouvelle ère – qui verra, je le sens, je le crois, une éclosion créatrice sans précédent – n'a pas dans son destin de « se reposer ». Hier, Simon Nora est venu me rendre visite à Paris. Il a senti qu'avec l'arrivée de David j'avais quitté notre ambition ancienne, tourné une page. L'abandon de Gaston Defferre, notre candidat – avec l'accord bien sûr de Mendès France et de Mitterrand – à la campagne présidentielle contre de Gaulle, a donné le signal. Nous avions à l'esprit une politique moderne de réforme « à l'échelle humaine », indépendante aussi bien des communistes que du bloc conservateur, dont l'architecte rusé, Georges Pompidou, assure déjà la pérennité derrière un de Gaulle déclinant.

Retomber dans l'étau stérile de la guerre idéologique qu'appelle le goût français pour les joutes abstraites ? Stériliser les forces vives du pays, celles qui doivent construire notre avenir en apprenant à déployer sans arrêt, sans frein, le savoir et la création ? J'ai lutté, depuis le début, contre cette *furia francese* dont je me sens si éloigné.

Je lutterai encore. Mais le temps m'est compté, pour cette tâche, que j'ai appris à mesurer, et je dois donc préparer la relève, celle de la génération de David – *avec passion*.

Simon m'a dit en souriant :

– En somme, tu t'identifiais au fils Kennedy ; maintenant c'est plutôt au père...

– Je n'ai pas cette prétention... Mais, oui, c'est bien la sagesse...

Lorsqu'il m'a quitté, je me suis endormi tranquillement du « sommeil de la terre ». J'ai réconcilié ma raison – qui me souffle : d'abord David – avec ma nature – qui m'invite toujours aux combats. Ceux que je vais mener le seront maintenant sous ses yeux, pour lui, avec lui, en son nom. Le feu de notre action sera son initiation. Dans les luttes, partout où je serai, il sera avec moi. Et il n'aura pas besoin d'autre héritage.

Je me suis maintenant trop éloigné vers le large. Il faut rentrer. Longue, longue nage, comme je les aime trop...

Ma mère est sur la plage, impatiente, un peu inquiète. Elle court m'embrasser et me réchauffer.

Elle ne dit rien, comme sur les Pyrénées il y a maintenant *vingt ans*... Une vie, en effet. Elle sait que je transmettrai le flambeau qu'elle a tenu pour moi, qu'il n'y aura jamais de fin. Sa foi, sa flamme, son œuvre iront jusqu'à ce ciel auquel elle aspire. Elle y attendra mes fils, David et les frères qu'il aura, dont je lui parle pour recueillir encore ses enseignements – comme depuis toujours.

FIN DE LA PREMIÈRE PARTIE

ANNEXE 1

La synthèse créatrice

Le mécanisme par lequel la théorie d'Einstein a transformé la physique contemporaine est simple et aborde des problèmes essentiels non plus seulement en physique, mais en *politique*.

Le rôle de la relativité, au long de son développement contemporain, peut se résumer d'un mot : « synthèse ». Chacune de ses étapes est une simplification, une *unification* des branches de la physique.

Einstein développe ce qu'on a appelé la « théorie de la relativité ». Elle établit que le temps et l'espace ne sont pas absolus mais *relatifs*. Sa démonstration confirmée par l'expérience, on doit alors admettre que les deux branches, séparées depuis l'origine, de la physique sont de même nature. Nous sommes sur la voie de la *synthèse*.

En quoi est-il important de simplifier ? La synthèse mathématique est séduisante pour l'esprit, mais amène-t-elle aussi des progrès concrets ?

Le meilleur exemple est celui d'Einstein lui-même. Ayant écrit les équations purement mathématiques qui permettaient de fusionner les groupes, Einstein s'est

399

aperçu, par hasard, que l'on était amené à en déduire une nouvelle équation (e = mc^2) exprimant, le jour où l'on pourrait la mettre en pratique, que la matière et l'énergie sont équivalentes, que si l'une disparaît l'autre doit apparaître. C'est tout. Mais, trente ans plus tard, *c'est l'énergie atomique.*

On peut esquisser, à partir de là, les liens nouveaux qui se dessinent entre l'atome et la politique.

Au moment où l'attention est concentrée sur la menace « atomique » extérieure pesant sur l'existence des sociétés, voici qu'une menace de nature bien différente apparaît.

Une *menace interne,* à l'échelle humaine, qui est celle-ci : dans la mesure où l'on peut démontrer que la constitution humaine est un prolongement direct de la constitution physique, et dans la mesure où l'on peut démontrer que cette constitution physique (celle de l'atome) est entièrement déterminée, prévisible et calculable, il devient logique de concevoir et d'édifier une société à base d'organisation, de planification et de calculs.

Le jour où l'expression « dans la mesure » serait remplacée par « puisque », la logique évoquée ne serait plus une hypothèse, mais une contrainte.

Il s'agit de la lutte entre deux conceptions : la conception *déterministe* et la conception *probabiliste.*

Avant que la recherche scientifique soit parvenue à l'intérieur de l'atome, la science physique *était déterminée pour tout le monde.*

Les progrès récents de la physique font apparaître des théories nouvelles, en particulier la théorie des quanta et ses prolongements, qui détruisent le dogme du déterminisme. La science est désormais basée sur un principe révolutionnaire que Heisenberg nomma « *principe d'incertitude* » et qui établit le probabilisme.

Le principe dit : « Voici une entité physique, vous voulez essayer de connaître et de prévoir toutes ses caractéristiques ; eh bien, vous y arriverez pour certaines d'entre elles, au choix, mais alors les autres se déroberont à vos mesures, elles deviendront incertaines, tout au plus probables. »

Désormais, tous les phénomènes sont marqués à leur base même par une incertitude, une probabilité – en somme, un certain *libre arbitre*.

Tous les physiciens occidentaux sont devenus probabilistes. La nouvelle théorie s'est imposée avec force. C'est grâce à cette nouvelle interprétation des choses que les savants ont pu concilier la rigueur de leur raisonnement scientifique avec les libres convictions de leur conscience.

Qu'arrive-t-il si l'on transpose au plan de la politique ? L'électron, comme entité élémentaire, devient *l'homme*. Les deux images nécessaires et complémentaires d'onde et de corpuscule deviennent l'individu et le citoyen. Le principe devient : *il est impossible d'espérer fondre les deux entités en une.* Chaque fois qu'on cherchera à encadrer, à préciser, à renforcer l'aspect citoyen, on s'éloigne du contrôle de l'individu et de sa conscience. Tel est le probabilisme physique transposé à la société politique.

La traduction en langage humain du principe de base de la physique nucléaire exprime, en somme, *l'essentiel de la démocratie.*

On comprend que l'autorité stalinienne, après avoir imposé en biologie les théories de Lyssenko, se soit attaquée à la physique nucléaire. Les autorités soviétiques ont déclaré, comme un dogme, que le probabilisme devrait être abandonné, pour que la science revienne au déterminisme.

Une science politique basée sur le principe d'incertitude conduit à une vision non totalitaire de l'homme – *à l'opposé du stalinisme.* Marx a établi, d'autre part, les bases du marxisme, en s'étayant constamment sur les théories de la science physique de son époque, celle du *déterminisme.*

Marx souhaitait, annonçait une preuve scientifique de sa vision historique neuve, aux conséquences politiques considérables – et bientôt éprouvées (Lénine, Staline, Mao). *Le verdict de la science a tranché.* Contre le marxisme. Maintenant nous sommes au clair.

JJSS
(*Le Monde,* 1950)

ANNEXE 2

« Mon cher Servan-Schreiber,

« Vous me demandez si j'estime que les articles publiés dans *L'Express*, sous votre signature, sont de nature à porter atteinte au moral de l'armée et à la déshonorer aux yeux de l'opinion publique.

« Vous avez servi pendant six mois sous mes ordres en Algérie avec un souci évident de nous aider à dégager, par une vue sincère et objective des réalités, des règles d'action à la fois efficaces et dignes de notre pays et de son armée.

« Je pense qu'il était hautement souhaitable qu'après avoir vécu notre action et partagé nos efforts, vous fassiez votre métier de journaliste en soulignant à l'opinion publique les aspects dramatiques de la guerre révolutionnaire à laquelle nous faisons face, et l'effroyable danger qu'il y aurait pour nous à perdre de vue, sous le prétexte fallacieux de l'efficacité immédiate, les valeurs morales qui seules ont fait jusqu'à maintenant la grandeur de notre civilisation et de notre armée. »

« Général P. de Bollardière,
grand officier de la Légion d'Honneur,
compagnon de la Libération. »
(*Le Monde*, 30 mars 1957)

Cet ouvrage a été réalisé par la
SOCIÉTÉ NOUVELLE FIRMIN-DIDOT
Mesnil-sur-l'Estrée
pour le compte des Éditions Fixot
64, rue Pierre-Charron, 75008 Paris
en février 1991

Imprimé en France
Dépôt légal : février 1991
N° d'impression : 16728
ISBN : 2-87645-101-8
50-60-5503-01